Klaus Heller

Fallschirmspringen

für Anfänger und Fortgeschrittene

Mit 96 Fotos, davon 12 in Farbe,
sowie 113 Skizzen

nymphenburger

Das Umschlagfoto zeigt Hans Kleinlein, Kurt Schafhausen, Alex Dörfel und Dieter Brunner beim Absprung aus der DO-27 des Fallschirmsportclubs München e.V.

Der Autor dieses Buches ist Inhaber der Firma Fallschirmwerbung Klaus Heller, Ganghoferstraße 25, D-8000 München 2, Telefon 089/504070

Das Kapitel »Erste Hilfe« entstand unter Mitarbeit von Dr. med. Fritz Liebl, Dr. med. Peter Ader und Sr. Regina Schür

Das Vorwort schrieb Prüfungsrat Helmut Rucker. Er ist aktiver Pilot und Fallschirmspringer mit Leib und Seele. Sechs Jahre war er Hauptreferent für Fallschirmspringen im Luftsportverband Bayern. Im Auftrag des Deutschen Aero Clubs e.V. fungierte Rucker bei zahlreichen nationalen und internationalen Meisterschaften als Organisator, Wettbewerbsleiter, Schiedsrichter und Delegationschef. Er wurde 1976 vom Präsidium des DAeC einstimmig mit der silbernen Ehrennadel für besondere Verdienste um die Deutsche Luftfahrt ausgezeichnet.

Beratend mitgewirkt haben:
Waldemar Ciszek (Dipl.-Psychologe), Düsseldorf
Walter Prijak (WKG-Presse), München
Dieter v. Hanstein (Filmtechnik), München

Folgenden Firmen sei für ihre Unterstützung im Rahmen der Aufnahmearbeiten zu diesem Buch gedankt:
Kodak AG, Stuttgart
Ilford GmbH, Neu-Isenburg
Foto-Studio Prell, München
Fa. Boa, Horst Gaukel, München
Alois Dietmayer Kamerakonstruktionen / München

Fotonachweis:
Carl Boenish, USA (S. 51, 108, 112, 113)
Mike Brummer, BRD (S. 34, 36, 39 o., 41, 106)
Klaus Heller, BRD (alle verbleibenden Aufnahmen)
Hans-Helmut Herold, BRD (S. 101, 114)
Prof. Dr. Gerhard Marinell, A (S. 31, 80, 114)
Dr. Ing. Rüdiger Wenzel, BRD (S. 11, 91, 95, 114)

Alle über Deutschland hergestellten Luftaufnahmen sind freigegeben durch die Regierung von Oberbayern – Luftamt Südbayern – unter Sammel-Zulassungsnummer GS 300/7256 und GS 300/7674.
Grafiken: Albert Wimmer und Karl-Heinz Krause, München

2., erweiterte Auflage 1981
© Nymphenburger Verlagshandlung GmbH, München 1979
Alle Rechte, auch der photomechanischen Vervielfältigung und des auszugsweisen Abdrucks, vorbehalten
Satz und Druck: Passavia Passau
Einbandgestaltung: Hansjörg Langenfass, Ismaning bei München, unter Verwendung eines Fotos von Klaus Heller
Printed in Germany
ISBN 3-485-01636-5

Inhalt

Vorwort (Helmut Rucker) 6

Einführung 8
Wie alles anfing 8
Unser Sport und wie man damit beginnt 12

Ausbildung zum automatischen Absprung 14
Ausrüstung 14
Fallschirmpacken 19
Geländeeinweisung 22
Einweisung am Luftfahrzeug 23
Der erste Absprung 25

Notverfahren für automatische Absprünge 32
Öffnungsstörungen 32
Außergewöhnliche Landungen 36

Ausbildung zum Freifall-Springer 42
Der manuelle Absprung 42
Gerätekunde 46

Notverfahren für manuelle Absprünge 50
Notsituationen im Flugzeug 50
Notsituationen im Freifall 52
Notsituationen bei der Öffnung 52
Entfaltungsstörungen 53

Aerodynamik des Freifalls (Hans Federl) 58
Die Fallkurve 58
Körperhaltungen im Freifall 61
Horizontalbewegungen und Drehungen 63

Wetterkunde 66
Die Atmosphäre 67
Druck und Temperatur 67
Wind und andere Luftbewegungen 68
Thermik 68
Wolkenarten und Wetteranzeichen 68

Fallschirmtypen 70
Rundkappen 70
Hochleistungs-Rundkappen (Helmut Schlecht) 73
Flächengleiter (Helmut Schlecht) 78
Reserveschirm 83

Zielspringen mit Hochleistungsfallschirmen
(Helmut Schlecht) 85
Ausrüstung 85
Anflug und Absetzpunkt 86
Einstellen der Steuerleinen und Kontrolle des Fallschirms
Windsektor und Windachse 87
Bein- und Fußeinsatz 87

Das Stil- oder Figurenspringen (Edmund Bay) 89
Ausrüstung, Theorie und Bodenübungen 91
Das Training im freien Fall 92

Formationsspringen (Relativ) (Walter Eichhorn) 96
Voraussetzungen 97
Abgang und Annäherung 98
Das »Ding« muß geflogen werden 101
Training für Fortgeschrittene 102
Separationsvorgang 103
Briefing nach dem Sprung 105

Sicherheit beim Relativ-Springen 106
Briefing 106
Annäherung im Freifall 107
Sehen und gesehen werden 107
Trennungshöhe 109

Kappen-Formationsspringen (CRW) 110
Ausrüstung 110
Sprungvorbereitung 111
Annäherung und Fliegen der Formation 111
Trennung und Landung 112
Sicherheit und Notverfahren 112

Leistungsvergleiche 115
Leistungsabzeichen 115
Wettbewerbe 115
Rekorde 116

Mit der Kamera im freien Fall 119
Filmen im freien Fall 120
Fotografieren im freien Fall 123

Erste Hilfe – Überblick für Fallschirmspringer 125
Blutstillung 126
Schock 126
Lagerungen 127
Knochenbrüche 128
Flugzeugunfälle 129

Anhang
Das Luftrecht in Deutschland (Viktor Henle) 131
Das Luftrecht in Österreich (Viktor Henle) 136
Das Luftrecht in der Schweiz (Viktor Henle) 137
Berechnungsgrundlagen 139
Fallschirmsprungmöglichkeiten 140
Prüfungsfragen 144

Vorwort

Es ist das Element Luft, das wir für unseren Fallschirmsport nutzen. Neugierde ist es, die uns dazu treibt, manchmal Angst, die uns davon abhält. Voraussetzung ist, wie bei vielen Sportarten, eine gesunde Portion Herz und Verstand.
Berichte über Ungewöhnliches sind es, die immer zum Lesen reizen. Der Autor dieses Buches, Klaus Heller, selbst aktiver Fallschirmspringer, Fallschirmsprunglehrer und begeisterter Freifallfotograf, bietet sie vielfach an. Was das Buch reizvoll macht für den Laien, für den Anfänger und für den Fortgeschrittenen, ist die realistische Wort- und Bildberichterstattung, die Klaus Heller als Kenner der Materie auszeichnet.
Die Wahl hervorragender Persönlichkeiten des Fallschirmsports zu Mitarbeitern hat er gut getroffen. So erfährt der Leser alles über die klassischen Disziplinen Ziel, Stil und Relativ:
Zielspringen von *Helmut Schlecht*, einem Pionier des Fallschirmsports, Hauptmann in der Luftlande- und Lufttransportschule Altenstadt;
Stilspringen von *Edmund Bay*, z. Zt. Direktor einer Sportartikelfirma;
Relativ- oder Formationsspringen von *Walter Eichhorn*, Flugkapitän bei der Lufthansa.
Schlecht, Bay und Eichhorn sind seit vielen Jahren aktive Fallschirmspringer und haben an zahlreichen nationalen und internationalen Meisterschaften mit großen Erfolgen teilgenommen.
Der Fallschirm ist nach dem Gesetz ein Luftfahrzeug und somit aerodynamischen Gesetzen unterworfen. Umfangreiche Kenntnisse darüber vermittelt wieder ein aktiver Fallschirmspringer: *Hans Federl*.
Dr. Viktor Henle von der Regierung von Oberbayern stellt als guter Kenner des Fallschirmsports das Luftrecht dar.
Fasziniert wird der Leser von der großen Anzahl hervorragender Bilder sein, besonders von jenen im freien Fall, die von weltbekannten Freifallfotografen wie *Carl Boenish*, USA, *Rüdiger Wenzel*, BRD, und *Prof. Dr. Gerhard Marinell*, Österreich, mit der Helmkamera eingefangen wurden. Auch dem Autor dieses Buches sind eine Reihe guter Bilder zu verdanken, die er als Freifallkameramann geschossen hat.

Glück auf wünscht man dem Bergmann, Glück ab dem Fallschirmspringer.
Dem Buch wünsche ich viel Erfolg. Es verdient ihn. Dem Autor sage ich im Namen des Fallschirmsports Dank für die positive Schilderung unseres Sports. Der Leser erlebt viele interessante Stunden. Den Fallschirmsprungschülern kann ich es gut empfehlen.
München, im Frühjahr 1979 *Helmut Rucker*

Einführung

Wie alles anfing

Den Traum vom Fliegen suchten schon Daedalus und Ikarus zu verwirklichen. In vielen Formen machen wir es ihnen heute nach. Geblieben aber ist noch immer der Traum vom freien Flug. Er wird bei keiner anderen Luftsportart so verwirklicht wie in einer Phase des Fallschirmabsprungs, dem freien Fall. Hier ist das Fluggerät der menschliche Körper selbst. Bei rund 200 km/h Fallgeschwindigkeit gelingt es, durch geringe Veränderung der Körperhaltung Drehungen, Saltos sowie Vor- und Rückwärtsbewegungen im Spiel mit dem Luftwiderstand durchzuführen. Der Springer fällt nicht nur, er »fliegt«, das heißt er steuert und kontrolliert seine Bewegung im Raum wie ein Vogel – ohne jegliches technische Hilfsmittel. Dieses unbeschreiblich herrliche Gefühl weiß ein kleiner Teil der Menschheit seit etwa 40 Jahren zu genießen, und auch nur deshalb, weil lange zuvor ein Gerät entwickelt wurde, das den fallenden Körper ausreichend abbremst und so eine sanfte Landung ermöglicht: der Fallschirm.
Erste Überlieferungen stammen aus dem Jahre 1306, als chinesische Akrobaten anläßlich der Thronbesteigung des Kaisers Fu-Chien mit Schirmen von hohen Türmen gesprungen sein sollen. Die erste Zeichnung eines Fallschirms stammt jedoch von *Leonardo da Vinci*. Er schrieb dazu: »Wenn sich ein Mensch mit einem Baldachin aus Leinen ausrüstet, der auf einen Rahmen gespannt ist, von dem jede Seite 12 Ellen Länge hätte und der 12 Ellen hoch wäre, könnte er ohne Schaden zu nehmen aus jeder beliebigen Höhe herabspringen.« Der erste tatsächliche Fallschirmabsprung ist jedoch erst aus dem Jahre 1617 bekannt. Der Mathematiker *Fausto Veranzio* sprang damals in Venedig mit einem stoffbespannten, quadratischen Holzrahmen von einem Turm. Die Beobachtung eines Unterrocks, der am Kamin zum Trocknen aufgehängt war und sich durch aufsteigende Warmluft prall aufblähte, inspirierte 1777 *Josef Montgolfier* zum Entwurf eines Fallschirms. Seine Konstruktion war Madames Unterrock auch sehr ähnlich: halbkugelförmig und oben mit einer kleinen Öffnung. Zwölf gleichmäßig angebrachte Fangleinen trugen einen Weidenkorb. Montgolfier sprang damit nach einigen Vorversuchen vom

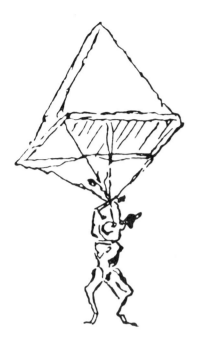

Entwurf eines Fallschirms von Leonardo da Vinci

Dach seines Hauses und blieb unverletzt. Seine erschrockene Ehefrau verbot ihm jedoch weitere Absprünge, und der berühmte Montgolfier, der später auch den Heißluftballon erfand, gehorchte.
Ebenfalls ein Franzose war es, der sich 1783 mit dem gebremsten Fall beschäftigte: *Sébastian Lénormand*. Seine Konstruktion bestand aus einem kegelförmigen, stoffbespannten Weidenholzgeflecht, das durch 32 Schnüre mit einem Sitzkorb verbunden war. Er selbst sprang damit von einem hohen Turm und wollte so einen Weg demonstrieren, sich aus brennenden Gebäuden in Sicherheit zu bringen – eine Idee, die man vielleicht auch heute wieder aufgreifen sollte.
Mit der Entwicklung des Ballons begann nun eine ganz neue Ära für den Fallschirm. Es wurde erstmals aus großen Höhen gesprungen, der Fallschirm bekam eine Funktion als Rettungsgerät. *Jean Pierre Blanchard* setzte 1785 mit einem kleinen Fallschirm einen Hund aus seiner Ballon-Gondel ab. Für sich selbst konstruierte er einen Rettungsschirm mit 7 m Durchmesser und einer Mittelstange zur Sicherung des Öffnungsvorgangs. Noch im gleichen Jahr mußte er dieses Gerät benutzen. Nach nicht genau belegbaren Überlieferungen soll sich Blanchard 1793 bei einem Fallschirmabsprung das Bein gebrochen und daraufhin seine Versuche aufgegeben haben.
Die *Gebrüder Garnerin* befaßten sich ebenfalls sehr intensiv mit der Entwicklung des Fallschirms. Jean, der Physiker, übernahm die technische Seite, während sein jüngerer Bruder André Jacques die Geräte praktisch erprobte. André J. Garnerin war es auch, der am 22. Oktober 1797 aus 700 m Höhe über dem Park Monceau in Paris vor einer großen Zuschauermenge einen Ballonsprung demonstrierte. Auf Grund der spektakulären Umstände wird dieser Sprung oft auch als erster Fallschirmabsprung der Geschichte bezeichnet. Im Gegensatz zu Blanchard verwendete Garnerin keine starren Elemente in seiner Konstruktion. Auf Anregung eines Wissenschaftlers brachten die Brüder eine Öffnung in der Mitte der Kappe an und stabilisierten so den Sinkvorgang erheblich.
Bereits am 2. August des Jahres 1819 hat der Franzose *Charles Guille* 3000 m über New York City den ersten Freifallsprung – ebenfalls aus einem Ballon – durchgeführt. Er ließ sich 100 m frei fallen, ehe er seinen Fallschirm öffnete. Damals war man, wie auch noch hundert Jahre später, fest davon überzeugt, ein Mensch würde nach wenigen Sekunden freiem Fall bewußtlos. Die Tatsache, daß Charles Guille von einem Ohnmachtsanfall verschont geblieben war, schrieb er lediglich dem starken Eau de Cologne zu, mit dem er sich vorbeugend eingerieben hatte.
Die Deutsche *Käthe Paulus* aus Frankfurt am Main ist wohl die bedeutendste Fallschirmspringerin der Geschichte. Sie kam auf die Idee, den Fallschirm, der bisher meist lose am Ballon befestigt war, in eine Umhüllung zu packen. Ab 1890 führte Käthchen Paulus über hundert sogenannte »Fallschirm-Abstürze« aus über 1000 m Höhe mit den von ihr konstruierten Schirmen und Verpackungssystemen durch. Ihre bahnbrechende Idee beschrieb sie mit folgenden Worten: »Jeder Fallschirm wird sorgfältig lang gefaltet und mit seinem oberen Teil in einen Sack hineingebracht, der ihn nun wie ein Regenschirmfutteral vollständig bedeckt. Sodann werden die Fallschirmleinen sorgfältig geordnet

Käthchen-Paulus-Werbeplakat

und in zwei Hälften geteilt. Diese Hälften werden dann – jede Hälfte für sich – mit einer Zwischenlage von Papier, um jede Vernestelung der Leinen untereinander zu verhindern, auf dem Sack nach der Spitze zusammengerollt und um dieses Paket ein breiter Gummigurt gezogen. So ist der Fallschirm fertig zum Absprung.« Der »Käthe-Paulus-Fallschirm« war der erste brauchbare Rettungsschirm für Absprünge aus antriebslosen Luftfahrzeugen und rettete während des Ersten Weltkriegs vielen Ballonbeobachtern das Leben. Fräulein Paulus stellte nahezu 7000 Fallschirme samt Verpackung in einer eigenen Fabrik in Berlin her.

Der Amerikaner *Grant Morton* sprang als erster Mensch 1911 in Kalifornien mit seinem Seiden-Fallschirm unter dem Arm aus einem Flugzeug. 1912 folgte sein Landsmann *Albert Berry,* der als erster einen kegelförmigen Verpackungskasten am Flugzeug montiert hatte. Etwa zur gleichen Zeit konstruierte der Italiener *Pino* einen Rückenfallschirm, wobei der Hauptschirm beim Öffnungsvorgang durch einen kleinen Hilfsschirm aus dem Verpackungssack gezogen wurde. Unabhängig von dieser Idee entwickelten der US-Major W. L. Hoffman und sein Kollege Floyd Smith einen manuell auslösbaren Rückenfallschirm, mit dem ertsmals Leslie Le Roy Irvin am 28. April 1919 einen Freifallsprung aus einem Doppeldecker wagte. Auch die Entwicklung des zwangsausgelösten Systems war inzwischen fortgeschritten. Der deutsche Luftschiff-Ingenieur *Otto Heinecke* konzipierte um 1913/1914 eine Fallschirmkonstruktion, die aus einer inneren und einer äußeren Verpackungshülle bestand. Ein einfaches Gurtzeug verband die äußere Hülle mit dem Springer. Am inneren Verpackungssack waren die Fangleinen eingeschlauft und eine zur Verankerung im Flugzeug bestimmte Aufzieheine angebracht. Dieses Prinzip gestattete erstmals gefahrlose Absprünge aus dem Flugzeug. Mit geringfügigen Abänderungen wird es bis heute verwendet.

Richard Kohnke, der als Vater des deutschen Fallschirmsports gilt, sprang 1930 aus 7800 m Höhe ab und öffnete seinen Fallschirm erst nach 142 Sekunden Freifallzeit. Er stellte fest, daß die Fallrichtung durch Veränderung der Körperhaltung beeinflußt werden kann. Der erste bekannte Fotosprung wurde im Jahre 1931 von dem deutschen Reporter Walter Boettcher durchgeführt, der sich, nachdem er seinen Fallschirm manuell geöffnet hatte, mit einer in der Hand gehaltenen Kamera selbst fotografierte.

Die beiden Springer haben »angedockt« und bilden einen Zweier-Stern; wichtig ist nun, daß sie auf einer Ebene fallen, wobei sich der leichtere Springer dem schwereren anpaßt

Nach Rückgabe der Lufthoheit an die Bundesrepublik Deutschland im Jahre 1955 wurde die neue Ära des Fallschirmsports unter anderem durch Männer wie Herbert Gillmann, Heinz Girnth, Arndt Hoyer im zivilen Bereich und etwas später durch Josef Vieth, Walter Gericke und Erich Lepkowski auf militärischem Sektor eingeleitet. Damals war eine besondere Sprungbekleidung oder gar das Mitführen eines zweiten Fallschirms als Reservegerät noch nicht üblich und galt als »unmännlich«. So wurde auch Heinz Girnth von seinen Kameraden oft belächelt, als er 1956 erstmals in Deutschland einen Reservefallschirm mitnahm und die Vorteile von Schutzhelm und Stiefeln nutzte – heute alles längst eine Selbstverständlichkeit.

Alois Scherer von der Luftlande- und Lufttransportschule in Altenstadt hat sich wie kaum ein anderer um die Ausbildung im militärischen und zivilen Bereich verdient gemacht. Er war es, der auch die ersten theoretischen Lehrgrundlagen für den modernen Fallschirmsport in Deutschland erarbeitete. *Uwe Beckmann* hat durch jahrelange, selbstlose Öffentlichkeitsarbeit das sportliche Image des Fallschirmspringens in der Bundesrepublik Deutschland im Wesentlichen geprägt und als CIP-Delegierter die Aufstellung der bestehenden internationalen Wettbewerbsregeln mitbestimmt.

Unser Sport und wie man damit beginnt

Das Fallschirmspringen ist sowohl in bezug auf die Gefährlichkeit als auch hinsichtlich der erforderlichen Kondition sehr gut mit dem Skifahren zu vergleichen. Schwere Unfälle sind selten, werden dafür aber gern von der Tagespresse aufgebauscht. Das Risiko eines Bein- oder Knöchelbruches muß jeder Springer zwar einkalkulieren, ähnlich wie der vorsichtigste Skifahrer. Aber denken Sie eigentlich immer an die unverhältnismäßig größere Gefahr, der Sie sich tagtäglich im Straßenverkehr aussetzen, wobei Sie zudem noch auf das umsichtige Verhalten Tausender anderer Verkehrsteilnehmer vertrauen müssen? Nicht umsonst hat der Satz »Während Sie Fallschirmspringen, können Sie in keinen Autounfall verwickelt werden« unter uns Springern schon sprichwörtliche Bedeutung.

Die körperlichen Voraussetzungen für das Fallschirmspringen werden oft falsch eingeschätzt. So glauben die einen, man müßte ein wahrer Tarzan sein, um dieses harte Training durchstehen zu können. Meist ist diese Ansicht auf Beschreibungen der Ausbildung von Fallschirmjägern zurückzuführen, von denen aus militärischen Gründen eine überdurchschnittliche Fitneß gefordert wird. Andere wiederum meinen, um sich aus dem Flugzeug plumpsen zu lassen, brauche man überhaupt keine sportlichen Voraussetzungen. Auch sie irren und stellen einen besonders unfallgefährdeten Personenkreis dar, Skifahrern vergleichbar, die sich stocksteif und untrainiert auf die Bretter wagen. Jeder sollte sich darüber im Klaren sein, daß ein paar Sprünge am Wochenende kein Konditionstraining sind, sondern eine durchschnittliche Sportlichkeit voraussetzen.

Was bewegt eigentlich die Leute vom Arzt bis zum Zimmermann, Hilfsarbeiter bis zum Generaldirektor zum Entschluß, sich einer fliegerärztlichen Untersuchung zu unterziehen und mit dem Fallschirmspringen zu beginnen, sich einfach bei der nächstmöglichen Gelegenheit aus einem Luftfahrzeug ins Bodenlose zu stürzen? Ist es die Begeisterung durch verlockende Bilder im Fernsehen, in Illustrierten oder gar in einem Buch, die anregen, die Sache auch selbst zu versuchen? Ist es die Herausforderung, die innere Angst zu beherrschen und zu überwinden? Oder ist es der Mutbeweis des kleinen Mannes gegenüber seiner Umwelt? Diese und viele andere Gründe spielen sicher eine Rolle; aber werden auch die Erwartungen, die zum Anfangen motiviert haben, tatsächlich erfüllt? Schon vor dem ersten Sprung beginnt oft das Desaster. Nach einer oder mehreren schlaflosen Nächten fährt der zu allem entschlossene Neuling an einem sonnigen Morgen zum Sprungplatz. Das Frühstück ist zwar auf Grund von Magenbeschwerden ausgefallen, aber die solide Ausbildung gibt wieder Mut. Den Lehrer hatte man sich eigentlich ganz anders vorgestellt, doch seine ruhige und sichere Art läßt eine Vertrauensbasis entstehen. Ein paar erfahrene Springer fallen vom Himmel – alle Schirme öffnen sich –, die Landungen verlaufen komplikationslos, erstaunlich sanft. Doch dann nimmt der Wind zu. Schulsprünge werden vorläufig zurückgestellt. Stundenlanges Warten mit gemischten Gefühlen: Einerseits will man seinen Absprung so schnell wie möglich hinter sich bringen, die Nerven sind bis zum Zerreißen angespannt, andererseits breitet sich die stille Hoffnung aus: »Vielleicht klappt's heute doch noch nicht.« Der Wind läßt an diesem Tag nicht mehr nach, am nächsten Tag regnet es, eine Woche später muß das Absetzflugzeug zur Inspektion, und der Sprungbetrieb fällt aus. Dieses entmutigende Spiel kann sich beliebig oft wiederholen. Die Geduld des Springers wird manchmal schon hier, wie auch ständig während seiner späteren Laufbahn, auf eine harte Probe gestellt.

Nun scheint endlich alles zu klappen. Die Maschine samt Schüler und Lehrer ist in der Luft. Dröhnendes Motorengeräusch, ein flaues Gefühl im Magen. »Tausend andere haben es auch geschafft, oder bin gerade ich der Millionste, dem etwas passieren könnte?« – »Was werden wohl Kollegen und Freunde sagen, wenn sie morgen erfahren, daß ich tatsächlich gesprungen bin?« – »Wie öffnet man gleich wieder den Reservefallschirm?« – »Was wird meine Frau sagen, wenn ich mir das Bein breche?« – »Kann man dem Absetzer trauen, oder ist er etwa selbst nervös?« Ungezählte Gedanken wechseln mit gähnender Leere in den grauen Zellen. Auf ein Zeichen des Lehrers setzt man sich in die offene Tür, bei rund 150 Stundenkilometern schneidet der Fahrtwind ins Gesicht, ein unmißverständlicher Schlag auf die Schulter: Der Schüler stößt sich vom Flugzeug ab. Das vereinbarte Auszählen von vier Sekunden wird vergessen, die Augen sind geschlossen, ein kurzer Trance-Zustand. Noch ehe man zu begreifen beginnt, wie einem geschieht, hat sich der Fallschirm entfaltet, und eine seltsame Ruhe, ein Gefühl der Freiheit und Sicherheit breiten sich aus. Die Landung erfordert nochmals Konzentration – dann hat einen die Erde wieder. Von Mal zu Mal wird die Absprungphase bewußter erfaßt. Die Angst dabei schwindet aber noch lange nicht und ist je nach den äußeren Umständen starken Schwankungen unterworfen. Vielen gelingt es jedoch, sie immer besser zu überspielen.

Einer meiner ehemaligen Schüler, der inzwischen mit mehreren hundert Sprüngen zu einem wahren »Meister des Himmels« herangewachsen ist, erzählte mir kürzlich: »Ich habe es mir zwar nie anmerken lassen, aber auch nach 20 Absprüngen hoffte ich noch jedesmal, wenn ich im Flugzeug saß, daß der verdammte Motor nicht anspringt.« In dieser Phase hören sehr viele Anfänger wieder auf. Entscheidend für das Durchhalten ist oft eine Bezugsperson: sei es ein anderer Schüler, mit dem man gemeinsam zum Flugplatz fährt und leistungsmäßig konkurriert, oder sei es ein tiefes Vertrauensverhältnis zum Lehrer oder zu einem anderen erfahrenen Springer.

Weniger gefragt, aber leider nicht ganz »auszurotten«, sind die sogenannten »Draufgänger-Typen«. Man erkennt sie meist schon daran, daß sie für die kurvenreiche Landstraßenfahrt vom Heimatort zum Flugplatz gegenüber normalen Leuten nur die halbe Zeit benötigen. Durch ihr Auftreten am Sprungplatz und ihr Verhalten in der Luft schaden sie nicht nur dem Ansehen unseres Sports, sondern gefährden oft auch die Sicherheit.

Nur wenige sind es, die mit unermüdlichem Sportsgeist dem Fallschirmspringen über Jahre hinweg treu bleiben. Sie kennen das Gänsehaut erzeugende Glücksgefühl, im Spiel mit dem Luftwiderstand blitzschnell ein Stilprogramm zu schaffen, im freien Fall in eine Formation »einzufliegen« und den geöffneten Schirm zentimetergenau auf die Zielscheibe zu steuern. Ein harmloser »Gaudi-Hüpfer«, ein ehrgeiziges Training und nicht zuletzt die Teilnahme an einer Meisterschaft sind für sie das Höchste. Für viele von ihnen wird das Springen zu einer Sucht – wahrscheinlich einer der gesündesten in unserer Zeit. Allen Lesern wünsche ich, daß auch sie bald zu dem kleinen Kreis dieser Genießer zählen.

Ausbildung zum automatischen Absprung

Ausrüstung

Zur Grundausrüstung eines Fallschirmspringers gehört außer dem Haupt- und Reservefallschirm samt Gurtzeug und Verpackungssystem auch eine bestimmte, zweckmäßige *Bekleidung.* Der Fortgeschrittene spezialisiert sich in der Regel bald auf das Ziel-, Stil- oder Relativ-Springen. Da jede dieser drei Disziplinen eine sehr unterschiedliche Bekleidung, insbesondere in der Wahl der Kombination (Kombi) erfordert, ist dem Anfänger zu empfehlen, für die verhältnismäßig kurze Zeit der Ausbildung die Ausrüstung seines Vereins in Anspruch zu nehmen oder preisgünstige Gebrauchtartikel von frischgebackenen Lizenzinhabern zu kaufen.

Der unerfahrene Schüler hat meist noch wenig Gefühl für die richtige Handhabung seines Luftfahrzeugs, des Fallschirms, und muß daher häufiger mit einer »harten Landung« rechnen. Dabei kann ein solider Springerstiefel, der dem Fußgelenk optimalen Halt bietet, den gefürchteten Knöchelbruch vermeiden helfen. Soweit keine Spezialstiefel mit dicken Luftkammersohlen verfügbar sind, ist ein fachgerechtes Bandagieren der Füße mit Elastikbinden (8 cm × 5 m) sehr zu empfehlen. Der Sprunganzug dient während der Ausbildung eigentlich nur dazu, Körper und Kleidung vor Verletzung bzw. Beschädigung zu bewahren. In der kalten Jahreszeit soll er zudem noch warm halten. Ein alter Pullover und Blue Jeans genügen oft. Wichtig ist, daß der ganze Körper bedeckt wird, um Schürfwunden vorzubeugen. Weiterhin sollte die Kleidung eng anliegen und keine abstehenden Teile wie weiten Kragen, überlangen Gürtel etc. aufweisen. Verwicklungen beim Öffnungsvorgang des Fallschirms sind zwar unwahrscheinlich, aber schon mancher Schüler hat an Stelle des Aufziehgriffs erst mal an abstehenden Kleidungsstücken gezogen. Warme Fingerhandschuhe sind oft von Vorteil, müssen jedoch unbedingt ausreichendes »Fingerspitzengefühl« und Beweglichkeit garantieren. Ein stabiler, gut gepolsterter Schutzhelm ist für jeden Springer unerläßlich. Der Fachhandel bietet spezielle Springerhelme an; in der Praxis eignet sich jedoch fast alles, ob Drachenflieger-, Bergsteiger-, Hockey- oder Motorrad-

Der automatische Fallschirm vom Typ Kohnke-Dreieck

helm. Ratsam ist, die Verschlußriemen an der Außenseite zu montieren, um Öffnungsstörungen und Verletzungen durch Unterschlagen von Fangleinen auszuschließen. Da im freien Fall Geschwindigkeiten von rund 200 km/h erreicht werden, mindern Luftstrom, mikroskopische Staubteilchen oder gar Wassertröpfchen das Sehvermögen enorm. Deshalb darf spätestens ab Beginn der manuellen Sprungausbildung eine Schutzbrille, die unter dem Helm getragen wird, nicht fehlen. Für Brillenträger gibt es eine Menge Möglichkeiten, das Marktangebot reicht von speziellen Überbrillen bis zu Schutzscheiben mit eingebauten Korrekturgläsern. Eine kleine Sportbrille, die unter nahezu alle Schutzbrillen paßt, ist in den meisten Optiker-Läden preisgünstig zu erhalten. Viele Fallschirmspringer verwenden ihre normalen Augengläser, deren Bügel dann jedoch unbedingt mit einem Gummiband hinter dem Kopf zusammengehalten werden müssen.

Nun zu den Unterschieden in der Sprungbekleidung, die bei einer Spezialisierung auf die einzelnen Disziplinen von großer Bedeutung sind. Eine Ausnahme stellt der Zielspringer dar, da hier der freie Fall eine sekundäre Rolle spielt und die Berücksichtigung aerodynamischer Aspekte in der Bekleidungswahl vernachlässigt werden kann. Er trägt in der Regel eine bequeme, gut schützende Springerkombination.

Für den Stilspringer ist wichtig, daß er möglichst wenig Widerstandsfläche bietet, um eine besonders hohe Fallgeschwindigkeit zu erreichen und somit sein Figurenprogramm schnell durchführen zu können. Eine hauteng anliegende Kombi oder ein normaler Trainingsanzug ist dafür zu empfehlen. Leichte »Stil-Stiefel« oder Basketballschuhe, soweit sie noch guten Halt in den Gelenken bieten, sowie eine gepolsterte Lederkappe an Stelle des Helms erhöhen die so wichtige Bewegungsfreiheit in dieser Disziplin.

Beim Formationsspringen (»Relativ«) kommt es dagegen darauf an, möglichst viel Luftwiderstand aufzubringen, um im freien Fall auch langsam »fliegen« bzw. fallen zu können. Der Fachhandel bietet dafür unterschiedlichste Sprunganzüge an, die alle nach dem Motto: viel »Fläche«, geringe Porosität und wenig Gewicht konstruiert sind. Die meisten dieser sogenannten »Relativ-Kombis« haben einen glockenförmigen Schnitt an Armen und Beinen sowie fledermausähnliche Ausweitungen zwischen Hüfte und Ellenbogen. Einen ähnlichen Effekt bieten Plastik-Kombis mit eingenähten Gaze-Feldern, die sich im Freifall aufblasen. Diese Spezialbekleidung bringt jedoch nur dem routinierten Relativ-Springer mit bereits vorhandener reflektorischer Körperbeherrschung wahre Vorteile. Dem Anfänger wird durch den vorzeitigen Gebrauch dieser Kombis das Erlernen einer stabilen Freifall-Lage eher erschwert.

Formationsspringer legen in der Regel ebenfalls Wert auf leichte Helme und leichte Spezialstiefel mit griffiger Sohle.

Der automatische Fallschirm besteht aus Schirmkappe (mit Bahnen, Feldern, Basisband, Scheitel, Schub- und Steuerschlitzen), Fangleinen, zwei Paar Haupttragegurten, äußerer Packhülle und dem Gurtzeug. Es unterteilt sich in den Sattel mit Beingurten sowie in die Brust- und Kreuzgurte (Rücken). An Brust- und Beingurten

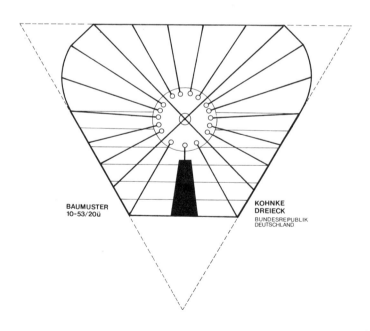

BAUMUSTER
10-53/20ü

KOHNKE DREIECK
BUNDESREPUBLIK DEUTSCHLAND

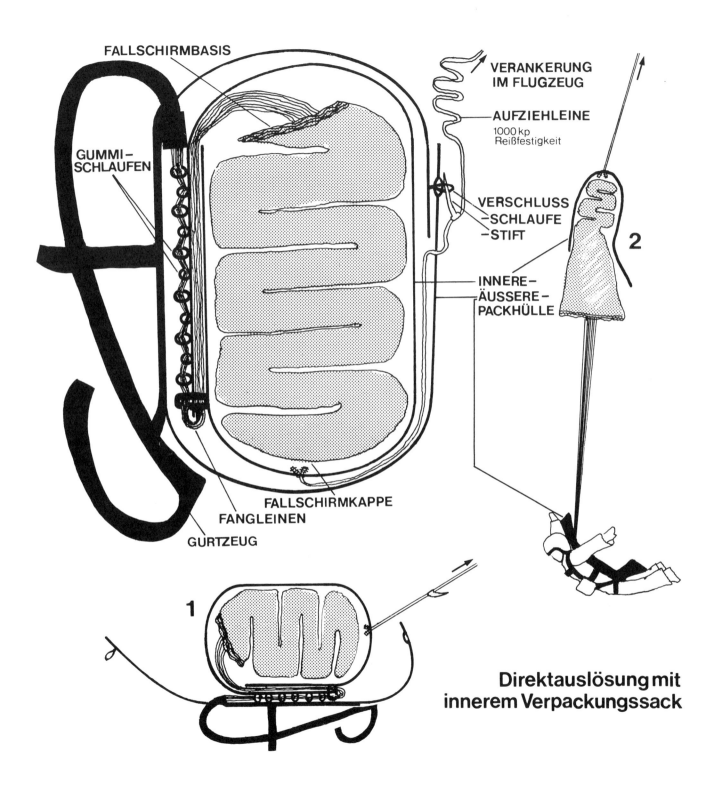

STATIC-LINE-AUSLÖSE-SYSTEM

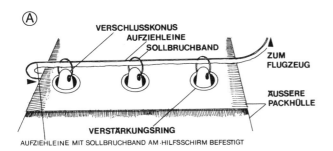

AUFZIEHLEINE MIT SOLLBRUCHBAND AM HILFSSCHIRM BEFESTIGT

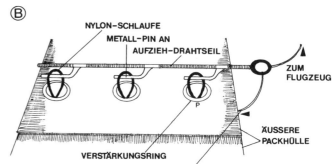

AUFZIEHLEINE MIT SOLLBRUCHBAND AM HILFSSCHIRM BEFESTIGT

sind Klappzungenschlösser oder Schnellöffnungskarabiner mit entsprechendem Gegenstück angebracht. Gurtzeuge mit Zentralverschluß finden vorwiegend in der militärischen Ausbildung Verwendung. Der innere Verpackungssack mit Aufziehleine und Verschlußstift gehört ebenfalls zum System.

Es gibt zwei automatische Auslösearten. Einmal das *static-line-system*. Hier wird, vereinfacht ausgedrückt, an Stelle des Aufziehgriffs, den der Springer beim Freifallsprung selbst betätigen muß, einfach eine Aufziehleine montiert, die zu einer festen Verankerung im Flugzeug führt und die gleiche Funktion übernimmt.

Der Öffnungsvorgang entspricht dann dem des manuell ausgelösten Fallschirms.

Wesentlich sicherer für den zwangsausgelösten Schulsprung ist jedoch ein System, das vorwiegend in Deutschland Verwendung findet. Hier befindet sich die Fallschirmkappe in einem inneren Verpackungssack, der fest an der Aufziehleine angenäht ist. In der zivilen Ausbildung ist der »Kohnke-Dreieck-Fallschirm« mit der Baumuster-Nr. 10-53/20 Ü am bekanntesten. Der Öffnungsverlauf spielt sich wie folgt ab: Nach dem Abgang vom Luftfahrzeug schlauft sich die Aufziehleine aus der äußeren Packhülle. Sobald die Leine gestreckt

Klappzungenschlösser

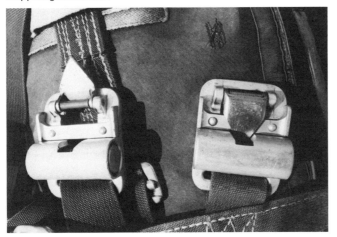

Schnellöffnungskarabiner

ist, wird der Verschlußstift aus der Verschlußschlaufe gezogen, und die äußere Packhülle öffnet sich. Nun werden die Fangleinen ausgeschlauft und gestreckt. Die letzten beiden Fangleinenschlaufen lösen sich aus den Packlaschen und geben die Verschlußklappe des inneren Verpackungssackes zur Öffnung frei. Die Fallschirmkappe wird durch das Gewicht des Springers aus der inneren Packhülle herausgezogen und füllt sich mit Luft. Der innere Verpackungssack verbleibt mit der Aufziehleine am Flugzeug und muß von einem erfahrenen manuellen Springer eingeholt werden.

Fallschirmpacken

Für Militärfallschirme sowie für Rettungsschirme gibt es eigens ausgebildetes Packpersonal. Die Packer der deutschen Bundeswehr müssen sich einer Sprungausbildung unterziehen und jederzeit bereit sein, die von ihnen gefalteten Einsatzschirme selbst abzuspringen. Im allgemeinen ist es jedoch üblich, daß jeder Fallschirmspringer seinen Schirm selbst legt. Auch der Schüler lernt sehr schnell, seinen Fallschirmtyp sorgfältig und verantwortungsbewußt unter Aufsicht und Kontrolle eines Lehrers selbständig zu packen. Dabei nimmt das Verständnis für den Öffnungsvorgang zu; gleichzeitig wächst die innere Sicherheit und das Vertrauen zum Schirm.

Für jedes Baumuster gibt es ein eigenes *Gerätehandbuch* mit genauen Packanweisungen, die besonders beachtet werden müssen. Selbst einander sehr ähnliche Fallschirmtypen weisen im Packverfahren oft kleine Unterschiede auf. Gerade diese von der Herstellerfirma erarbeiteten Details können jedoch auf den korrekten Öffnungsverlauf entscheidend Einfluß nehmen.

Einige grundsätzliche Dinge finden bei jedem Packvorgang Anwendung, so zum Beispiel das Bereitstellen des benötigten Packwerkzeuges: Soweit kein eigener *Packtisch* zur Verfügung steht, sollte der Schirm auf einer *Packplane* abgelegt und gefaltet werden. An einem einfachen *Zelt-Hering* wird der Scheitel – so heißt die Spitze des Fallschirms – eingehängt. Die am Gurtzeug angebrachte *Spannvorrichtung* strafft den Fallschirm an seinem anderen Ende. Ein *Pack-Kamm* sichert das folgerichtige und saubere Legen der Fangleinen und des Schirms an der Basis, dem unteren Rand der Fallschirmkappe. Mehrere *Schrotbeutel* verhindern ein Verziehen der bereits geordneten Bahnen und sind besonders bei ungünstigen Windverhältnissen am

Verschlußstift und -schlaufe am sprungbereiten Fallschirm

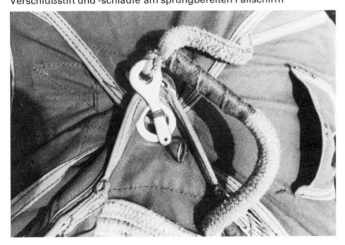

Spannvorrichtung, Pack-Kamm, Heringe, Schrotbeutel

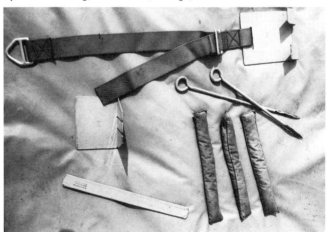

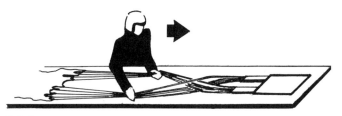

Entwirren

Packplatz von Vorteil. Ein *Packholz* erleichtert das Verstauen der oberen und unteren Verschlußklappenteile am fertig verschlossenen Fallschirm.

Eine saubere Aufnahme des Fallschirms nach der Landung erleichtert das Tragen und verhindert oft Verwirrungen der Leinen. Hat man nur kurze Strecken zu gehen, so ist es am einfachsten, zuerst die Fangleinen und dann die Kappe in Achter-Schlägen auf die weit gestreckten Arme aufzuwickeln. Es versteht sich von selbst, daß man dabei dem Schirm entgegengeht und diesen nicht über den Boden zu sich herzieht.

Mit Ausnahme der Flächengleiter, die in der Schulung ohnehin nicht eingesetzt werden, gilt für alle Fallschirmtypen, ob Dreieck, Rund- oder Hochleistungsrundkappe, folgendes Verfahren: Zuerst sucht der Packer die Bahn, auf der sämtliche Herstellerdaten aufgedruckt sind. Die beiden Fangleinen, die diese sogenannte »Stempelbahn« begrenzen, müssen am richtig ausgelegten Schirm störungsfrei zu den beiden inneren Verknotungen der oberen Haupttragegurte führen. Liegen Verwirrungen vor, so legt man am besten das Gurtzeug so oft durch die einzelnen Fangleinenstränge, bis die Kontrolle zum richtigen Ergebnis führt. Nur bei einem Kappendurchschlag – in diesem Fall befände sich die Stempelbahn auf der Innenseite – muß an der Fallschirmkappe selbst manipuliert werden. Das *Entwirren* kann nur durch viel Übung erlernt werden. Sorgfältiges Überlegen führt dabei stets schneller zum gewünschten Ergebnis als Versuche aufs Geratewohl. Schon mancher Schüler hat bei seinen ersten Entwirrungsversuchen die Fangleinen so geschickt verwickelt, daß erfahrene Lehrer und Packer stundenlang zu

Teilung der Fangleinenbündel

Besonders wichtig ist, die Basis sauber zu legen

tun hatten, um den »Gordischen Knoten« wieder zu lösen.

Jetzt folgt eine weitere Kontrolle. Man teilt die beiden Fangleinenbündel an den Haupttragegurten und nimmt jedes in eine Hand. So wandert man zum Kappenrand (Basis) und schüttelt den Schirm kräftig auseinander. Nun läßt man ein Bündel zu Boden fallen und schlägt mit dem freien Arm von unten in die Kappenmitte. So erhält man zwei Bahnen: die Stempelbahn und die entgegengesetzte Bahn. Die begrenzenden vier Fangleinen der beiden Bahnen müssen verwirrungsfrei zu den inneren Verknotungen der oberen und unteren Haupttragegurte führen. Die beiden ermittelten Fangleinen der dem Boden zugewandten Mittelbahn werden an der Basis in den Packkamm eingelegt. (Beim Kohnke-Dreieck-Fallschirm sind dies die Nummern 10 und 11.) Nun wirft man eine Hälfte der Kappe auf die andere Seite und beginnt Bahn für Bahn zu falten.

Besonders wichtig ist, die Basis sauber zu legen, da hier – am Übergang zwischen Kappe und Fangleinen – die größte Gefahr für eine Öffnungsstörung durch unsachgemäßes Packen liegt und an dieser Stelle die Luftfüllung beginnt. Alle weiteren Stadien des Packvorgangs sind bei den meisten Typen etwas unterschiedlich. Hier ist die Einweisung durch einen Sprunglehrer oder Fallschirmpacker sowie das Studium des Gerätehandbuchs unumgänglich. Nach dem Legen der Bahnen wird grundsätzlich nochmals eine **Fangleinen-Kontrolle** in beschriebener Weise durchgeführt.

Oft unterschätzt wird der Einfluß der Sonneneinstrahlung auf das Schirmgewebe. Steht keine Packhalle oder ein schattiges Plätzchen zur Verfügung, so muß der Fallschirm entweder unverzüglich gepackt oder mit einer Plane **lichtgeschützt** abgedeckt werden. Studien in den USA haben gezeigt, daß auch nur zeitweise UV-Bestrahlung bei vielen Materialien die Lebensdauer des Schirms halbieren kann. Zudem stellt brüchiges Gewebe immer ein Sicherheitsrisiko dar. Ebenso gefährlich ist die Reinigung der Kappe mit Seife oder Waschmitteln. Fallschirme dürfen nur mit klarem Süßwasser oder mit einem Spezialmittel nach Angaben des Herstellers gesäubert werden. Nach einer Landung im Salzwasser ist der Schirm innerhalb eines Tages mehrfach in klarem Süßwasser zu spülen.

Hier noch einige wissenswerte Daten zur Belastbarkeit der Fallschirmsysteme: Die Aufziehleine sowie deren Verankerung im Flugzeug halten gut 1000 kg aus. Jede Fangleine erträgt eine Mindestbruchlast von 170 kg und hat eine Dehnfähigkeit von 20 bis 25%. Alle Metallbeschläge bieten eine Zugfestigkeit von 60 kg pro mm^2.

Fangleinenkontrolle

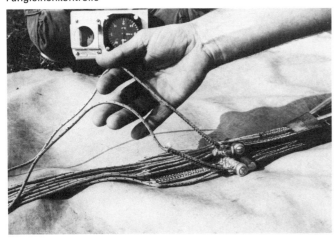

Fangleinenkontrolle

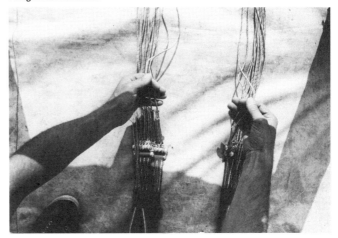

Sie werden aus einem Stück in Stahl geschlagen und müssen mit einem Oberflächenschutz versehen sein. Metallteile aus deutscher Herstellung tragen die DIN-Bezeichnung 1660 II oder ST 60 II (Stahl: 16 – Zugfestigkeit: 60 – Normblatt: II). Die Fallschirmkappe besteht je nach Baumuster aus Nylon, Perlon oder Baumwolle (Mako). Sie ist noch immer am strapazierfähigsten und eignet sich daher am besten für die Schulung. Die Längs- und Querfäden des Gewebes nennt man Kette und Schuß. Reparaturen am Fallschirm dürfen nur von autorisierten Personen durchgeführt werden. Flicken müssen mindestens eine Größe von 15 × 15 cm aufweisen und sollen eine Fläche von 30 × 30 cm nicht überschreiten. Je Feld sind maximal drei Flicken zulässig.

Geländeeinweisung

Für eine gesunde Landung hat die genaue Kenntnis des Sprunggeländes oft entscheidende Bedeutung. Eine gründliche Information über die Beschaffenheit des Landeplatzes sowie seiner näheren und weiteren Umgebung muß natürlich schon am Boden erfolgen, denn im Flugzeug ist es meist zu spät: Aus der Vogelperspektive können Überlandleitungen, Stacheldrahtzäune, abschüssige Wiesen und Felder oft nicht oder nicht rechtzeitig erkannt werden. Den hohen, knorrigen Laubbaum hielt schon mancher Unkundige für einen harmlosen Strauch, den reißenden Bach für eine verkehrsarme Landstraße. In manchen Vereinen hängt ein

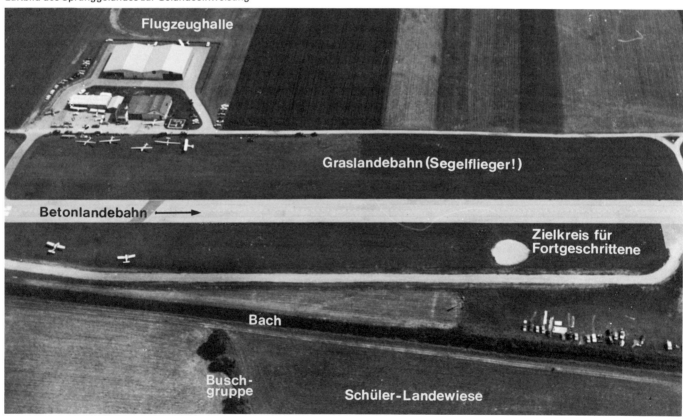

Luftbild des Sprunggeländes zur Geländeeinweisung

Luftbild des Sprunggeländes im Posterformat aus, auf dem alle Hindernisse deutlich markiert und beschrieben sind. In anderen Clubs ist es üblich, daß der Lehrer oder Ausbildungsleiter zu Beginn des Sprungdienstes einen leichten Geländelauf mit allen platzfremden Neuankömmlingen unternimmt – eine sehr gute Idee. An markanten Orientierungspunkten sowie an günstigen Aussichtsplätzen wird angehalten und auf Gefahrenstellen bei der Fallschirmlandung hingewiesen. Diese Unterbrechung bietet zugleich Gelegenheit für ein paar maßvolle Lockerungsübungen wie Kniebeugen, Liegestütze, Körperkreisen, Atemgymnastik etc. So wird die Durchblutung gefördert, die Muskulatur gelockert und das Unfallrisiko erneut gemindert.

Auch der erfahrene Fallschirmsportler scheut sich nicht, bei der Ankunft auf einem unbekannten Sprungplatz die »einheimischen« Kollegen nach den örtlichen Gegebenheiten zu befragen. Hochspannungsleitungen, Eisenbahnlinien sowie Gewässer aller Art können lebensgefährlich werden. Bäume, Geländeunebenheiten, Zäune, landwirtschaftliche Geräte und andere Hindernisse führen oft zu erheblichen Verletzungen, wenn sie nicht rechtzeitig erkannt werden. Weiterhin ist wichtig, den Verlauf der Betonlandebahn oder der unauffälligen Graspiste zu kennen und diesen Bereich bei der Fallschirmlandung unbedingt zu meiden.

Einweisung am Luftfahrzeug

Ein Sprungschüler mit automatisch auslösendem Fallschirm besteigt zum ersten Mal eine DO-27. Das ungewohnte Gurtzeug mit dem schweren Hauptfallschirm samt Reservegerät schränkt die Bewegungsfreiheit ein. Der für den erfahrenen Springer großzügige Innenraum des Flugzeugs erscheint dem Schüler beengend klein. Der Absetzpunkt ist fast erreicht, und der Anfänger krabbelt schwerfällig zur Türe. Das große Rückenpaket läßt ihn wieder auf seinen Platz zurückfallen. Neuer Versuch. Da entdeckt er plötzlich, gerade an der richtigen Stelle, einen rettenden Griff, an dem er sich aufraffen und in die richtige Position rücken könnte.

Leider ist dies der Notabwurfgriff der Türe, Folge: mehrere tausend Mark Sachschaden.

Eine andere Situation: In einer Cessna 172 mit Doppelsteuerung sitzt ein Fallschirmspringer (wie bei diesem Typ üblich) gegen die Flugrichtung neben dem Piloten. Nach einer Weile Flugzeit lehnt er sich gemütlich zurück. Die Maschine rast plötzlich steil nach unten, und der Pilot kann erst nach lautem Geschrei mit beiden Händen das Ruder anziehen und so sein Luftfahrzeug wieder abfangen.

Beide Beispiele zeigen, wie wichtig eine intensive Einweisung für jeden Springer auf einem ihm unbekannten Flugzeugtyp ist. Dazu gehört natürlich auch eine Empfehlung der bestmöglichen und ungefährlichsten Absprungposition mit mehrmaliger praktischer Übung am Boden.

Grundsätzlich gilt: **Das Berühren aller rot und gelb gekennzeichneten Hebel und Griffe im Luftfahrzeug ist zu vermeiden,** es sei denn, eine echte Notfallsituation liegt vor, die der Springer nach ausdrücklicher Anweisung des Piloten meistern muß.

Das Zulaufen auf ein Flugzeug von vorn oder im Drehbereich des Propellers ist lebensgefährlich. Man bedenke auch, daß bei vielen Typen der Pilot aus seiner Position heraus nicht direkt nach vorn sieht. Er könnte die Luftschraube in Bewegung setzen oder das Flugzeug mit laufendem Motor plötzlich in eine beliebige Richtung wenden.

Merke daher: An ein Luftfahrzeug **immer** von hinten herangehen, auch wenn Eile geboten scheint!
Beim Einstieg-Wechsel von einer Türseite zur anderen ebenfalls **immer** hinten herumgehen!
Auch bei stehendem Propeller **nie** in dessen Drehbereich gehen!

Auch Angehörige, Fotografen und Zuschauer sollten immer wieder auf diese Grundregeln hingewiesen werden!

Der erste Absprung

Der größte Wunsch eines jeden Lehrers ist es, den Schüler nach seinem ersten Sprung unverletzt und glückstrahlend am Boden zu sehen. Während Fluglehrer ihren Schützlingen im Ernstfall ins Steuer greifen können, hat der Sprunglehrer nach dem Abgang des Schülers vom Flugzeug keine Möglichkeit, aktiv einzugreifen. Der Ausbilder muß deshalb die psychische Verfassung des Sprungschülers zumindest soweit abschätzen können, ob dieser alle besprochenen und trainierten Verhaltensweisen auch unter der Nervenbelastung richtig auszuführen vermag. Sprunganwärter, die ihre natürliche Angst nicht kompensieren können, müssen disqualifiziert werden.

Der Aspirant sollte in seinem eigenen Interesse ausgeruht und in guter Kondition am Flugplatz erscheinen. Konzentrierte Teilnahme am Unterricht, Zwischenfragen bei den geringsten Unklarheiten und volles Vertrauen zum Lehrer sind Voraussetzung für den reibungslosen Absprung und die verletzungsfreie Landung. Die Vorbereitung zum ersten Hüpfer umfaßt in der Regel einen theoretischen Teil und mehrere praktische Übungen. Zuerst wird der normale Sprungablauf vom Start des Flugzeuges bis zur Landung des Springers besprochen. Es folgen Verhaltensmaßregeln für alle nur erdenklichen Notfälle. Auch wenn die Möglichkeit einer Notsituation nur eins zu einer Million ist: Der Fall wird so lange an einem freischwebend aufgehängten Gurtzeug (Hänger) durchgeübt, bis er »wie im Schlaf« gemeistert werden kann. Weiterhin erhält der Schüler eine ausführliche Lektion am Luftfahrzeug mit Aussteige- bzw. Absprungübungen am Boden. Natürlich darf auch das Landefalltraining nicht fehlen.

Diese Einweisung befähigt den Schüler, seinen Sprung sowie alle dabei möglichen Gefahrensituationen selbständig zu meistern. Bei der Ausbildung zum ersten Luftsprung kann jedoch nur ein winziger Teil des Wissens vermittelt werden, das bei der Lizenzprüfung verlangt wird. Um die Fallschirmkunde (Packen, richtiges Anlegen der Ausrüstung), meteorologische Belange

Der erste automatische Absprung erfolgt aus 600 m über Grund

Das Absetzen

(Windrichtung, Windstärke akzeptabel?), Luftrecht (Zulassung von Schirm, Luftfahrzeug und Schulungsgelände) und viele andere Dinge kümmert sich jetzt noch der Lehrer, der auch über die Durchführung des Sprungs entscheidet und dafür die Verantwortung trägt.

Das Absetzen: Bei den ersten Sprüngen übernimmt der Lehrer, ein erfahrener Springer oder beim Militär ein eigens ausgebildeter Absetzer, diese Aufgabe. Sinn und Zweck der Sache ist, den richtigen Absprung-Punkt zu finden. Der Anfänger wird unter Berücksichtigung der **Windverhältnisse**, der **Absprunghöhe** und des **Vorwärtsschubes** seines Fallschirms in der Regel so abgesetzt, daß er auch ohne Steuer-**Erfahrung** auf eine hindernisfreie Wiese getrieben wird. Beim Absetzen, das die größte Bedeutung bei Zielsprüngen mit Rundkappenfallschirmen hat, ist besonders wichtig, genau senkrecht nach unten zu blicken. Da der Pilot aus seiner Position diese Aufgabe nicht übernehmen kann, tut dies ein Springer an der offenen Tür und dirigiert ihn durch abgemachte Zeichen so, daß er exakt über dem vorher festgelegten Absprungpunkt anfliegt. Um Parallaxenfehler zu vermeiden, sollten Tragflächen

Anfänger in Embryo-Lage

und Rumpf des Flugzeugs beim Absetzen parallel zum Erdboden stehen. Der Anflug erfolgt in der Regel über den Landeplatz gegen die Bodenwindrichtung. Manche Luftfahrzeuge sind an der Tür mit Signalgebern ausgerüstet, deren Betätigung dem Piloten durch Lichtzeichen die gewünschte Richtungsänderung übermittelt. Oft vereinbart man aber auch Handzeichen: Daumen nach rechts oder Klopfen auf die rechte Schulter des Piloten bedeutet Rechtskorrektur und umgekehrt für Linkskorrekturen. Wenn nicht ausdrücklich anders vereinbart, bedeutet jedes Signal eine Richtungsänderung um 5 Grad. Klappt der Anflug nicht, so sollte bedenkenlos eine neue Runde verlangt werden. Ein guter Pilot wird Verständnis dafür haben.
Der Absetzpunkt kann vorher berechnet (siehe Kap. »Berechnungsgrundlagen«, S. 135), geschätzt oder ge-

testet werden. Zu Beginn eines Sprungtages, einer Meisterschaft oder bei ständig wechselnden Windverhältnissen wirft man genau über dem beabsichtigten **Lande**punkt in Öffnungshöhe des Fallschirms (600 bis 800 m) eine mit Metallstreifen beschwerte Krepprolle ab. Dieser sogenannte **Wind-Drifter** hat ähnliche Sinkeigenschaften wie ein Springer am geöffneten Fallschirm. Der auffällige Papierstreifen wird bis zum Auftreffen am Boden beobachtet. Denkt man nun eine Linie vom Landepunkt des Wind-Drifters bis zur Abwurfstelle (Ziel-Punkt des Springers) und verlängert man diese Linie um die gleiche Strecke, so ist die günstigste Absetzstelle ermittelt.
Der Schüler erhält wenige Sekunden vor Erreichen des Absprungpunkts die Aufforderung: »Fertigmachen« (am.: *stand by*), worauf er sich in die Tür setzt bzw. stellt. Erst ein deutliches Zeichen des Absetzers, z. B. ein kräftiger Schlag auf die Schulter, gibt den Absprung frei.

Bei der Benutzung von zwangsausgelösten Fallschirmen gibt es zwei Möglichkeiten der *Absprunghaltung:* einmal die Bundeswehr-Haltung, auch Bananen- oder Embryo-Lage genannt. Dabei hat der Springer beide Beine geschlossen, den Oberkörper nach vorn eingeknickt, den Kopf auf der Brust und die Arme rechts und links am Reservefallschirm oder über dem Rettungsgerät verschränkt. In dieser Haltung ist ein Unterschlagen der Aufziehleine unter Arme oder Beine und somit die Gefahr einer Öffnungsstörung oder einer Verletzung weitgehendst ausgeschlossen. Der Absprung erfolgt gegen die Flugrichtung.
Alternativ wird oft schon während der A-Schulung die sogenannte »stabile X-Lage« gelehrt. Hier sind Arme und Beine weit gestreckt, und es muß – ganz im Gegensatz zur BW-Haltung – ein extremes Hohlkreuz gebildet werden. Dies erreicht der Schüler am besten, indem er unmittelbar nach dem Absprung in Flugrichtung zum Luftfahrzeug hochschaut. Die X-Lage ist Ausgangsposition für jeden manuellen Absprung.
Welche Absprunghaltung gelehrt wird, hängt unter anderem auch von der Absetzgeschwindigkeit des Luftfahrzeugs sowie von der Art des benutzten Schul-

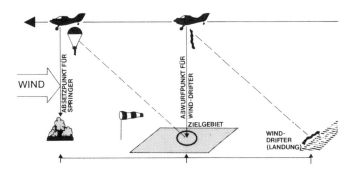

Ein bewährtes Absetzflugzeug in den USA ist die zweimotorige »Twin-Beech«. Hier: Absprung aus 4000 m Höhe über Raeford/Ft. Bragg im sonnigen North Carolina

 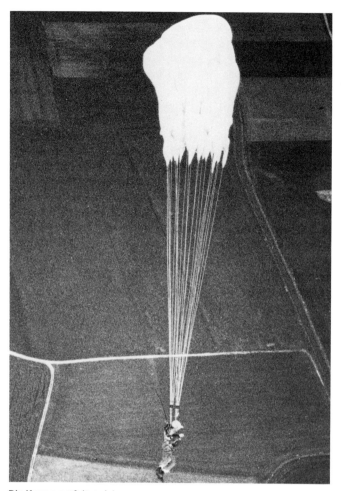

Öffnung des automatischen Fallschirms Die Kappe entfaltet sich

schirms ab. Wichtig ist, daß die vom Lehrer unterrichtete Haltung sicher beherrscht und konsequent durchgeführt wird. Zu den obersten Zielen gehört die volle Körperbeherrschung im freien Fall. Ausgeprägtes Bodentraining und volle Konzentration auf die optimale Abgangshaltung helfen jedem Schüler, dieses Ziel rasch zu erreichen.

Gleichzeitig mit dem Abgang beginnt der Springer, drei Sekunden laut und gleichmäßig auszuzählen: »eintausend, zweitausend, dreitausend«. Auch dies sollte am Boden geübt werden. In der Aufregung gelingt es nämlich manchem Anfänger, schon innerhalb einer knappen Sekunde bis drei(tausend) zu zählen. Spürt der Mutige nun einen kräftigen Ruck am Körper, so sind drei Dinge zu beachten:

- **Kontrollieren** der Fallschirmkappe (Hochschauen: Form und Steuermodifikation sollten bekannt sein);
- **Orientieren** (siehe »Geländeeinweisung«, markante Orientierungspunkte);
- **Steuern**.

Blickt man am geöffneten Schirm nach oben, so befinden sich rechts und links je ein Paar Haupttragegurte, die sich dann in die Fangleinen und schließlich in die Fallschirmkappe fortsetzen. An den hinteren Gurten sind die Steuerschlaufen befestigt. Beim Dreiecksfallschirm und bei einfachen Rundkappen sind die Steuerleinen einfach an denjenigen Fangleinen angenäht, die zu den Ecken des Steuer- und Schubschlitzes führen. Ohne Steuerbewegungen wird der Fallschirm je nach Typ mit einer bestimmten Schubgeschwindigkeit in Blickrichtung nach vorn getrieben. Zieht man nun an der linken Steuerleine, so dreht die Kappe samt Springer nach links. Ziehen an der rechten Steuerleine bewirkt eine Rechtsdrehung. Will der Schüler also in die entgegengesetzte Richtung (»rückwärts«) fahren, so zieht er einfach so lange an einer beliebigen Steuerleine, bis sich der Schirm um 180 Grad gedreht hat, und läßt die Leine wieder hochgleiten. Er fährt dann wieder in Blickrichtung geradeaus. Ziehen an beiden Steuerleinen bremst den Vorwärtsschub ab und führt ebenso wie jede Drehbewegung zu einer erheblichen Zunahme der Sinkgeschwindigkeit. Aus diesem Grunde sowie wegen des Nachdrehens auf Grund der Trägheit gilt für Schüler, besonders aber für Erstspringer:

Ab etwa 50 Meter Höhe über Grund keine (groben) **Steuerbewegungen mehr durchführen!**

Werden mehrere Schüler hintereinander abgesetzt, so sollte der **schwerste zuerst springen** und je nach Geschwindigkeit des Flugzeugs ein bestimmter zeitlicher Abstand zwischen den Absprüngen bestehen. So ergibt sich eine gute vertikale und horizontale Staffelung der geöffneten Fallschirme. Besondere Wind- und Thermikverhältnisse schließen jedoch ein Annähern der Fallschirmkappen nicht aus. Um gefährliche Kollisionen zu vermeiden, hat jeder Schüler so zu steuern, daß er von einem anderen Fallschirm mindestens zehn Meter entfernt bleibt. Gerät ein Springer am geöffneten Schirm über die Kappe eines Kollegen, so nimmt der untere Fallschirm dem oberen die tragende Luft weg und die Kappe des höheren Springers kollabiert. Verwicklungen beider Fallschirme und eine fatale Landung können die Folge sein.

Schulschirme sind nur begrenzt steuerbar und sehr träge. Hier ist es erforderlich, die Steuerleinen kräftig und soweit die Arme reichen herunterzuziehen, um eine langsame Drehung zu erreichen. Bei einer Hochleistungsrundkappe dagegen müssen die Steuerleinen für den gleichen Effekt nur wenige Zentimeter bewegt werden.

Nachdem sich der Anfänger orientiert hat, steuert er direkt auf sein Zielgebiet zu. Vorwärtsschub seines Schirms und Wind treiben ihn in Blickrichtung. Merkt er, daß er über das Landegebiet hinaustreibt, so dreht er sich gegen den Wind; glaubt der Springer jedoch, das Ziel so nicht erreichen zu können, fährt er wieder mit Wind. Das Gefühl dafür entwickelt sich erst im Laufe mehrerer Sprünge. Der Fortgeschrittene muß in der Lage sein, seinen Gleitwinkel und den Abstand zum geplanten Landepunkt richtig abzuschätzen. Er nähert sich in der Regel in Schlangenlinien, d.h. je nach

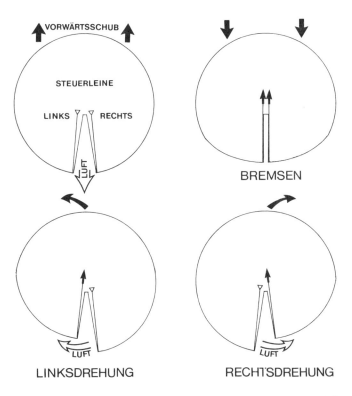

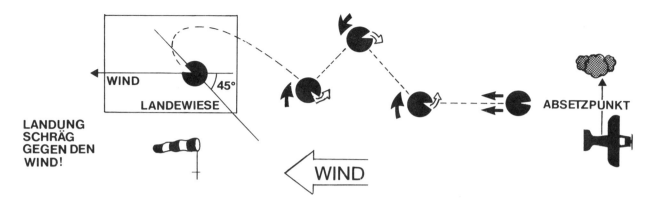

LANDUNG SCHRÄG GEGEN DEN WIND!

Erfordernis in größeren oder kleineren Halbkreisfahrten, an das Ziel an. Schüler sollten aus Sicherheitsgründen bei ihren ersten Sprüngen immer **gegen den Wind landen;** optimal wäre ein Winkel von etwa 45 Grad gegen die Windachse.

Das zweifellos Wichtigste bei der Landung ist, die Beine, d. h. Füße und Knie, fest zusammenzupressen! Folgende Haltung sollte eingenommen werden, um den Aufprall zu mindern und Verletzungen auszuschließen:

- Zehen leicht nach unten gestreckt,
- **Knie locker angewinkelt** (genau wie beim Skifahren),
- **Kopf auf die Brust** (Aufschlagen des Hinterkopfes vermeiden),
- Hände an die Haupttragegurte bzw. Steuerknebel.

Je größer die Körperoberfläche, über welche der Aufprall verteilt wird, desto geringer ist dieser zu spüren. Entsprechend den Landeverhältnissen oder der Vorzugsseite rollt sich der Springer nach links oder rechts ab. Bei der Benutzung von steuerbaren Fallschirmen ist der Landefall vorwärts oder rückwärts in der Praxis nicht erforderlich. Zivile Sprungschulen verzichten daher in der Regel auf diese Übung.

Ablauf am Beispiel des Landefalls nach links: Zuerst berühren die Zehen den Boden und federn im Fuß leicht ab. Es folgt der linke Fuß sowie der linke Unter- und Oberschenkel. Das Abrollen über die Diagonale: linke Gesäßhälfte – rechtes Schulterblatt beenden den Landefall.

Stehende Landungen oder Landungen auf einem Bein im Zielkreis werden oft bei erfahrenen Zielspringern beobachtet. Der Schüler möge bedenken, daß er weder über die Erfahrung noch über einen Hochleistungsfallschirm mit den entsprechenden Schub-, Brems- und Steuereigenschaften verfügt. Schon mancher Versuch eines Anfängers, mit seinen Mitteln den »Profis« nachzueifern, hat zu einem verstauchten Fußgelenk oder gar zu einem Knochenbruch geführt.

Merke: Ein sauberer Landefall ist immer am gesündesten!

Notverfahren für automatische Absprünge

Öffnungsstörungen

Automatische Sprungfallschirme, besonders der Dreiecksfallschirm sowie alle Packsack-Systeme, bieten die höchstmögliche Gewähr für eine sichere und komplikationslose Öffnung. Dies zeigt schon die Tatsache, daß manche Scheininhaber damit bei Schauveranstaltungen aus knapp 100 Meter über Grund hüpfen, einer Höhe, bei der die Betätigung des Reservegeräts nach Erkennen einer Notsituation wohl kaum effektiv wäre. Der Eingeweihte setzt also grenzenloses Vertrauen in den automatischen Schulschirm. Dennoch kann (z.B. durch unkorrekte Körperhaltung des Anfängers) einmal eine Öffnungsstörung verursacht werden. Materialfehler sowie falsches Packen sind nahezu ausgeschlossen, aber gerade dieses »nahezu« ist eben nicht ausreichend, wenn es um die Sicherheit geht. So muß jeder Schüler bereits vor seinem ersten Hüpfer auf alle nur denkbaren, unwahrscheinlichen und seltenen Notfallsituationen vorbereitet werden.

Nicht eingehängte Aufziehleine: Die Aufziehleine wird nur vom verantwortlichen Lehrer an der vorgesehenen Stelle im Flugzeug befestigt. Sofern kein Sicherheits-Karabinerhaken vorhanden ist, sollte die Leine durch Anwendung des »Webleinsteks« mit mindestens zwei Halbschlägen verknotet werden. Jedem Schüler (auch dem Erstspringer) ist anzuraten, sich von der sicheren Verankerung seines »Lebensfadens« zu überzeugen.

Das Einhängen der Aufziehleine erfolgt nur durch den verantwortlichen Lehrer

Wurde die Aufziehleine nicht eingehakt, so öffnet sich der Hauptfallschirm nicht. Drei Sekunden werden vom Moment des Absprungs ausgezählt; der Springer erlebt eine starke Beschleunigung und befindet sich im freien Fall.

Hier gilt: **Sofort mit der rechten Hand den Reservegriff ziehen** und anschließend kräftig gegen eine Seite des Brustpakets schlagen. Auf Grund der hohen Fallgeschwindigkeit und der daraus resultierenden starken Luftumströmung fängt die Reservekappe sofort Wind und öffnet sich.

Hängenbleiben am Flugzeug (am.: *student in tow*): Diese Situation gehört zu den seltensten, aber auch gefährlichsten Störungsarten und erfordert unbedingt **ruhiges und überlegtes** Handeln. Bei unstabiler Absprunghaltung kann es zum Unterschlagen der Aufziehleine unter das Rückenpaket oder eine Extremität des Schülers kommen. Ebenso könnte die Verbindung zwischen Aufziehleine und Verschlußstift des äußeren Verpackungssackes reißen. In beiden Fällen wäre die Öffnung des Rückenpakets blockiert. Der Springer verspürt einen kräftigen Ruck und bleibt durch die Aufziehleine mit dem Flugzeug verbunden. Ein Zurückziehen des Schülers in das Luftfahrzeug ist in der Praxis nicht möglich.

Durch folgendes Verhalten kann die Situation sicher beherrscht werden:

- Linke Hand auf den Kopf legen (zeigt klare Bewußtseinslage und Erfassen der Situation).
- Rechte Hand an den Reservegriff; jedoch: **nicht ziehen!**
- Wenn möglich: Blickkontakt zum Absetzer und lächeln!
- Absetzer zeigt das Messer und kappt die Aufziehleine.
- Drei Sekunden auszählen.
- Reservegriff abziehen und gegen eine Seite des Brustpakets schlagen.

A-Scheininhaber können sich selbst von der Leine abschneiden und sollten immer ein geeignetes Kapp-Messer mitführen.

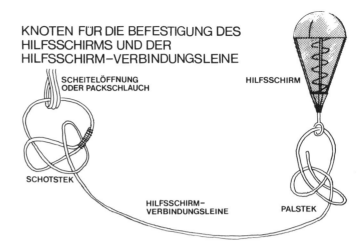

KNOTEN FÜR DIE BEFESTIGUNG DES HILFSSCHIRMS UND DER HILFSSCHIRM-VERBINDUNGSLEINE

SCHEITELÖFFNUNG ODER PACKSCHLAUCH — HILFSSCHIRM — SCHOTSTEK — HILFSSCHIRM-VERBINDUNGSLEINE — PALSTEK

KNOTEN FÜR DIE BEFESTIGUNG DER AUFZIEHLEINE

BEFESTIGUNG IM FLUGZEUG — AUFZIEHLEINE — WEBLEINSTEK — WEBLEINSTEK MIT 2 HALBSCHLÄGEN

Die Aufziehleine wird durch den Absetzer gekappt

Ein besonders seltener Anblick: »Brötchen« am Dreieckfallschirm

Der Reserveschirm wurde zusätzlich geöffnet

Wichtig ist, unter keinen Umständen den Reservefallschirm vor der Trennung vom Flugzeug zu ziehen. Der Rettungsschirm würde wie ein riesiger Bremsfallschirm wirken und könnte den Absturz des Luftfahrzeugs mit dem Unglücksraben in der Mitte zur Folge haben.
Fahne (Fackel, Schornstein, am.: *streamer*): Grobe Packfehler oder unstabile Haltung bei der Fallschirmöffnung können bewirken, daß die Basis der Kappe geschlossen bleibt. Der Schüler bemerkt nur einen geringen »Öffnungsstoß« und erkennt bei der Kappenkontrolle, daß sich die Fangleinen in einen stark flatternden, kaum tragenden Stoffetzen fortsetzen. Die Sinkgeschwindigkeit – man könnte fast noch von Fallgeschwindigkeit sprechen – ist bei dieser Störungsart im allgemeinen sehr hoch.
Maßnahme: **Sofort Reservegriff abziehen und Reservekappe blitzschnell vom Körper wegstoßen.**
Auf Grund der hohen Geschwindigkeit wird sich der Rettungsschirm unverzüglich öffnen.

Fangleinenüberschlag und Kappendurchschlag (Brötchen, am.: *Mae West*): Grobe Packfehler sowie eine falsche Körperhaltung bei der Fallschirmöffnung können auch dazu führen, daß sich eine oder mehrere Fangleinen über die Kappe schlagen, oder umgekehrt, daß die Kappe durch zwei Fangleinen gezogen wird und sich dabei umstülpt. Bei der Schirmkontrolle sieht der Schüler die Kappe in mehrere »Blasen« geteilt. Bei einem einfachen Überschlag wird das Sinken unter Umständen nur gering erhöht, und eine mögliche Drehung kann durch Ziehen an einer Steuerleine ausgeglichen werden. Da die weitere Entwicklung der Fehlöffnung bis zur Landung nicht sicher vorauszusehen ist und der Schüler sein Sinken nicht richtig abschätzen kann, wird empfohlen, in jedem Fall den Rettungsschirm zu betätigen.

Die Geschwindigkeit, mit der sich ein Springer am »Brötchen« in Richtung Erde bewegt, ist zwar meist zu hoch, um ohne Benutzung der Reserve unverletzt zu landen, jedoch auf Grund der vorhandenen tragenden Kappenteile lange nicht so hoch wie bei den eingangs besprochenen Störungsarten (»Nicht eingehängte Aufziehleine«; »Fahne«). Dies hat zwei Konsequenzen: Zum einen bleibt dem Springer hier mehr Zeit, um ruhig und überlegt zu handeln. Zweitens ist die Luftanströmung wesentlich geringer, und der Reservefallschirm würde nach Abziehen des Griffs einfach vor dem Springer herunterfallen und sich dann, wenn überhaupt, mit mehr oder weniger starken Verwicklungen um den Unglücklichen und dessen Hauptschirm entfalten. Hier ist also wichtig, **das Brustpaket vor dem Abziehen des Griffs** (rechte Seite, rechte Hand) **mit dem linken Arm zu umfassen und festzuhalten**.

Situationsgemäß sind nun folgende Schritte einzuleiten:

Wenn der Hauptschirm *nicht dreht*: Reservekappe langsam in den Luftstrom »füttern«; evtl. Fangleinenbündel ausschlaufen und nachgeben.

Wenn der Hauptschirm **dreht**:

Möglichkeit 1: Vor Betätigung des Rettungsgeräts Gegendrehung durch Herunterziehen der entsprechenden Steuerleine einleiten und diese am Gurtzeug festknoten. Sollte so ein Ausgleich der Drehung möglich sein, kann auch hier die Reservekappe nach Abziehen des Griffs langsam in den Luftstrom »gefüttert« werden.

Möglichkeit 2: Reservekappe fest mit beiden Händen umfassen und mit aller Kraft **in Drehrichtung** werfen.

Auf diese Weise ist die Gefahr einer Verwicklung beider Fallschirmsysteme am geringsten.

Eindrehung der Fangleinenbündel: Es ist keine Seltenheit, daß Schüler nach der Fallschirmöffnung zwei- oder dreimal »eingedreht« sind, was kaum als Störung im herkömmlichen Sinne zu werten ist. Dennoch ist es wichtig, dieses Malheur so schnell wie möglich zu beseitigen, da vorher weder gesteuert noch die Kappe richtig kontrolliert werden kann. Bei stärkeren Verdrehungen greift man am besten rechts und links an die Gurtpaare und zieht diese fest auseinander. Die »Rück-Drehung« wird dadurch beschleunigt.

Risse und Löcher in der Fallschirmkappe sollten den Schüler nicht beunruhigen, da sie in der Regel nur geringe Auswirkung auf die Steuerbarkeit und das Sinken des Schirms haben. Natürlich ist nach der Landung sofort der Lehrer auch über kleinste festgestellte Defekte zu informieren. Er hat die Verantwortung und wird die Reparatur in die Wege leiten. Sind jedoch mehrere Bahnen herausgerissen (die normale Modifikation seines Schirms sollte jeder Springer kennen!), so kann der Reservefallschirm in gleicher Weise wie bei einem Fangleinenüberschlag dazugezogen werden.

Definitionsgemäß unterscheidet man bei den Öffnungsstörungen zwei Kategorien: den Versager und die Fehlöffnung. Unter **Versager** verstehen wir eine Störung zwischen Einleitung des Öffnungsvorganges bis zur Öffnung der Packhülle (z. B. »Nicht eingehängte Aufziehleine«; »Hängenbleiben am Flugzeug«). Die **Fehlöffnung** ist dagegen eine Störung zwischen Öffnung der Packhülle und der vollständigen Füllung der Fallschirmkappe (»Fahne«; »Fangleinenüberschlag« etc.).

Schleifen am Boden

Baumlandung

Außergewöhnliche Landungen

Schleifen am Boden: In der Regel wird bei starkem Wind keine Sprungschulung durchgeführt. Dennoch können plötzliche Windböen den Fallschirm nach der Landung aufblähen und den Springer unsanft über das Gelände schleifen.

Zuerst sollte mit aller Kraft versucht werden, aufzustehen. Am besten rollt man sich über die Schulter und schlägt dabei die Ferse eines Fußes der Kappe zugewandt in den Boden. Der Schirm zieht den Springer dann von selbst hoch. Um nicht erneut »umgeblasen« zu werden, gilt es nun, die Kappe so schnell wie möglich im Halbkreis zu umlaufen. Der Fallschirm erhält so keinen Wind mehr in seine innere Halbkugelfläche und fällt zusammen.

Gelingt das Aufstehen nicht, so ergreift man einige der dem Boden zugewandten Fangleinen und zieht diese ein. Das kann viel Kraft erfordern. Die Fangleinen sollten fest im Griff sitzen; gleiten sie durch die ungeschützten Hände, so kommt es infolge der hohen Oberflächenreibung leicht zu Verbrennungen. Handschuhe sind hier von Vorteil.

Als letzte Konsequenz bei hoher Schleifgeschwindigkeit oder Zutreiben auf ein Hindernis können die Kappentrennschlösser (in Rückenlage) geöffnet werden.

Kameraden am Flugplatz leisten Hilfe, indem sie den Scheitel des schleifenden Fallschirms ergreifen und gegen den Wind ziehen. Andere Maßnahmen, z.B. Festhalten des betroffenen Schülers am Boden, sind bei starkem Wind wenig erfolgversprechend.

Um ein unbeabsichtigtes Öffnen des Reservefallschirms und dessen Beschädigung sowie weitere Komplikationen zu vermeiden, sollte sich der Springer durch Körperrollen so drehen, daß er beim Schleifen über Grund nicht auf den Bauch oder auf die rechte Seite (= Rettungsgriff-Seite) zu liegen kommt.

Baumlandungen: Wir unterscheiden zwischen unvermeidbaren Landungen im Laubwald (etwa 5–10 m hoch) und im Nadelwald (etwa 20–25 m hoch). Während Laubbäume wegen ihrer knorrigen, starren Äste beim Aufprall ein besonderes Risiko darstellen, liegt die Gefahr bei Nadelwald-Landungen eher im Zeit-

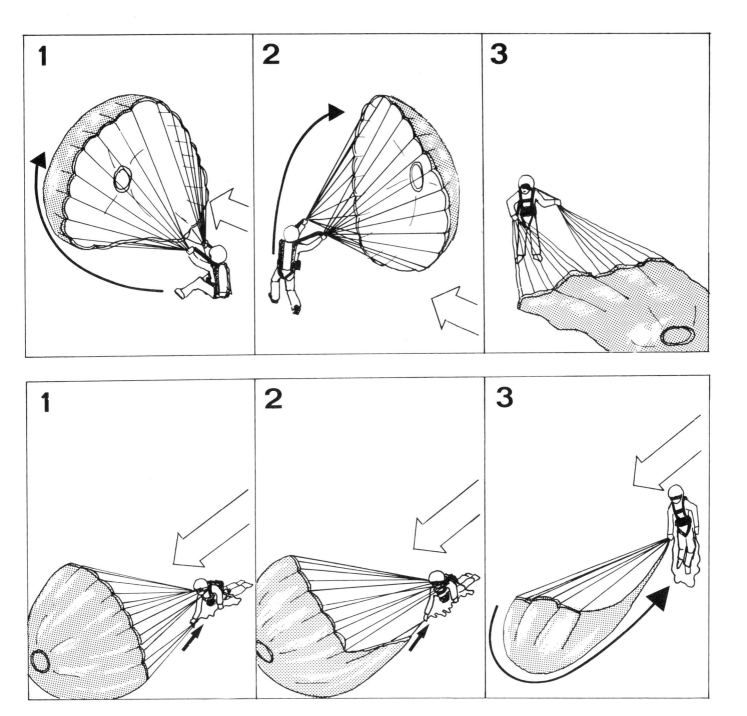

Verhalten bei Baumlandungen

> Möglichkeit 1:
> - Beine fest zusammenpressen und strecken.
> - Oberarme fest an den Oberkörper pressen (Achseln geschützt).
> - Gesicht mit den flachen Händen abdecken.
>
> Möglichkeit 2:
> - Beine fest zusammenpressen und strecken.
> - Arme vor dem Gesicht verschränken.
> - Achseln mit Handflächen schützen (Handrücken in Achselhöhle).

raum nach dem Hängenbleiben am Baum. Voreilige und unüberlegte Abstiegs- und Kletterversuche haben schon manche Abstürze aus erheblichen Höhen zur Folge gehabt.

Erfahrungsgemäß verlaufen Baumlandungen allerdings ohne jede Verletzung, sofern die dafür ausgearbeiteten Verhaltensmaßregeln eingehalten werden. Hängt der Springer über einem dicht geschlossenen Wald, ist es empfehlenswert, den Schirm gegen den Wind zu stellen, um die Aufprallgeschwindigkeit zu mindern. Bei lichter Bewaldung bleibt dafür jedoch meist keine Zeit, da der Springer seine Steuerbewegungen bis zuletzt darauf konzentrieren wird, dem Hindernis auszuweichen. Ist dies nicht mehr möglich, so kommt es vor allem darauf an, den Genitalbereich, die Achselhöhlen und das Gesicht vor Verletzungen durch Astwerk zu schützen. In den Schulen werden zwei Methoden gelehrt, die diesen Zweck gleichermaßen erfüllen.

Ein kurzer, unbequemer Fall durch alle Äste und eine normale Bodenlandung sind zu erwarten. Bleibt der Springer jedoch in einer Höhe von mehr als zwei Metern am Baum hängen, so sollte er sich zuerst am Stamm oder einem greifbaren Ast festhalten und prüfen, ob der im Baum verwickelte Schirm sein Körpergewicht hält. **Mit einem plötzlichen, unvorhersehbaren Abgleiten von Kappe und Fangleinen muß immer gerechnet werden!** Bleibt ein Sprungschüler an einem hohen Baum hängen, so wartet er am besten ruhig auf das Eintreffen von Lehrer und Vereinskameraden, die schnell mit Rat und Tat zu Hilfe eilen oder eine Bergung durch die örtliche Feuerwehr veranlassen. Für den fortgeschrittenen Springer ist jedoch oft Selbsthilfe möglich. Nachdem er sich vom sicheren Halt des Fallschirmsystems überzeugt hat, kann er den Reservefallschirm öffnen und die Fangleinen ausschlaufen. Der Rettungsfallschirm reicht in der Regel bis zum Boden. Der Erfahrene löst sich nun aus dem Gurtzeug und kann sich langsam und vorsichtig am gestreckten Notschirm abseilen. Handschuhe sind hier wieder von Vorteil, da rasches Abrutschen an den Fangleinen leicht zu Brandstellen an den Händen führt.

Wasserlandungen: Eine beabsichtigte Wasserlandung an heißen Sommertagen ist für den Profi ein herrliches Vergnügen. Mehrere Sprünge ins kalte Naß sind nötig, um bestimmte Leistungsabzeichen (Brevet E, F, G) zu erreichen. Bei manchen Wettbewerben wird eine Ziellandung nahe einer im Wasser verankerten Boje angestrebt. Natürlich weiß der Springer, daß zwei Boote mit

Rettungsschwimmern in seinem geplanten Landegebiet auf ihn warten. Eines der Boote nimmt ihn auf, die Besatzung des anderen birgt den Fallschirm.

Sowohl beim geplanten Wassersprung als auch bei der geringsten Möglichkeit, ungewollt in einem Gewässer zu landen, ist eine Schwimmweste mitzuführen. Es darf nicht verschwiegen werden, daß die unbeabsichtigte Wasserlandung zu den gefährlichsten Situationen im Fallschirmsport zählt und oft den Tod durch Ertrinken zur Folge hat. Verwicklungen des Körpers in den Fangleinen oder in der Fallschirmkappe – unter anderem beim Versuch, den Fallschirm vor dem Absinken zu bewahren – haben schon vielen Kameraden das Leben gekostet. Die Erfahrung hat gezeigt, daß auch Spitzensportler in der Regel nur wenige Minuten lang in der Lage sind, sich in voller Sprungbekleidung über Wasser zu halten. Oft hatten zwei erfahrene Rettungsschwimmer bis zum Ende ihrer Kräfte zu kämpfen, um einen Springer in voller Bekleidung an Land zu ziehen.

Die Zeit von der Erkenntnis, daß Schub- und Steuereigenschaften des Schirms zur Landung auf festem Boden nicht mehr ausreichen, bis zur tatsächlichen Notwasserung ist meist sehr kurz. Die wichtigsten Verhaltensmaßregeln sollten daher einen festen Platz in den grauen Zellen aller Springer einnehmen:

Bei Schulschirmen *ohne* Kappentrennschlössern:
- Reserve an einer Seite aushängen.
- Tief in den Sattel setzen.
- Brustgurt öffnen.
- Einen Beingurt öffnen und festhalten.
- **Bei Wasserberührung** zweiten Beingurt öffnen und aus dem Gurtzeug gleiten.

Bei Fallschirmen *mit* Kappentrennschlössern und/oder geteiltem Sattel:
- Reserve an einer Seite aushängen.
- Brustgurt öffnen.
- Sicherungsklappen der Trennschlösser öffnen.
- **Bei Wasserberührung** Kappentrennschlösser betätigen (schon eine leichte Brise trägt die entlastete Fallschirmkappe vom Springer weg).
- Im Wasser: Reserve ganz aushängen und/oder beide Beingurte lösen und aus dem Gurtzeug gleiten.

Wasserlandung

- Soweit möglich, schwere Sprungkombination ausziehen.

Versuche haben gezeigt, daß der geschlossene Brustschirm etwa eine Minute lang ein tragendes System darstellt. Nach etwa drei Minuten hat er sich so sehr mit Wasser vollgesogen, daß er absinkt.

Findet sich ein Unglücksvogel trotz aller Ratschläge

Verhalten bei Wasserlandungen

Merke:
- **Nie vor der Wasserberührung aus dem Gurtzeug gleiten** (optische Täuschung über der Wasseroberfläche: man glaubt stets niedriger zu sein, als es der Wirklichkeit entspricht).
- Bei fließendem Gewässer (Bach, Fluß) immer **gegen die Strömungsrichtung** von der Fallschirmkappe **wegschwimmen**.
- Bei stehendem Gewässer (See) und im Meer immer **gegen die Windrichtung** von der Fallschirmkappe **wegtauchen**.
- **Nie versuchen, die Fallschirmkappe alleine zu bergen.**

nach dem Auftauchen unter seiner luftundurchlässigen Fallschirmkappe wieder, so gilt auch hier: Panik vermeiden und ruhig an einer Fallschirmbahn zum Kappenrand vortasten.

Hindernislandung in Hochspannungs- oder Oberleitungen: Eigentlich könnte man dieses Thema kurz abhandeln: Es gibt nur eine lebensrettende Maßnahme: **Wegsteuern und Berührung mit Überlandleitungen um jeden Preis meiden!**
Schulungsgelände muß in großem Umkreis frei von derartigen Hindernissen sein. Erfahrene Springer haben sich vor Besteigen des Flugzeugs über alle Gefahrenpunkte in ihrem Landegebiet zu informieren. Die Spannungsdrähte sind aus der Luft nicht rechtzeitig zu erkennen. Bemerkt der am Fallschirm schwebende Springer jedoch mehrere Masten in regelmäßigen Abständen, so muß er mit einer Überlandleitung rechnen. Gleiskörper von Bahnlinien lassen ebenfalls fast immer auf Oberleitungen schließen. Dem fortgeschrittenen Springer ist es zuzumuten, dem gefährlichsten aller Hindernisse auszuweichen. Das heißt: Er muß vor allem genügend hoch eine sichere Entscheidung für seine Steuerbewegungen treffen. Besteht auch nur die Möglichkeit, nicht mehr in ausreichendem Maße gegen den Wind ansteuern zu können, so muß er sich rechtzeitig entschließen, mit Wind über die Stromleitung hinwegzufahren, auch wenn dies einen erheblich längeren Fußmarsch oder sogar die (wesentlich risikoärmere) Landung in einem Wald bedeutet.
Theoretische Überlegungen darüber, wie die Überlebenschancen beim Eintauchen in eine Hochspannungsleitung erhöht werden können, haben zu folgenden Empfehlungen geführt:

- Besteht keine Chance, über die Leitungen hinwegzukommen: Schirm gegen den Wind halten.
- Nie mehr als einen Draht berühren (Vögel).
- **Beine strecken und zusammenhalten; Arme nach oben strecken** und an die Innenseite der beiden vorderen Haupttragegurte legen.
- Hängenbleiben unter 2 m Höhe oder Bodenkontakt: Kappentrennschlösser betätigen bzw. sich vorsichtig aus dem Gurtzeug befreien.
- Hängenbleiben in großer Höhe: möglichst ruhig verhalten. Kameraden: E-Werk und Feuerwehr benachrichtigen.

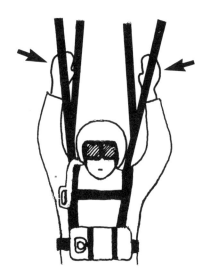

Nylon leitet ab 600 Volt. Die Bergung erfolgt also nur nach Abschalten der Leitung durch das Elektrizitätswerk. Auch auf abgerissene, am Boden herumliegende Stromkabel achten. Bei Landungen auf Bahnlinien gilt es, den Gleisbereich schnellstmöglich zu räumen bzw. die Strecke in mehr als 500 m Entfernung vom Unfallort abzusichern (z. B. Feuerzeichen).

Landungen auf Häusern, Hütten, Hallen: Bei unvermeidbarem Aufkommen auf Dächern ist die normale Landehaltung einzunehmen. Weiterhin muß mit allen Mitteln versucht werden, nicht abzurutschen oder herunterzufallen. So erfordert die Landung auf einem hohen Flachdach bei starkem Wind unter Umständen eine Kappentrennung. Trifft ein Springer dagegen auf ein Giebel- oder Steildach, so kann die zusätzliche Öffnung des Reservegeräts seine Chance erhöhen, am Dach hängenzubleiben. Auch das bewußte Eintreten eines Ziegeldachs beim Aufprall verhindert manchmal das Abgleiten und einen Sturz aus großer Höhe.
Gesundheit geht immer vor Sachschaden!

Ausbildung zum Freifall-Springer

Der manuelle Absprung

Was haben Abfahrtsläufer und Skispringer (»Skiflug«) gemeinsam? Zwar haben beide ein paar Bretter an den Füßen, doch sind die Welten, in denen sie sich bewegen, total verschieden und kaum miteinander zu vergleichen. Ebenso groß ist der Unterschied zwischen »automatischem« und »manuellem« Fallschirmspringen. Im ersten Fall steht das Schweben am Schirm, im zweiten der freie Fall im Vordergrund.

Der »automatisch« springende Schüler fällt nur etwa fünfzig Meter bis zur vollständigen Entfaltung seines Fallschirms. Dabei ist er die ersten zehn Meter seines Falls durch die Aufziehleine wie durch eine Nabelschnur mit dem Flugzeug verbunden und wird etwas ausstabilisiert. Dann bremst bereits der sich öffnende Schirm. Hat er gelernt, dabei die richtige Absprunghaltung einzunehmen und bei mehreren Sprüngen einen am Gurtzeug befestigten »Scheingriff« (am.: *dummy-ripcord*) gezogen, kann er sich auf den ersten manuellen Sprung vorbereiten. Das Gesetz erfordert dafür ein Mindestmaß von zehn automatischen Übungssprün-

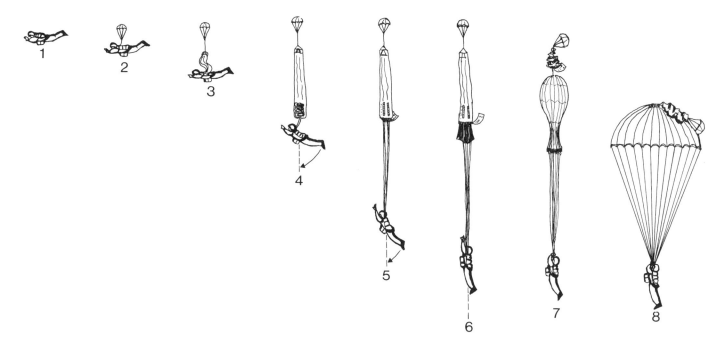

gen. Viele brauchen mehr, vor allem, wenn längere Zeitspannen zwischen den einzelnen Absprüngen liegen.

Bei den ersten Freifallsprüngen erlebt der Schüler stärker denn je eine ungeheure Beschleunigung, er fühlt, mit welcher enormen Kraft ihn die Erde anzieht. Das Achterbahn-Fahren auf der Festwiese vermittelt für Bruchteile von Sekunden eine ähnlich atemberaubende Situation. Der Freifaller erfährt dieses Gefühl dagegen in wesentlich stärkerem Maße während der ersten 10 bis 15 Sekunden seines Falls; anfangs mit verbissenem Gesicht und unter Anspannung aller erdenklicher Muskeln, später entspannt und mit Genuß. Oft fragen Laien, ob einem dabei nicht »die Luft wegbleibt«. Bisher ist jedoch auf Grund der Freifall-Beschleunigung noch niemand erstickt. Im Gegenteil: die Atmung ist das geringste Problem und muß in der Regel gar nicht beachtet werden. Schwierig ist vor allem, die korrekte Freifall-Lage einzuhalten, das heißt: Arme und Beine symmetrisch gestreckt bei extremem *Hohlkreuz*. Da es aber dem menschlichen »Instinkt« widerstrebt, sich mit dem Bauch voran gegen einen Widerstand – und sei es nur der Luftwiderstand – zu stürzen, müssen dieser und viele andere Reflexe (z.B. Ausgleich zur Vermeidung von Drehungen und Abkippen) durch intensives Training erworben werden. Der Schüler beginnt damit, erst einmal nach drei Sekunden Freifallzeit den Griff zu ziehen. Zusätzliche Sicherheit bietet bei den ersten Sprüngen die Verwendung eines Öffnungsautomaten, der in einer bestimmten Höhe oder nach vorgewählter Zeit die Auslösung des Schirms übernimmt, falls der Anfänger dazu nicht oder nicht rechtzeitig in der Lage ist.

Der Öffnungsvorgang des manuellen Schirms läuft wie folgt ab:

1. Durch Abziehen des Aufziehgriffs werden die Pins aus den Verschlußkegeln gezogen. Die Spanngummis reißen die Laschen des äußeren Verpackungssackes zur Seite.
2. Der Hilfsschirm – eine mit tragenden Stoffflächen bespannte Spiral- oder Spinnenfeder – tritt in den Luftstrom.

An dieser Stelle muß auch das moderne *hand-deployed-system* erwähnt werden, das sich zunehmen-

Spiralfelder-Hilfsschirm in Aktion

Der Hilfsschirm wird vom Luftstrom erfaßt

der Beliebtheit bei Verwendung von Piggy-Back-Verpackungen (Reserve über dem Hauptschirm am Rücken) erfreut. Bei der »Direkt-Hand-Auslösung« gibt es keinen konventionellen Aufziehgriff. Der Hilfsschirm selbst – ein Stoffwulst aus tragendem Kappengewebe und luftdurchlässiger Gaze – wird aus einer Hülle gezogen, in der Hand gehalten und in den Luftstrom freigegeben. Ein an der Hilfsschirm-Verbindungsleine befestigter Pin löst sich und öffnet so die äußere Verpackungshülle.

3. Der Hilfsschirm streckt den Packschlauch.
4. Die Fangleinen werden ausgeschlauft und der Springer beginnt bereits, von der horizontalen in die vertikale Lage zu pendeln.
5. Nach dem Ausschlaufen des letzten Fangleinenbündels löst sich die Verschlußklappe des Packschlauchs.
   An Stelle des Packschlauchs verwenden manche Springer auch einen raumsparenden Packsack (POD = *parachute opening device*).
6. Der Packschlauch wird zum Teil durch die Kraft des Hilfsschirms abgezogen, dann durch die sich öffnende Hauptschirmkappe nach oben gepreßt. Der Springer befindet sich in aufrechter Position.
7. Die Kappe beginnt sich zu füllen, der Freifaller wird stark abgebremst.
8. Der Hauptschirm hat sich voll entfaltet; Hilfsschirm und Packschlauch sind durch eine Leine mit dem

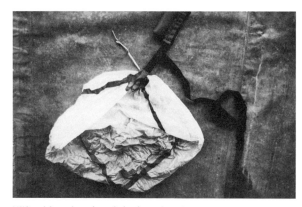

Hilfsschirm des »hand-deployed-system«

Scheitel des Schirms verbunden und bleiben auf der Kappe liegen.

Gelingt es dem Schüler nach einigen Kapriolen, stabil vom Flugzeug abzugehen, so darf er nun fünf Sekunden frei fallen. Schafft er zwei Sprünge stabil und unter Einhaltung der aufgetragenen Verzögerungszeit, so kann er 7–8 Freifall-Sekunden versuchen und dann schrittweise mit je zwei Absprüngen auf 10, 15, 20 und 30 Sekunden steigern. Wird der Sprungauftrag nicht genau eingehalten, so ordnet der Lehrer mehrere Sprünge in der gleichen Kategorie an. Da für die verschiedenen Freifallzeiten auch unterschiedliche Absprunghöhen geflogen werden müssen (siehe Kap. »Berechnungsgrundlagen«, S. 135), können auch das Wetter oder Beschränkungen der Flugsicherungsbehörde ein Grund dafür sein, daß z.B. fünf oder sechs Sprünge mit »nur« zehn Sekunden Verzögerungszeit aus 1200 m durchgeführt werden müssen. Die Absprunghöhe sollte zur Sicherheit für den Schüler immer etwas höher liegen als die auf Grund der geplanten Freifallzeit errechnete Norm.

Unter optimalen Trainingsbedingungen kommt der Anfänger jedoch schnell vorwärts. Nach etwa 10 bis 15 Sekunden freiem Fall erreicht er seine Endgeschwindigkeit von ca. 180–200 km/h. Sein Körper beschleunigt dann nicht mehr und fällt gleichbleibend schnell. Im Spiel mit dem Luftwiderstand lernt der fallende Mensch rasch, durch gezielte Veränderung seiner Körperhaltung kontrollierte Drehungen um Längs- und Hochachse durchzuführen (siehe auch Kap. »Aerodynamik«, S. 58, und »Stilspringen«, S. 90). Dies gehört zu den ersten und wichtigsten Übungen. Unkontrollierte Drehungen, z.B. durch geringfügig unsymmetrische Haltung der Arme oder Beine verursacht, können zum gefürchteten *Steil- oder Flachtrudeln* führen. Der Springer dreht sich dabei so schnell um einen Drehpunkt innerhalb oder außerhalb seines Körpers, daß er zu seiner eigenen »Zentrifuge« wird. Dauert dieser Zustand mehrere Sekunden an, so kann die Folge sein, daß der Freifaller seine Hände nicht mehr zum Aufziehgriff bringt oder daß sogar Bewußtlosigkeit eintritt. Wer jedoch kontrollierte Drehungen beherrscht, kann auch ungewollte Drehbewegungen sofort durch bewußtes Einleiten einer Gegendrehung abstoppen bzw. ausgleichen. Als nächsten Schritt übt der Schüler den Salto rückwärts sowie die Vorwärtsbewegung (»Flash«, am.: *tracking*) im freien Fall. Um dem Lehrer und vor allem dem Springer selbst zu beweisen, daß er sich »freigeflogen« hat, setzen manche Ausbildungsbetriebe folgende amüsante Kür- und Pflicht-Übung an: Der Springer greift nach dem Abgang mit der rechten Hand an sein linkes Bein. Total unstabil purzelt er fünf Sekunden durch den Luftraum (Kür-Programm). Dann nimmt er Hohlkreuz und X-Lage ein und fällt stabil weiter (Pflicht). Diese Probe gibt dem inzwischen Fortgeschrittenen ein starkes Gefühl der Sicherheit.

Die in der manuellen Sprungausbildung verwendeten Fallschirme sind in der Regel besser steuerbar als die automatischen Schirme. Der Anfänger sollte daher nach Absprache mit seinem Lehrer versuchen, den Zielkreis oder ein Zielkreuz auf der hindernisfreien Landewiese möglichst genau anzusteuern. Dazu gehört auch, daß er lernt, sich selbst abzusetzen, d.h. den Piloten im Anflug richtig einzuweisen und den Absetzpunkt selbständig zu bestimmen. In der praktischen Prüfung werden zwei manuelle Absprünge mit Landung im 100-Meter-Umkreis (Radius) eines festgesetzten Zielpunkts gefordert. Bei einem der Sprünge sollte der Prüfling seine Leistung im Freifall beweisen. Oft wird die genaue Einhaltung von 15 Sekunden Verzögerungszeit aus 1500 m Höhe sowie korrekte X-Lage ohne Drehungen (Liegenbleiben in Flugrichtung) gefordert. Viele Prüfungsräte bestehen auch auf der Demonstration des schulmäßigen Landefalls und sehen beim vorschriftsmäßigen Packen eines Fallschirms zu. Das Gesetz fordert auch für die manuelle Prüfung nur den Nachweis von zehn Ausbildungssprüngen. Es gibt jedoch nur wenige Naturtalente, die schon nach dieser Sprungzahl den Anforderungen der Prüfung gewachsen sind. Oft werden doppelt bis dreimal so viele Trainingssprünge nötig.

Schüler sind mit mehr als drei Hüpfern pro Tag überfordert. Dennoch zeigt sich auch hier wieder deutlich, daß konzentriertes Springen in einem kurzen Zeitraum zu wesentlich schnelleren Fortschritten führt. Natürlich ist dies nicht immer möglich. Faktoren wie Freizeit,

Geld, Wetter und Ausbildungskapazität des Vereins spielen eine Rolle. Für Leute, die rasch Karriere machen wollen, empfiehlt sich der Besuch eines Ausbildungs- oder Trainingslagers (ca. zwei Wochen) mit abschließender Prüfung. Wer ein wahrer Könner werden will, wird bald feststellen, daß er auch als Lizenzinhaber noch viel an sich arbeiten muß. Je nachdem, welche Ziele er sich setzt, kann sich der Fallschirmspringer ein ganzes Leben lang steigern. Gerade das ist einer der besonders faszinierenden Aspekte, die das Fallschirmspringen von vielen anderen Sportarten unterscheidet.

Gerätekunde

Beim manuellen Ausbildungs- und Trainingssprung gewinnen einige Zusatzgeräte an Bedeutung, deren Funktion im Prinzip verstanden werden sollte. Sonderausrüstungen für ausgefallene und seltene Sprungvorhaben (Sauerstoffgerät bei Höhensprüngen über 4000 m NN, Schwimmweste für Wassersprünge, Leuchtzeichen für Nachthüpfer etc.) werden an dieser Stelle nicht berücksichtigt.

Jeder Schüler sollte auch ohne **Stoppuhr** in der Lage sein, mindestens zehn Sekunden auszuzählen: eintausend, zweitausend, dreitausend ... etc. Unter Belastungssituationen ist es schwierig, das richtige Zähltempo einzuhalten. Wer nicht ausreichend übt, verzählt sich leicht im besonderen Streß der ersten Freifall-Sprünge oder schafft es sogar, innerhalb von drei tatsächlichen Sekunden zehn auszuzählen. Das Zählen muß im Unterbewußtsein klappen. Man blickt mal während der Arbeit, beim Autofahren oder in der Straßenbahn kurz auf den Sekundenzeiger der Armbanduhr und kontrolliert sich nochmals nach Abzählen der vorgenommenen Zeit. Hat der Anfänger gelernt, bis zu zehn Sekunden stabil zu fallen, kann er seine Freifallzeit durch das Mitführen einer Stoppuhr kontrollieren. Der Blick auf einen Zeitmesser am Handgelenk gefährdet die stabile Lage weniger als das Herunterschauen auf eine am Brustfallschirm angebrachte Stoppuhr (Hohlkreuz muß beibehalten werden!). Nicht einfach ist das exakt gleichzeitige Abstoßen vom Luftfahrzeug und Auslösen der Uhr. Viele Springer meistern das Problem, indem sie den Chronometer kurz vor dem Absetzpunkt drücken und genau dann abspringen, wenn der Zeiger auf fünf Sekunden deutet. Bei einem Sprungvorhaben mit 15 Sekunden Verzögerung wird der Griff dann genau bei Zeigerstellung 20 gezogen. Ein letzter Tip: Stoppuhren müssen von Zeit zu Zeit aufgezogen werden!

Der **Höhenmesser** besteht aus einer luftleeren Dose (Aneroid), die sehr feinfühlig auf Druckschwankungen reagiert. Beim Aufstieg dehnt sich diese Dose wegen des abnehmenden Luftdruckes aus. Im Freifall oder während des Sinkens wird sie auf Grund des zunehmenden Luftdruckes wieder zusammengedrückt. Meh-

Der Höhenmesser

rere Zahnräder oder ein Nylonfaden übertragen die Veränderungen der Dose auf einen Zeiger. Der Springer kann mit dem geeichten Gerät seine Absetzhöhe sowie seine Höhe während des Freifalls und im Zielanflug kontrollieren. Die Skala reicht meist bis 4000 m, wobei der Bereich zwischen Null und 750 m (Öffnungshöhe) in der Regel besonders gekennzeichnet ist. Im Gehäuse befindet sich ein kleines Loch, damit der äußere Luftdruck direkt auf die Aneroiddose einwirken kann. Es ist darauf zu achten, daß dieses Loch nicht verklebt oder durch Schmutz verdeckt ist.

Der Höhenmesser kann auf der Brustreserve, am Gurtzeug, an der Kombi, am Unterarm oder auf der Handrückenfläche getragen werden. Wichtig ist lediglich, daß er für den Benutzer bequem und deutlich abzulesen ist. Die Zeigerposition läßt sich bei jedem Gerät äußerlich verändern. Der Höhenmesser muß stets so eingestellt sein, daß er am **Landeplatz** des Fallschirmspringers auf Null steht und somit dem Benutzer seine tatsächliche Höhe über Grund anzeigt. Ist der Startplatz mit dem Sprungplatz identisch, wird das Gerät demnach immer in Null-Position fixiert. Da sich auf Grund von Luftdruckschwankungen diese Stellung im Laufe eines Tages verändern kann, muß der Höhenmesser vor jedem Sprung am Boden kontrolliert und unter Umständen nachgestellt werden.

- Liegt der **Sprungplatz höher** als der Startplatz, so muß der Höhenmesser um den Differenzbetrag **zurück**gestellt werden (und umgekehrt bei tiefer liegendem Sprunggelände).

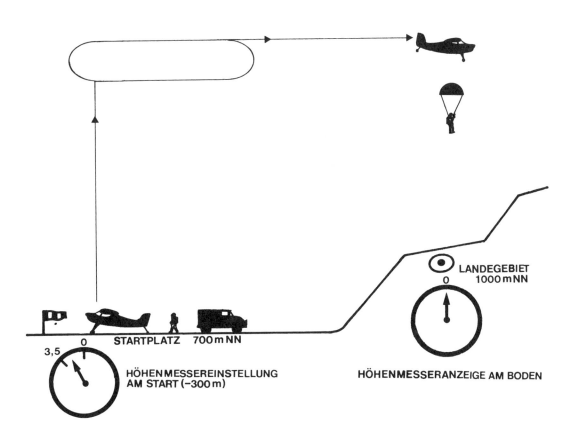

- In einer **kälteren** Atmosphäre (Winter) fliegt man tatsächlich **tiefer,** als der Höhenmesser anzeigt (und umgekehrt an warmen Tagen). Die Differenz zur tatsächlichen Höhe kann bis zu 10% betragen.
- In Rückenlage sowie bei ungünstigen aerodynamischen Umströmungen kann der Höhenmesser kurzzeitig einen falschen Wert anzeigen oder »stehenbleiben«.
- Überprüfen Sie regelmäßig die Funktion und die Genauigkeit Ihres Höhenmessers im Vergleich zu anderen Geräten während des Aufstiegs.

Öffnungsautomaten lösen den Reserve- oder Hauptfallschirm aus, falls dies vom Springer (Reserve: im erforderlichen Fall) nicht oder nicht rechtzeitig getan wird. Sie werden heute vorwiegend in der Schulung während der ersten manuellen Absprünge eingesetzt. Aber auch erfahrene Springer verwenden Öffnungsautomaten für bestimmte Sprungvorhaben, z.B. bei Höhen- oder Kamerasprüngen (beim Filmen im Freifall kann der Höhenmesser nicht kontrolliert werden). Die Geräte sind als **zusätzliche** Sicherheit gedacht; der Benutzer darf sich aber nicht von vornherein auf die Automatik verlassen, denn bei den komplizierten Mechanismen sind Störungen nie absolut sicher auszuschließen.

Die Auslösung erfolgt mechanisch oder elektrisch
- nach der eingestellten **Zeit** (Zeitauslösung) oder
- nach der vorgewählten **Höhe** (barometrische Auslösung).

Moderne Geräte berücksichtigen sogar noch die Fall- bzw. Sinkgeschwindigkeit im Einstellbereich und lösen nicht aus, falls der Springer bereits mit einer tolerierbaren Geschwindigkeit zur Erde schwebt.

KAP-3 (für Reserve- und Hauptschirm) ist eine tschechische Entwicklung, die zu den ältesten und bewährtesten Öffnungsautomaten zählt. Wesentliche Bestandteile sind das Uhrwerk, die Druckmeßdose (Aneroid) und die Sprungfeder. Das Gerät arbeitet auf rein mechanischer Basis und kann sowohl barometrisch zwischen 500 und 4000 m als auch nach Zeit innerhalb von 2 bis 5 Sekunden zur Auslösung gebracht werden. Beim Absprung wird der über eine Leine im Flugzeug verankerte Sicherungsstift aus dem Gehäuse gezogen.

Sind das Uhrwerk abgelaufen und die eingestellte Höhe erreicht, so reißt die gespannte Feder über ein zusätzliches Aufziehkabel die Verschlußstifte aus den Kegeln und die Packhülle des Fallschirms öffnet sich. Fixiert man die Auslösehöhe (NN!) so, daß sie über der Absprunghöhe liegt, wird nur das Uhrwerk wirksam. Dieses Vorgehen (Zeitauslösung) findet vorwiegend in der manuellen Schulung bei Montage der KAP-3 am Hauptschirm Anwendung.

Die Einstellung des Geräts erfordert mehrere wohldurchdachte Schritte und muß streng nach der beigefügten Beschreibung erfolgen. In der Ausbildung wird die KAP-3 nur vom Lehrer montiert und eingestellt.

Sentinel Mark 2000 kann nur für den Reserveschirm verwendet werden. Das Gerät arbeitet elektrisch: Die Zündung einer Sprengpatrone katapultiert das Aufziehkabel bzw. die daran befestigten Stifte aus den Verschlußkegeln. Funktion: Fällt oder sinkt der Springer unter eine Höhe von 300 m GND, so tastet die Elektronik die vertikale Geschwindigkeit ab. Beträgt diese mehr als 55 km/h (etwa 30% der Endgeschwindigkeit), wird innerhalb von 1 bis 3 Sekunden die Reserve »gezündet«. Das Gerät löst nicht aus, wenn der Fallschirmspringer mit weniger als 35 km/h (ca. 20% der Endgeschwindigkeit) zur Erde schwebt. Vor jedem Sprung muß am Boden durch Drehen an zwei Stellknöpfen eine Eichung erfolgen, wobei gleichzeitig die Funktion der Batterien und die Zündfähigkeit der Patrone getestet werden.

FXC MODEL 12000 ist ein modernes Öffnungssystem, das sowohl am Hauptschirm als auch an der Reserve angebracht werden kann. Hauptbestandteile sind die Aneroiddose, ein Variometer (Abtasten der vertikalen Geschwindigkeit) und die Aufziehfeder. Das Gerät arbeitet rein mechanisch und löst barometrisch (nach Höheneinstellung) unter Berücksichtigung der Geschwindigkeit aus. Die »Störungsquellen« Aufziehleine (KAP-3) und Stromversorgung sowie Zündkapsel (Sentinel Mk 2000) entfallen hier also. Die gewünschte Auslösehöhe wird am Boden zwischen 1000 feet (300 m) und 3000 feet (910 m) eingestellt. Das FXC MODEL 12000 reagiert nur, falls der Springer unter der fixierten Höhe eine Fall- bzw. Sinkgeschwindigkeit von 55 km/h

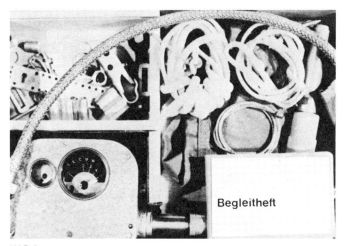

KAP-3

FXC Model 12000

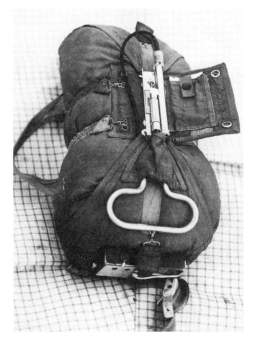

Sentinel Mark 2000

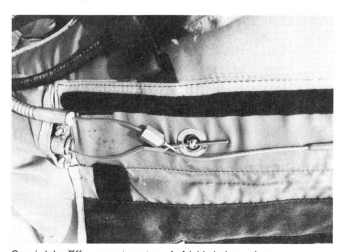

So wird der Öffnungsautomat am Aufziehkabel montiert

(etwa 30% der Endgeschwindigkeit) überschreitet. Im Flugzeug kann das Gerät ausgeschaltet werden, sofern ein schnelleres Sinken des Luftfahrzeugs unter der festgesetzten Höhe zu erwarten ist (z.B.: Absetzer landet wieder).

Notverfahren für manuelle Absprünge

Notsituationen im Flugzeug

Start und Landung sind die kritischen Momente bei jedem Flug. Wenigstens für den Start muß jeder Springer über mögliche Gefahren Bescheid wissen. Ein seitliches Abkommen des Flugzeugs von der Piste ist dabei nie ganz auszuschließen. Ebenso muß damit gerechnet werden, daß das Luftfahrzeug einmal nicht rechtzeitig abheben kann und über die Startbahn hinausschießt. Alle Fallschirmspringer müssen daher **vor dem Start** ihre Helme aufsetzen und diese fest anschnallen. Zusätzlich empfiehlt sich das Anlegen von Sicherheitsgurten vor dem Rollen.

Der **Notabsprung** wird in der Regel vom Piloten angeordnet. Meist handelt es sich um ein Aussetzen des Motors, und nur der Pilot kann schnell entscheiden, ob er mit den Fallschirmspringern an Bord noch sicher im Gleitflug landen kann oder nicht. Da immer mit einer Notsituation gerechnet werden muß, sollten Fallschirmspringer ihre gesamte Ausrüstung (einschließlich Helm) während des ganzen Fluges angelegt behalten. Der Notabsprung fordert blitzschnelles und dennoch überlegtes Handeln: Anfänger mit automatischen Fallschirmen springen zuerst, es folgen die Schüler und zuletzt die erfahrenen Springer. Wird der Notabsprung in einer Flughöhe unter 400 m über Grund angeordnet, so verlassen manuelle Springer in Abständen von 1 bis 2 Sekunden das Luftfahrzeug und öffnen unverzüglich ihren **Reserve**fallschirm. Während der Öffnungsverlauf beim Hauptschirm je nach Konstruktion und nach Geschwindigkeit des Benutzers bis zu 150 m Höhendifferenz in Anspruch nehmen kann, ist eine Reservekappe unter günstigen Bedingungen (z. B. mit Hilfsschirm) schon nach etwa 50 m vollständig entfaltet. Zudem ist der Reservefallschirm auf Grund seiner einfachen Bauweise sicherer in der Öffnung.

Ungewollte **Schirmöffnungen im Flugzeug** sind keine Seltenheit. Der Griff einer Brustreserve sollte immer mit einer Hand geschützt werden. Nur allzu leicht kommt es vor, daß der liebe Platznachbar mit seinem Rückenpaket am Rettungsgerät eines brav sitzenden Sprungschülers vorbeistreift. Plötzlich schnalzen die Spanngummis, und der erstaunte Anfänger hält seine Reservekappe in Händen. (Selbstverständlich sind

diese Situationen nicht nur Anfängern vorbehalten!) Auch der Hauptschirm kann sich einmal überraschend öffnen (z. B.: vorzeitiges Lösen des Sicherungsstifts beim Öffnungsautomaten KAP-3). Der Springer hat in diesem Fall dafür zu sorgen, daß Teile des Fallschirmsystems (Hilfsschirm, Packschlauch, Kappe) nicht in den Luftstrom geraten können, und muß wieder landen. Passiert das Malheur in der offenen Tür und fängt der Hilfsschirm oder die Kappe bereits Luft, so gibt es nur eine richtige Reaktion: Schnellstmöglich das Luftfahrzeug verlassen! (»Der Kappe hinterherhechten!«)

Notsituationen im Freifall

Es versteht sich wohl von selbst, daß man in schlechter körperlicher Konstitution kein Flugzeug besteigt. Ebenso ist es keine Schande, sondern das einzig Vernünftige, bei Auftreten von Beschwerden während des Fluges im Luftfahrzeug zu bleiben und wieder zu landen. Stellen sich jedoch während des Freifalls Übelkeit, Flimmern vor den Augen oder Schwindelgefühl ein, so ist unverzüglich der Fallschirm zu öffnen. Bei Gruppen- oder Formationssprüngen muß man seinen Kollegen unbedingt vorher deutliche Zeichen geben: mehrmaliges Abwinken mit beiden Händen. Nach dem Sprung sollte man sich eingehend Gedanken über die Ursache der Beschwerden machen und gegebenenfalls Konsequenzen ziehen.

Befinden sich andere Luftfahrzeuge im Absetzgebiet, so wird ohnehin nicht gesprungen. Bemerkt man jedoch erst im Freifall einen Segelflieger, ein Motorflugzeug oder einen geöffneten Fallschirm direkt unter sich, so ist schnellstmöglich auszuweichen und unter Umständen sofort der Fallschirm zu öffnen. Bei Relativ-Sprüngen muß man unbedingt als erstes seinen Kameraden Zeichen geben und auf die Gefahrenquelle hindeuten (siehe auch: »Sicherheit beim Relativ-Springen«, S. 106).

Unter **Steil-** oder **Flachtrudeln** versteht man immer schneller werdende, unkontrollierte Drehbewegungen eines Springers im freien Fall. Ursache dafür ist meist eine leicht unsymmetrische Körperhaltung (Beine?). Der Fortgeschrittene kann diesen Zustand durch kurzzeitiges Einnehmen der Flash-Lage beenden. Der Anfänger sollte versuchen, mit seinen Armen eine Gegendrehung einzuleiten. Führt dies nicht zum gewünschten Erfolg, so ist es ratsam, unverzüglich den Fallschirm zu öffnen.

Bemerkt man bereits im Freifall, daß sich der **Aufziehgriff** aus seiner Tasche **gelöst** hat, so kann man unter ständiger Höhenmesserkontrolle bis in den Öffnungsbereich danach suchen. Stellt der Springer jedoch erst in 700 m Höhe fest, daß der Griff »fehlt«, so sollte er auf den Kabelschutzschlauch sehen und an dessen Öffnung nach dem Aufziehkabel forschen. Achtung: Die Zeit im Freifall ist kurz! Läßt sich der Hauptschirmgriff nicht sofort beim ersten Versuch finden, so muß das Rettungsgerät betätigt werden.

Notsituationen bei der Öffnung

Gelingt es nicht, den Hauptschirmgriff mit einer Hand zu ziehen, so versucht man es nochmals unter Einsatz aller Kräfte mit beiden Händen. Bleibt dieser Versuch erfolglos, so ist unverzüglich der Reserveschirm zu öffnen. Eine mögliche Ursache für die **Blockade:** Durch Anstoßen am Türrahmen des Luftfahrzeugs wurde beim Absprung ein Pin hinter dem Verschlußkegel verbogen.

Ein besonders unangenehmes Gefühl breitet sich aus, wenn der Springer nach Abziehen des Hauptschirmgriffs nicht – wie gewohnt – abgebremst wird, sondern mit unverminderter Geschwindigkeit in Richtung Erde saust. Bei stabiler Körperhaltung kommt es zuweilen vor, daß sich der Hilfsschirm nach Freigabe durch die äußere Packhülle auf das geöffnete Rückenpaket legt und nicht vom Luftstrom erfaßt wird. Am besten sieht man einfach mal über die Schulter. Liegt der **Hilfsschirm** tatsächlich **im Luftstau,** so wird meist schon durch diese Bewegung (Umsehen) die Umströmung so geändert, daß sich der Fallschirm öffnet. Reicht das nicht aus, so versucht man es – nach einem Blick auf den Höhenmesser – mit Körperschütteln und -aufrichten (Arme nach vorn strecken).

Hufeisen nennt man eine Störung, bei der sich die Verbindungsleine zwischen Hilfsschirm und Packschlauch um das Bein (oder andere Körperteile) des Springers schlingt und somit die weitere Öffnung verhindert. Ursache dafür ist meist das Ziehen des Griffs in unstabiler Lage oder in Flash-Haltung. In der Regel gelingt es in der kurzen zur Verfügung stehenden Zeit nicht, das

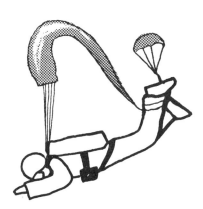

»Hufeisen« zu beseitigen. Der Höhenmesser muß auch hier ständig im Auge behalten werden. Entscheidet man sich für das zusätzliche Öffnen des Brustfallschirms, so ist wie folgt zu verfahren: linke Hand über die Reserve legen, mit der rechten Hand Griff abziehen, Reservekappe mit beiden Händen erfassen und kräftig zur Seite (beliebig) herausschleudern. So ist die Gefahr einer Verwicklung zwischen Hufeisen und Rettungskappe noch am geringsten.

Entfaltungsstörungen

Für die **Kappentrennung** (am.: *cut-away*) sind manuelle Sprungfallschirme mit sogenannten Kappentrennschlössern ausgerüstet, die es ermöglichen, die beiden Haupttragegurte und damit die ganze Hauptschirmkappe vom Gurtzeug zu trennen. Jahr für Jahr kommen zahlreiche neue Modelle auf den Markt, die meist gleichermaßen viele Vor- und Nachteile in ihrer Handhabung und Wartung mit sich bringen.
Wichtig ist nur, daß der Springer das von ihm benutzte System genau kennt und in regelmäßigen Abständen am Boden auf Funktionstüchtigkeit prüft.
Sinn der Kappentrennung ist es, bei einer Entfaltungsstörung des Hauptschirms durch den Abwurf eine ungehinderte Reserveöffnung zu gewähren und mögliche Verwicklungen auszuschließen. Man kann mit Sicherheit sagen, daß dieses Verfahren schon zahllosen Kameraden das Leben gerettet hat. Andererseits gab es schon viele tödliche Unfälle, gerade weil eine Kappentrennung – meist zu tief, zu langsam oder sogar in unnötigen Situationen – durchgeführt wurde.
Das Thema »Kappenabwurf« gilt in Fallschirmspringerkreisen seit Jahren als besonders »heißes Eisen« und wird unter Ausbildern und erfahrenen Springern immer noch heftig diskutiert. Die Lehrmeinung dazu hat sich in den letzten Jahren auf Grund der Entwicklung neuer Geräte und nach Unfallanalysen etwas geändert. Das Thema muß daher – nach den jeweils aktuellen Erkenntnissen – eingehend im theoretischen Unterricht besprochen werden. Ich möchte mich nur auf einige Empfehlungen beschränken.
Die Kappentrennung vor Benutzung des Reservefallschirms wird dringend angeraten:
- bei allen Störungen, die mit einer **starken,** nicht ausgleichbaren **Drehung** der Hauptschirmkappe verbunden sind. Dies ist vorwiegend bei Entfaltungsstörungen (meist: »Brötchen«) von **Hochleistungs-Rundkappen und Flächengleitern** der Fall;
- sofern ein **Piggy-Back-System** verwendet wird: bei jeder Störung, die eine Reserveöffnung rechtfertigt.

Wie hieraus hervorgeht, müssen sich also vor allem Benutzer von Hochleistungsgeräten und Piggy-Back-

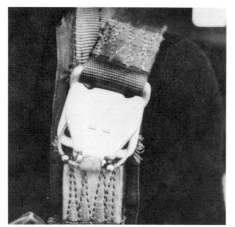
1½-Shot-Release

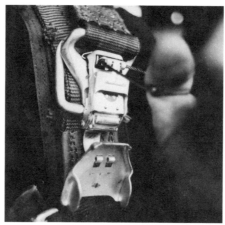
Die Schutzklappen sind geöffnet, und die Daumen liegen in den Drahtringen

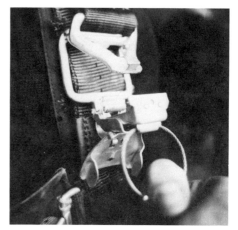
Kräftiges Ziehen am Ring öffnet das Trennschloß

R-3-Release: Ziehen am Klettband ...

... gibt den Haupttragegurt frei

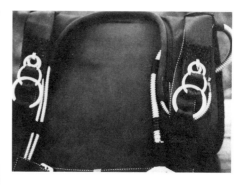
Das Drei-Ring-Trennsystem

Systemen mit dem *cut-away*-Verfahren unbedingt vertraut machen.
Da Rundkappenfallschirme einfacher konstruiert sind und einen geringeren Staudruck unter der Kappe ansammeln, sind sie nicht nur weniger störanfällig, sondern drehen im Fall eines »Brötchens« auch bei weitem nicht so stark wie Hochleistungsschirme. Sowohl aus diesem Grund als auch wegen der mangelnden Erfahrung sollten Schüler bei ihren ersten manuellen Absprüngen in Notsituationen keinen Kappenabwurf durchführen. Sie gehen ein geringeres Risiko ein, wenn sie nach den bereits im Kapitel »Notverfahren für automatische Sprünge« erwähnten Maßnahmen handeln. Gegen Ende der Ausbildung, spätestens jedoch vor dem »Umsteigen« auf Hochleistungsfallschirme, sollte jeder Springer das *cut-away*-Verfahren am Hän-

Die Kappentrennung wird am Hänger geübt

ger geübt haben und im richtigen Ablauf beherrschen. Eine Kappentrennung vor Benutzung des Reservefallschirms sollte nur dann erfolgen, wenn **alle** nachfolgenden Punkte zutreffen:
- Eine Störung liegt vor, die dringend eine Kappentrennung erfordert.
- Die sichere Entscheidung dazu ist über einer Höhe von 400 m gefallen.
- Der Luftraum unter dem Springer ist frei.

Merke: Eine Kappentrennung muß **entschlußkräftig, schnell und sicher** durchgeführt werden.
»Sicher« ist nur, wer
- das Verfahren mehrmals am Boden geübt hat,
- von Zeit zu Zeit alle nötigen Handgriffe durchdenkt und diese »wie im Schlaf« beherrscht,
- bei jedem Sprung auf den Notfall vorbereitet ist,
- sein Kappentrennsystem regelmäßig überprüft, den Reservefallschirm in regelmäßigen Abständen packt und volles Vertrauen dazu hat.

Durchführung der Kappentrennung
1. a) Kontrolle der Fallschirmkappe – Feststellen der Störung
   b) Blick auf den Höhenmesser: über 400 m
2. a) Beurteilung der Störung und Entscheidung
   b) Blick auf den Höhenmesser: über 400 m
   c) Blick nach unten: Luftraum ist frei
3. Konventionelles System: Beine schließen und nach vorne strecken
   Piggy-Back-System: Hohlkreuz einnehmen
4. a) **Kappe trennen**
   1 and ½ shot release: Schutzdeckel herunterklappen und mit beiden Daumen gleichzeitig die herausspringenden Metallringe kräftig nach vorne ziehen
   R-2 and R-3 – release: Klettbänder herunterziehen
   Drei-Ring-System: Trenngriff abziehen
   b) Klappt erster Abwurfversuch nicht (z. B. Verfehlen der Schlösser):
   c) Blick auf den Höhenmesser: über 400 m → Ruhe bewahren und 2. Versuch
5. unverzüglich Reservefallschirm öffnen.

Alle Schritte müssen sehr schnell erfolgen und dürfen im Bodentraining zusammen nicht mehr als drei Sekunden beanspruchen.
Die Einnahme der richtigen Körperhaltung und die eigentliche Kappentrennung können gleichzeitig durchgeführt werden.

Hat die Nadel des Höhenmessers 400 m unterschritten oder befindet sich ein anderer Springer bzw. ein Luftfahrzeug direkt unter dem in Not geratenen, so sind alle weiteren Versuche abzubrechen, und die Reserve muß unverzüglich geöffnet werden.

Andere Notverfahren sind anzuwenden, sofern eine Kappentrennung nicht erforderlich ist. Sie wurden im Kapitel »Notverfahren für automatische Absprünge« bereits eingehend beschrieben. Der Fortgeschrittene hat jedoch noch einige zusätzliche Möglichkeiten, leichte Störungen zu beseitigen. Bei einem »Brötchen« kann er ein Fangleinenbündel (das der störenden Fangleine am nächsten liegt) oder den betreffenden Haupttragegurt kräftig herunterziehen. Dadurch gleitet in manchen Fällen die Fangleine von der schrägen Kappe, und die Störung ist beseitigt. Allerdings muß man mit Brandstellen in der Kappe rechnen. Das Durchschneiden von bis zu drei Fangleinen mit dem Kappmesser ist eine weitere Möglichkeit. Diese Versuche sollten jedoch in etwa 400 m Höhe abgeschlossen sein, damit notfalls immer noch genügend Zeit für ein ruhiges und sicheres »Füttern« der Reservekappe bleibt.

Sind Hochleistungsschirme vorn oder hinten eingeklappt (Gleiter: Kammern seitlich), so genügt es meist, beide Steuerleinen einige Male kräftig anzuziehen und wieder loszulassen (»pumpen«), um diesen Zustand zu beheben.

»Brötchen« an der Hauptschirmkappe

Aerodynamik des Freifalls

Durch gezielte Veränderungen der Körperhaltung ist es dem erfahrenen Fallschirmspringer möglich, bewußt und kontrolliert Drehungen um alle drei Körperachsen und Horizontalbewegungen in beliebiger Richtung durchzuführen. Der Sprungschüler erlebt diese Bewegungsfreiheit bei seinen ersten manuellen Absprüngen unfreiwillig am eigenen Leib. Erst die einwandfreie Beherrschung des Freifalls kennzeichnet den guten Sportspringer. Sie ist eine wesentliche Voraussetzung für gekonntes und gefahrloses Formationsspringen und wird beim Stilspringen in perfekter Weise demonstriert.

Die physikalischen Erklärungen für diese den Laien meist erstaunenden Bewegungsmöglichkeiten liefert die Aerodynamik, – die Lehre von den strömenden Gasen in ihrem Verhalten gegenüber festen Körpern. Im folgenden werden die für den Freifall maßgebenden sehr komplexen Zusammenhänge stark vereinfacht dargestellt. Dadurch lassen sich gewisse Ungenauigkeiten nicht vermeiden, die aber für die Praxis meist unwesentlich sind.

Die Fallkurve

Zuerst wollen wir uns mit der Flugbahn eines Freifallspringers und den sie beeinflussenden Faktoren beschäftigen. Dazu muß zunächst an die physikalischen Gesetze erinnert werden, die jeder Bewegung zugrundeliegen:
- Jeder Körper verharrt im Zustand der Ruhe oder der gleichförmig geradlinigen Bewegung, wenn er nicht durch Kräfte gezwungen wird, diesen Zustand zu ändern (Trägheitsprinzip).
- Jeder Körper vollführt unter der Wirkung einer Kraft eine beschleunigte Bewegung. Diese erfolgt proportional und in Richtung der wirkenden Kraft. Die Kraft, die zur gleichförmig konstanten Beschleunigung eines Körpers aufgebracht werden muß, ist seiner Masse proportional (Aktionsprinzip).

Diese beiden Grundprinzipien lassen sich am Beispiel der Erdanziehung besonders einfach erläutern. Bekanntlich zieht die Erde jeden in ihrer Umgebung befindlichen Körper an: Losgelassene Gegenstände fal-

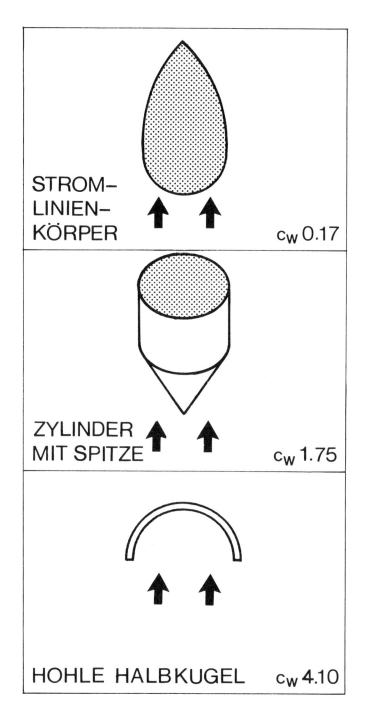
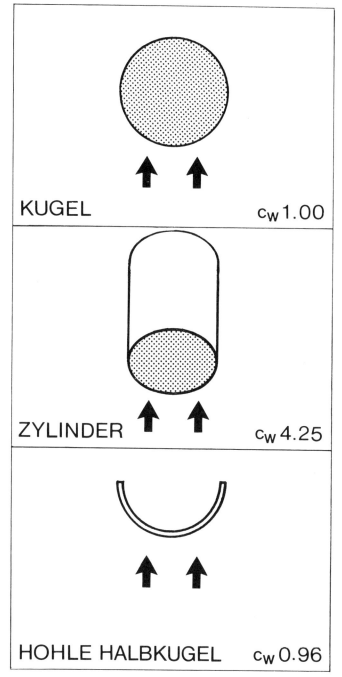

len zu Boden. Die dabei nach dem Trägheitsprinzip wirkende Kraft – die Schwerkraft – ist zum Erdmittelpunkt gerichtet und proportional zur Masse des Körpers. Ihr Betrag wird auch »Gewicht« genannt. Sie bewirkt daher nach dem Aktionsprinzip bei jedem freibeweglichen Gegenstand eine konstante »Fallbeschleunigung« von 9,81 m/sec^2, d. h. die Fallgeschwindigkeit erhöht sich in jeder Sekunde um 9,81 m/sec oder etwa 35 Stundenkilometer.

Diese konstante Geschwindigkeitszunahme erfolgt allerdings nur im luftleeren Raum. Da jedes Gas, also auch die Luft, einem in ihr bewegten Körper einen Widerstand entgegensetzt, müssen bei Bewegungen im lufterfüllten Raum weitere Kräfte berücksichtigt werden. Die Erklärung dafür ergibt sich daraus, daß ein Gegenstand bei seiner Bewegung die Gasmoleküle der Luft verdrängen muß. Dadurch sowie durch die Oberflächenreibung und die Wirbelbildung hinter dem bewegten Körper wird dieser abgebremst. Die dabei auftretende Bremskraft K – auch aerodynamischer oder Luftwiderstand genannt – ist abhängig von der Geschwindigkeit v des Körpers, der Luftdichte ϱ sowie von der Stirnfläche F des Körpers, seiner geometrischen Form und Oberflächenbeschaffenheit (formal geschrieben $K = 1/2\, c_w F v^2 \varrho$).

Bemerkenswert ist die starke (quadratische) Abhängigkeit des Luftwiderstandes von der Geschwindigkeit v des Körpers: eine Verdoppelung der Geschwindigkeit bedeutet eine Vervierfachung des Luftwiderstandes. Unmittelbar verständlich ist auch die Abhängigkeit von der Luftdichte ϱ und der Stirnfläche F des Körpers. Je größer beide Faktoren sind, desto mehr Luftmoleküle müssen bei der Bewegung des Gegenstandes verdrängt werden. Die Einflüsse von geometrischer Form und Oberflächenbeschaffenheit werden gemeinsam im sog. Widerstandsbeiwert c_w berücksichtigt. Dieser ist theoretisch kaum zu bestimmen und wird daher in der Regel experimentell (etwa im Windkanal) ermittelt. Bei unregelmäßig geformten Körpern hängt der Widerstandsbeiwert stark von der Anströmrichtung ab. Eine geringfügige Lageänderung kann oft zu einer enormen Änderung des Luftwiderstandes führen. Scharfe Kanten erhöhen meist die Luftwirbelbildung und damit den Luftwiderstand, während stromlinienförmige Verkleidungen den umgekehrten Effekt hervorrufen. Einen Eindruck davon vermittelt die Grafik S. 59, die exemplarisch das Verhältnis der Luftwiderstände verschieden geformter oder angeströmter Körper unter sonst gleichen Bedingungen im Vergleich zur Kugel zeigt.

Aus dem Zusammenwirken von Schwerkraft und Luftwiderstand läßt sich nun bereits das Verhalten eines aus der Ruhelage freigegebenen Körpers in Luft erklären, etwa beim Absprung aus einem Ballon. Beim Absetzen wirkt zunächst nur die **Schwerkraft** auf den Körper des Springers ein, der Luftwiderstand ist Null. Der Springer wird senkrecht nach unten beschleunigt und erhöht dadurch seine Fallgeschwindigkeit. Je schneller er fällt, desto größer wird andererseits der **Luftwiderstand,** der der Schwerkraft entgegenwirkt. Da letztere als konstant betrachtet werden kann, wird die resultierende zum Erdmittelpunkt gerichtete Gesamtkraft immer geringer. Heben sich Schwerkraft und Luftwiderstand gerade gegenseitig auf, wird der Springer nicht weiter beschleunigt. Er hat dann seine »Endgeschwindigkeit« erreicht, die natürlich von allen oben angeführten Faktoren abhängt. In der großen X-Lage beträgt sie etwa 50–55 m/sec oder 180–200 km/h. Die Endgeschwindigkeit ist nach etwa zehn Sekunden Freifall erreicht, wobei der Springer ca. 300 m Höhe verliert (siehe senkrechte Achse der graphischen Darstellung).

Beim Absetzen aus einem Flugzeug ist auch die **Horizontalgeschwindigkeit** des Springers zu berücksichtigen. Diese wird in entsprechender Weise durch den Luftwiderstand abgebremst. Nach einer gewissen Zeit, die im wesentlichen von der Absetzgeschwindigkeit und der Körperhaltung des Springers abhängt, ist sie praktisch auf Null gesunken. Aus der Überlagerung von Horizontal- und Vertikalbewegung ergibt sich schließlich die parabelartige Fallkurve des Freifallspringers. Ein Beispiel dafür ist ebenfalls der graphischen Darstellung zu entnehmen, in der die Fallkurve für die ersten zehn Sekunden des Freifalls skizziert ist. Es sei ausdrücklich darauf hingewiesen, daß die abgebildete Kurve und die berechneten Zahlenwerte nur für die gewählten Parameterwerte gelten. Sie sollen nur eine präzisere Vorstellung der Fallkurve vermitteln.

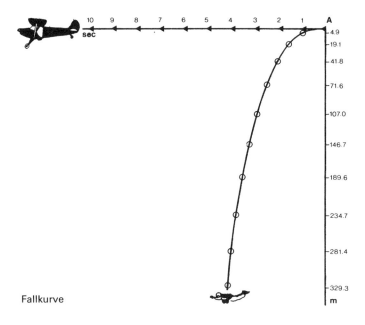

Fallkurve

Körperhaltungen im Freifall

Die während des Freifalls auf den Springer einwirkenden aerodynamischen Kräfte beeinflussen aber nicht nur seine Flugbahn, sondern auch die Lage und das Verhalten seines Körpers im Raum. Soll eine bestimmte Körperlage unverändert beibehalten werden, so müssen sich nach dem Trägheitsprinzip alle wirkenden Kräfte gegenseitig aufheben. Sie befinden sich dann im Gleichgewicht. Je nach Körperhaltung ist es unterschiedlich schwierig, die einmal eingenommene Lage auch über längere Zeit unverändert beizubehalten. Man spricht in diesem Zusammenhang von »stabilem«, »indifferentem« und »labilem« Gleichgewicht. Der Übergang zwischen den einzelnen Zuständen ist fließend. Wie stabil er fällt, beeinflußt der Fallschirmspringer also durch das Einnehmen einer bestimmten Körperhaltung sowie durch die Effektivität der Maßnahmen, die er ergreift, um Störungen des Kräftegleichgewichts abzuwenden. Dies erfolgt beim erfahrenen Sportspringer unbewußt und rein reflektorisch, der Schüler benötigt daher erfahrungsgemäß eine größere Anzahl von Sprüngen, um dieses Ausbildungsziel zu erreichen.

Wir wollen darauf verzichten, physikalische Begründungen für die Stabilität oder Labilität bestimmter Freifallhaltungen zu geben, weil die Materie außerordentlich komplex ist und für die Praxis daraus kaum ein Gewinn erwächst. Der Schüler beginnt mit dem Üben der stabilsten Lage, der »großen X-Lage«, weil diese am unempfindlichsten gegen Störungen ist und daher auch keine so hohen Anforderungen zu ihrem Ausgleich stellt. Je nach Ausbildungsstand ist der Springer dann in der Lage, durch schnelle und gezielte Haltungsänderungen auch weniger stabile, ja auch ausgesprochen labile Freifallagen über längere Zeit beizubehalten. Im folgenden werden die drei wichtigsten Freifallhaltungen vorgestellt. Dabei ist zu beachten, daß auch alle Übergangsformen zwischen ihnen möglich sind und in der Praxis angewendet werden, etwa zur »Feinsteuerung« der Fallgeschwindigkeit beim Formationsspringen.

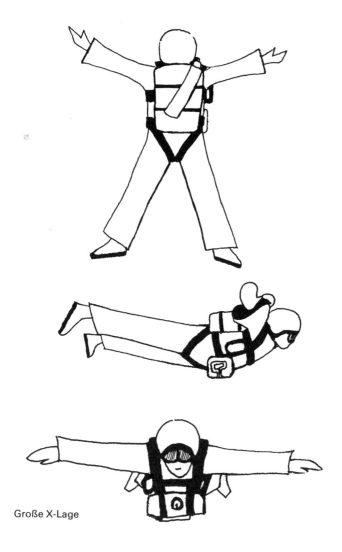

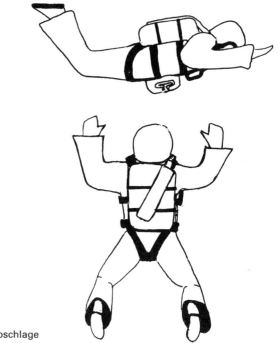
Froschlage

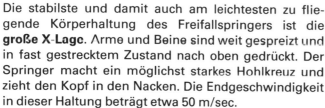
Große X-Lage

Die stabilste und damit auch am leichtesten zu fliegende Körperhaltung des Freifallspringers ist die **große X-Lage**. Arme und Beine sind weit gespreizt und in fast gestrecktem Zustand nach oben gedrückt. Der Springer macht ein möglichst starkes Hohlkreuz und zieht den Kopf in den Nacken. Die Endgeschwindigkeit in dieser Haltung beträgt etwa 50 m/sec.

Langsam gesteigertes Abwinkeln und weniger starkes Ausspreizen von Armen und Beinen sowie ein weniger ausgeprägtes Hohlkreuz kennzeichnen den Übergang aus der großen X-Lage in die große und dann kleine **Froschlage**. Sie sind entsprechend weniger stabil und schwieriger zu fliegen, ermöglichen andererseits aber besonders schnelle Korrekturen. Die Endgeschwindigkeit beträgt etwa 55–60 m/sec.

Die **Floaterlage** ist die labilste Körperhaltung beim Freifall und stellt in gewisser Weise eine Umkehrung der großen X-Lage dar. Arme und Beine sind gestreckt, aber nicht so stark gespreizt. Der Körper wird insgesamt im entgegengesetzten Sinn gewölbt. Schnelles reflektorisches Ausgleichen von Lageänderungen ist erforderlich, da sonst die Gefahr des Umkippens in die »stabile Rückenlage« des Sprungschülers besteht. Die Floaterlage ist die langsamste Freifallhaltung mit einer Endgeschwindigkeit von ca. 45 m/sec (vgl. dazu den Luftwiderstand der hohlen Kugelhälfte bei unterschiedlicher Anströmrichtung).

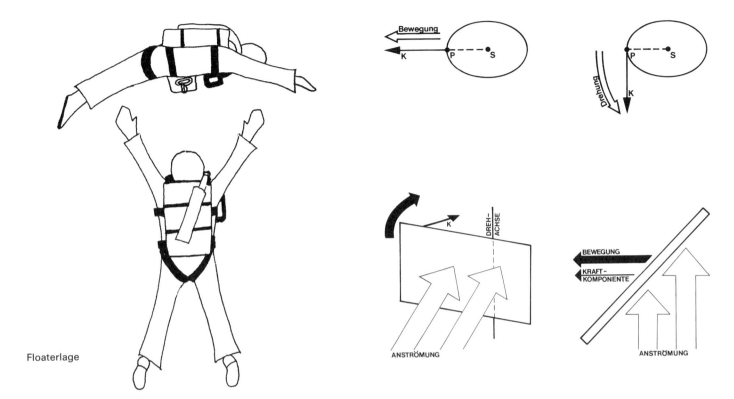

Floaterlage

Horizontalbewegungen und Drehungen

Sind die auf den Körper des Freifallers einwirkenden Kräfte nicht im Gleichgewicht, so entscheiden die gegenseitige Lage von Kraftangriffspunkt P und Schwerpunkt S des Körpers sowie die Richtung der wirkenden Kraft über die Art der resultierenden Bewegung (siehe Abbildung). Liegt der Schwerpunkt des Körpers auf der Verlängerung der Kraftrichtung, so wird der Körper in dieser Richtung beschleunigt. Stehen Kraftrichtung und die Verbindungslinie P-S aufeinander senkrecht, so führt der freibewegliche Körper eine Drehbewegung um den Schwerpunkt in Richtung der wirkenden Kraft durch. Bei beliebiger Kraftrichtung ergibt sich eine Überlagerung von Horizontalbewegung und gleichzeitiger Drehung um den Körperschwerpunkt. Darauf beruhen alle gewollten (und ungewollten) Bewegungen des Springers im Freifall. Will also ein im stabilen Gleichgewicht fallender Springer seine Lage im Raum ändern, so muß er durch geeignete Modifikationen seiner Körperhaltung dieses Kräftegleichgewicht aufgeben und eine seinen Absichten entsprechende Gesamtkraft anstreben. Um diese Kraftwirkungen zu erreichen, stehen ihm im wesentlichen zwei Methoden zur Verfügung: die gezielte Ausbildung von schräg angeströmten Körperflächen und einseitige unsymmetrische Körperänderungen. Ein Modell verdeutlicht es: An einer schräg angeströmten Platte werden die Gasmoleküle bevorzugt entlang der Plattenfläche abgeleitet. Sie erzeugen dadurch u.a. eine Kraftwirkung senkrecht zur Anströmrichtung. Unterschiedlich groß ausgebildete Flächen beiderseits der Drehachse einer drehbar gelagerten Platte bewirken auch einen unterschiedlich großen aerodynamischen Widerstand. Daraus resultiert eine Kraft, die die größere Fläche in Anströmrichtung auslenkt (Prinzip der Wetterfahne).

Vorwärtsbewegung durch Abwinkeln der Handflächen …

… durch Abwinkeln der Arme

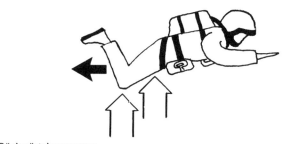

Rückwärtsbewegung

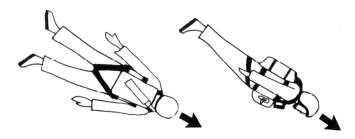

Die Flash-Haltung △ ▷

Horizontalverschiebungen nach vorn sind dementsprechend durch das symmetrische Abwinkeln von Handflächen (langsame Fahrt) bzw. Unterarmen (schneller) nach unten zu erreichen. Durch Abwinkeln der Oberschenkel bewirkt man dagegen eine Rückwärtsbewegung.

Durch Anlegen der Arme an den vollkommen gestreckten Körper und Abkippen nach vorn geht der Springer in eine sehr schnelle Vorwärtsbewegung über. Diese **Flash-Haltung** wird daher bevorzugt dann eingesetzt, wenn eine schnelle Überwindung von horizontalen Entfernungen erforderlich ist. Im Extremfall des völligen Kopfstandes wird wegen der sehr geringen Stirnfläche in der Flash-Haltung auch die größte Fallgeschwindigkeit erreicht (bis zu 80 m/sec).

Drehungen um die Hochachse (am.: *turns*): Durch einseitiges Niederdrücken des rechten Arms bzw. Rechtsdrehung des gesamten Oberkörpers in der Hüfte und die dadurch erhaltenen schräg angeströmten Körperflächen bewirkt man Rechtsdrehungen um die Hochachse. Entsprechendes gilt sinngemäß beim Absenken eines Fußes bzw. für die Einleitung einer Linksdrehung. Das Abstellen jeder beabsichtigten oder auch unbeabsichtigten Drehbewegung gelingt durch Einleiten der entsprechenden Gegendrehung.

Drehungen um die Längsachse (am.: *barrel-rolls*): Rollen links bzw. rechts werden durch einseitiges Abspreizen des entsprechenden Armes bewirkt. Die Beine sind dabei geschlossen und gestreckt.

Während Drehungen um die Hochachse im Prinzip beliebig lange durchgeführt werden können, da sich durch die Drehung nichts an der Schräganströmung ändert, gilt für Salto und Rolle entsprechendes nicht. Wie bei der Wetterfahne wird durch die Drehung die Unsymmetrie der angeströmten Flächen beseitigt und damit auch ihre Ursache. Für eine Fortsetzung der gewünschten Drehung muß daher eine dauernde Anpassung an die veränderten Strömungsverhältnisse erfolgen.

Stabiler Freifall, kontrollierte Horizontalbewegungen und Drehungen sind in der Praxis meist schwieriger, als es nach den obigen Erklärungen den Anschein haben mag. Jede Lageänderung zur Einleitung einer bestimmten Bewegung stört in der Regel auch das ausbalancierte Gleichgewicht in einer Form, die gar nicht erwünscht ist. Dies erfordert Gegenmaßnahmen, deren Zusammenspiel wir hier nicht darstellen können und wollen. Grau ist alle Theorie, in der Praxis lernt es sich (unter der Anleitung eines erfahrenen Lehrers) einfacher und kurzweiliger.

Drehungen um die Querachse (am.: *loops*): Den Salto vorwärts bzw. rückwärts erreicht man durch Ausnützen des Wetterfahnenprinzips durch Zurücknehmen der Arme bei gleichzeitigem vollem Durchstrecken der Beine bzw. durch vollständiges Vorstrecken der Arme bei gleichzeitigem Anhocken der Beine. Dies muß jeweils symmetrisch entlang der Körperlängsachse erfolgen, da sonst kein stilechter Salto zu erreichen ist.

Rechtsdrehung (Anfänger)

Rechtsdrehung (Fortgeschrittener)

Salto rückwärts

Faßrolle
◁ Die Rechtsdrehung wird eingeleitet

Wetterkunde

Die Launen des Wetters stellen gerade den Fallschirmspringer im europäischen Raum immer wieder auf eine harte Geduldsprobe. Die Sprungmöglichkeiten bei bewölktem Himmel sind im Luftverkehrsgesetz (Mindestabstand zu den Wolken; geringste Absprunghöhe) geregelt und müssen auch vom Absetzpiloten beachtet werden. Bis zu welchen Windgeschwindigkeiten die Schulung möglich ist, entscheidet der Lehrer nach seinen Richtlinien und unter Berücksichtigung der Erfahrung des Sprungschülers sowie der Art des verwendeten Schirmtyps. Bei Zielmeisterschaften sind die höchstzulässigen Bodengeschwindigkeiten genau festgelegt. Schließlich muß jeder Springer seine Grenzen kennen, seinen Sprung verantworten und die Folgen im Falle einer Selbstüberschätzung allein tragen. Es ist zwar enttäuschend, aber keine Schande, bei starkem Wind als stolzer Besitzer einer Rundkappe am Boden zu bleiben, während die Kameraden mit ihren Flächengleitern am laufenden Band aus dem Flugzeug hüpfen. Das Risiko eines Beinbruchs einzugehen lohnt sich nicht. Übrigens: »Gleiter-Piloten«, denen auf Grund des Vorschubs ihres Fluggerätes auch starker Bodenwind kaum etwas anhaben kann, sollten überdenken, ob im Fall einer Störung auch der Reservefallschirm noch eine sichere Landung erlaubt.

Die verantwortungsbewußte Sprungentscheidung erfordert auch ein fundiertes meteorologisches Grundwissen.

Windsack

Die Atmosphäre

Unter Atmosphäre versteht man die »Luftkugel«, welche die Erde umschließt. Man spricht von einer inneren (0–400 km) und von einer äußeren Atmosphäre (= Exosphäre; 400 bis etwa 1000 km). Die innere Atmosphäre wird unterteilt in

- **Troposphäre** (0–11 km): Nur diese Schicht ist für den Fallschirmspringer von Bedeutung, da Sprünge aus größeren Höhen äußerst selten sind. Die Troposphäre ist zugleich die turbulenteste Schicht. In ihr spielen sich fast alle sichtbaren Wettererscheinungen ab.
- **Stratosphäre** (11–45 km)
- **Mesosphäre** (45–80 km)
- **Ionosphäre** (80–400 km)

Die **Luft** ist ein Gasgemisch, das sich aus Stickstoff (78%), Sauerstoff (21%) und Edelgasen (1%) zusammensetzt. Darin finden wir Beimengungen von Wasser in den verschiedensten Formen, als Nebel oder Wolken sichtbar bis zur oberen Grenze der Troposphäre und als Staubteilchen bis etwa 2500 m Höhe.

Druck und Temperatur

Mit zunehmender Höhe wird die Luft immer »dünner«, d. h. die Luftdichte nimmt ab. Aus diesem Grund sinkt ein Fallschirm in größeren Höhenlagen schneller als in Bodennähe. Die Sinkgeschwindigkeit erhöht sich pro 2000 m Höhe etwa um 10%. Natürlich macht sich dieser Umstand auch im Freifall bemerkbar: Die Fallstrecke pro Zeiteinheit ist länger, und die Endgeschwindigkeit wird schneller erreicht. Gleichzeitig nimmt der Luftdruck mit der Höhe erst stark, dann immer weniger ab.

Merke: In 5500 m beträgt der Luftdruck nur noch 50% des Drucks in Meereshöhe.

Der Luftdruck der Standardatmosphäre (Meereshöhe, 15 Grad C) beträgt

- 1,033 kg/cm² =
- 760 mm/HG (Quecksilbersäule) =
- 760 Torr =
- 29,92 Zoll =
  1013,25 mb (Millibar)

Dabei rechnet man mit einer vertikalen Temperaturabnahme von 0,65 Grad C pro 100 m Höhe, d. h. in 1000 m Höhe ist es um 6,5 Grad C, in 2000 m Höhe um 13 Grad C kälter als am Boden, usw. Diese rechnerisch ermittelte Temperatur stimmt in der Praxis nie exakt. Sie dient jedoch als Anhaltspunkt unter den in der Standardatmosphäre gegebenen Mittelwert-Bedingungen. Plant man im Winter bei 0 Grad Bodentemperatur in 4000 m Höhe (−26 Grad C rechnerisch) aus einer Cessna mit ständig offener Tür zu springen, so können vorausgehende Temperaturberechnungen – auch wenn sie unter den tatsächlichen Verhältnissen um einige Grad differieren – die Entscheidung für ein paar zusätzliche Wollsocken, einen dicken Pulli und eine lange Unterhose erleichtern.

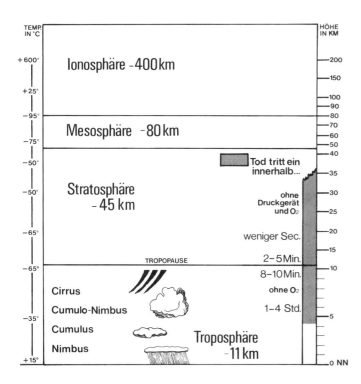

Wind und andere Luftbewegungen

Unter Wind versteht man die horizontale Bewegung der Luft, verursacht durch großräumige Luftdruckunterschiede. An Bergen und Hügeln treten vertikale Luftbewegungen auf. Die dem Wind zugekehrte Seite nennt man Luv. Hier herrscht meist gleichmäßiger Aufwind. Die dem Wind abgekehrte Seite wird als Lee bezeichnet und stellt oft eine Zone starker Luftverwirbelungen dar. Bei Föhnlage können diese Turbulenzen – z. B. bei Sprüngen in den Alpen – auch für den Fallschirm gefährlich werden.

Thermik

Die Wärmeeinstrahlung der Sonne wird von verschiedenen Flächen unterschiedlich reflektiert bzw. gespeichert. Tagsüber reflektieren Asphalt, Beton, Fels und Gestein die Wärme am stärksten, und es entstehen thermische Aufwinde. Über Wäldern, Feldern und Wasseroberflächen kommt es dagegen eher zu Abwinden. Gegen Abend verhält sich dies gerade umgekehrt: Gestein und Beton kühlen bei nachlassender Sonneneinstrahlung rasch ab, Wälder und Gewässer dagegen geben nun langsam die tagsüber gespeicherte Wärme ab und erzeugen aufsteigende Luftbewegungen. Thermische Aufwinde können über bestimmten Gebieten so stark werden, daß ein Springer, der im Durchschnitt zwischen drei und vier Minuten am Fallschirm hängt, oft zehnfach so lange am Himmel schweben kann.

Die Windgeschwindigkeit wird mit einem Windmesser (Schalenwindmesser) erfaßt. Schätzt man diese Geschwindigkeit, so spricht man von Windstärke. Windsack, Rauch und Neigung der Baumwipfel eignen sich zur Beurteilung. Auf Grund der Bodenreibung ist die Windstärke am Landeplatz meist geringer als in großen Höhen. Dieser Aspekt sollte vor allem bei der Bestimmung des Absetzpunkts in Betracht gezogen werden. In der Regel verdoppelt sich die Windstärke bis in etwa 1000 m Höhe gegenüber dem am Boden festgestellten Werte.
Der Wind wird nach der Himmelsrichtung benannt, aus der er weht. Die Windrichtung drückt man in Grad aus. Beispiel: Wind 225 Grad = Wind aus Süd-West. Wissenswert ist auch, daß der Wind infolge der Erddrehung mit zunehmender Höhe nach rechts dreht. In 1000 m Höhe entspricht dies einer Windrichtungsdifferenz von etwa 20 bis 30 Grad. Der Bodenwind ist entscheidend für den Endanflug und wird nach Windrichtung und -stärke bestimmt.

Wolkenarten und Wetteranzeichen

Wir unterschieden folgende Wolkenarten:

Niedrige Wolken (unter 2500 m; Wassertröpfchen)
Stratus: gleichförmige, niedrige Schichtwolken (Sprühregen)
Nimbostratus: mächtige, dunkle Schichtwolken (Regen, Schnee)
Stratocumulus: kugel- und walzenförmige Mischwolken mit starker Turbulenz
Cumulus: Schönwetter-Quellwolken
Cumulonimbus: mächtige, dichte und hochaufgetürmte Wolken (Gewitterwolken)

Mittelhohe Wolken (2500–7000 m; Wassertröpfchen und Eiskristalle)
Altocumulus: mittelhohe Haufen- oder Quellwolken, sogenannte »Schäfchenwolken«
Altostratus: dünne, gleichförmige Schichtwolken

Hohe Wolken (über 7000 m; Eiskristalle)
Cirrus: weiße Flecken, Fäden oder schmale Bänder

Windrose

Rechtsdrehender Wind

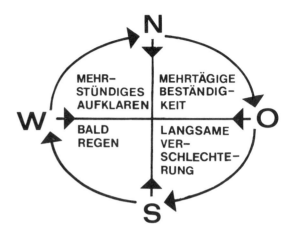

Cirrocumulus: flockenartige Haufenwolken
Cirrostratus: dünne Schichtwolken in großen Höhen, die oft den ganzen Himmel bedecken

Wie jeder erfahrene Luftfahrer weiß, kann man sich bei mehrtägigen Wettervoraussagen weder auf die alten Bauernregeln noch auf den Wetterbericht verlassen. Bei Überlandflügen gehört es zur Pflicht eines Piloten, Wetterinformationen über die Flugstrecke einzuholen. Diese kurzfristigen Vorhersagen sind meist sehr präzise. Auch am Sprungplatz kündigt sich ein zu erwartender Wetterumschwung oft wenige Stunden vorher an. Vor allem die Beobachtung des Windsackes kann hier Aufschlüsse geben.
Rechtsdrehender Wind von West auf Nord bedeutet oft Aufklaren, von Nord nach Ost Beständigkeit. Dreht der Wind dagegen von Ost auf Süd, so ist mit einer Wetterverschlechterung zu rechnen, und ein Rechtsdrehen von Süd auf West kündigt oft Regen an. Linksdrehen des Windes sowie in kurzer Zeit stark wechselnde Windrichtungen lassen zuweilen auf einen Wetterumschlag schließen. Bei Ostwind kann man im Allgemeinen mit Beständigkeit rechnen, während Westwind wechselhafte Witterung anzeigt.
Die Taupunktdifferenz, d.h. die Differenz in Grad C zwischen örtlicher Temperatur und dem vom Wetteramt angegebenen Taupunkt, ist wichtig für die Nebelvorhersage. Ist diese Differenz sehr klein, so tritt schon bei der geringsten Abkühlung Nebel oder niedrige Wolkenbildung auf.

Fallschirmtypen

Rundkappen

Die einfachste Form des Fallschirms ist die Rundkappe. Schon bald hat man erkannt, daß ein Loch in der Mitte der Kappe den Sinkvorgang wesentlich stabilisiert. Da ein Teil der angestauten Luft durch diese sogenannte Scheitelöffnung austreten kann, werden Pendelbewegungen verringert. Ursprünglich konnte man diese Schirme nur dadurch steuern, indem man die Haupttragegurte und damit einzelne Kappenteile kräftig herunterzog. Die Luft trat dann in verstärktem Maße an der gegenüberliegenden Kappenseite aus, und der Springer bewegte sich in die Richtung, in der er die Kappenbasis nach unten zog. Diese Technik des »Slippens« wird heute noch im militärischen Bereich gelehrt, da hier noch Rundkappen im Einsatz sind, die nur auf diese Weise über große Hindernisse hinweggesteuert werden können. (Achtung: Nicht in Bodennähe slippen! Erhöhte Sinkgeschwindigkeit!) Früher wurden auf diese Weise sogar Zielsprungmeisterschaften durchgeführt. Die *Best*leistung war dabei auf der 1. Weltmeisterschaft in Bled/Jugoslawien (August

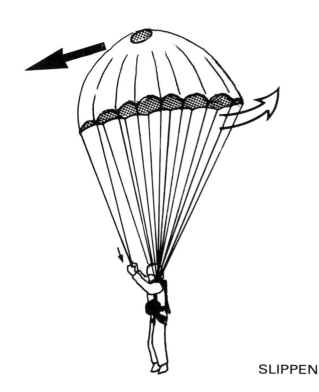

SLIPPEN

28-Bahnen-Rundkappe

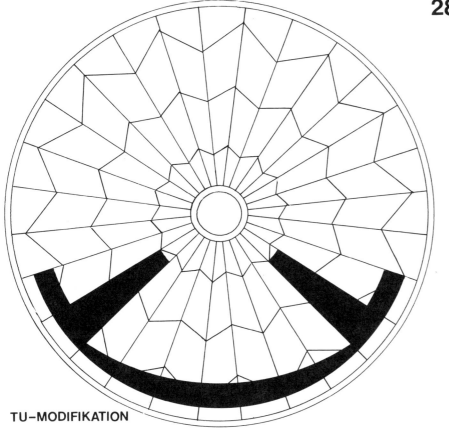

TU-MODIFIKATION

DOPPEL-L-MODIFIKATION

T-MODIFIKATION (GARY GORE)

HUSTLER-MODIFIKATION

1951) eine Zielentfernung von »nur« 58,17 *Meter* bei einem Absprung aus 500 m Höhe. Erst später setzte sich die Idee durch, Schlitze in die Kappe zu schneiden. Durch diese am rückwärtigen Teil der Kappe angebrachten Öffnungen tritt die angestaute Luft aus, bewirkt einen düsenartigen Rückstoß und bewegt den Schirm nach vorn (Schub). Durch Herunterziehen der an den jeweiligen Basis-Ecken des Schlitzes durchlaufenden Fangleinen kann man die anschließenden (Fehl)-Felder bzw. die Winkel der »Düsen« so verstellen, daß sich der Fallschirm dreht. An diesen Fangleinen sind – zur bequemeren Handhabung – Steuerleinen angenäht. Ziehen an der linken Steuerleine bewirkt eine Linksdrehung, und rechts herum geht's bei Betätigung des rechten Steuerknebels. Läßt man beide Steuerleinen locker, so »fährt« der Schirm nach vorn in Blickrichtung des Springers. Die Stärke des Vorwärtsschubes hängt dabei von der Größe und Verteilung der Schlitze auf der Kappe ab. Am bekanntesten sind (5 und 7) TU, LL und T (Gary Gore) – Modifikationen. Dabei hat sich der Typ »7 TU« am besten durchsetzen können.

Je nach Gewebeart haben Rundkappen eine Fläche von 50 bis 60 Quadratmetern. Der Zielanflug mit diesen Schirmen erfolgt unter Beachtung von Thermik und Windachse entsprechend dem einer Hochleistungs-Rundkappe (siehe Kap. »Zielspringen«). Gerade im Endanflug ist es jedoch nicht möglich, diese Kappe so feinfühlig wie einen Hochleistungsschirm zu steuern. Zielanflüge mit einfachen Rundkappen sind eine ideale Übung (auch im »Absetzen«) für den Schüler, bevor er auf Hochleistungsgeräte »umsteigt«. Ein guter Springer erreicht auch mit diesem Schirm-Typ meist den Zielkreis und tappt relativ oft in »die Nähe der Null«. Eine echte Null-Landung und Leistungen im Zentimeterbereich wird auch der Geübte nur bei konstanten und günstigen Windbedingungen ohne Mithilfe von Meister Zufall erreichen.

Rundkappenfallschirme bieten auf Grund ihrer einfachen Konstruktion die höchstmögliche Öffnungssicherheit. Sie finden daher vorwiegend in der Schulung Verwendung. Auch die meisten Reservegeräte sind Rundkappen. Jerry Bird, der wohl bekannteste Relativ-

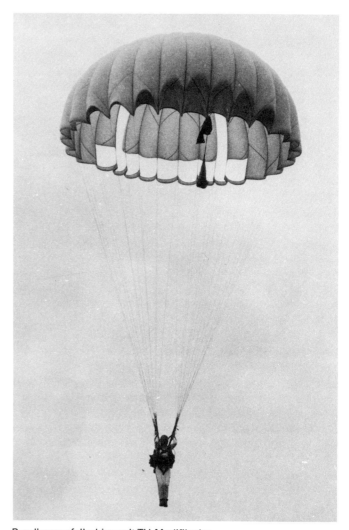

Rundkappenfallschirm mit TU-Modifikation

Profi, entwickelte erst vor wenigen Jahren, als sich Hochleistungsfallschirme längst durchgesetzt hatten, für sein Team eine einfache Rundkappe mit T-Schlitz. In seinem Fachbereich (Formationsspringen) kam es ihm nur auf eine hohe Öffnungssicherheit an, und als »Lande-Ziel« galt jedes hindernisfreie Gebiet, das mit der Rundkappe leicht erreicht werden konnte. Auch viele Freifallkameramänner dachten so. Für sie kommt

Übrigens: Als sich nach 1961 die Hochleistungsfallschirme langsam durchsetzten, wurde Zielspringern mit herkömmlichen Rundkappen bei Meisterschaften als Bonus nur die halbe Punktzahl (bzw. Zielentfernung) berechnet. Dieses Verfahren aus der Übergangszeit wurde jedoch bald eingestellt, da man von jedem Ziel-Interessenten beim heutigen Stand der Entwicklung verlangen kann, daß er sich einen Hochleistungsschirm, nach Möglichkeit sogar einen Flächengleiter, zulegt.

Hochleistungs-Rundkappen

Die verschiedenen Typen von Hochleistungsrundkappen sind alle nach demselben Prinzip gebaut und werden nur in wenigen Details unterschiedlich gehandhabt.
Gegenüber herkömmlichen Rundkappenfallschirmen zeichnen sich die Hochleistungsrundkappen durch einen hohen Gleitwinkel und durch eine niedrigere Sinkgeschwindigkeit aus. Diese beiden Faktoren resultieren aus dem Spezialmaterial mit geringer Luftdurchlässigkeit, aus dem die Kappe hergestellt ist.
Weitere Faktoren der ungewöhnlichen Auftriebseigenschaften sind:
- Die sich in der Kappe während des Sinkens angestaute Luft wird durch zahlreiche Schlitze vor allem nach hinten und nicht nach oben (Rundkappe) abgeleitet. In dem Maße, wie Luft durch die rückwärtigen Schlitze austritt, wird über dem Vorderteil der Kappe eine aerodynamische Auftriebskraft erzeugt.
- Der ständig nach innen gezogene Dom bewirkt, daß sich die Kappe mehr ausbreiten kann und damit eine wirksamere aerodynamische Form erreicht wird.
- Stabilisierungsflächen, die die Kappe in eine Ellipse ausweiten, geben der Fallschirmkappe die günstige Form, die zur Erhöhung des Gleitwinkels erforderlich ist.
- Der Vorderteil der Basis liegt höher als der hintere Teil; dadurch wird der Widerstand in Gleitrichtung verringert.

TU-Schulungsschirm

hinzu, daß der Öffnungsverlauf bei Rundkappen nicht nur am sichersten, sondern auch besonders sanft ist, was sich sehr vorteilhaft beim Tragen schwerer Kamerasysteme am Schutzhelm auswirkt.
Die meisten Relativ-Springer und Kameraleute verwenden heute jedoch Hochleistungsschirme, da auch sie weniger windabhängig sein wollen und des Laufens müde geworden sind ...

PARA COMMANDER MARK I (USA)

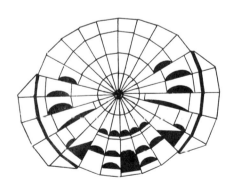

PARA COMMANDER
COMPETITION (USA)

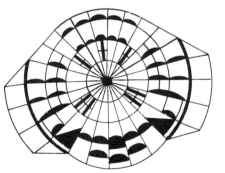

PAPILLON (FRANKREICH)

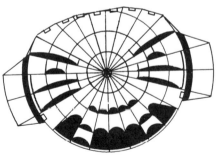

PTCH-8 (CSSR)

Hochleistungsrundkappe vom Typ Para-Commander Mark 1

Durch Betätigen der Steuerleinen werden die Strömungsverhältnisse und die Auftriebskräfte in der und um die Kappe verändert. Das bewirkt, daß die Fluggeschwindigkeit verringert wird oder eine Drehung um die Hochachse ausgeführt werden kann.

Steuerleinen- und Fallschirmeinstellung: Zunächst ist zu prüfen, ob die Mittelleine die richtige Spannung hat. Die Mittelleine sollte etwas straffer sein als die Fangleinen. Wenn die Mittelleine zu locker ist, werden die Stabilisierungsflächen nach außen gedrückt; dadurch bricht der Schirm sehr leicht zur Seite aus.

Die Steuerleinen sollten so eingestellt sein, daß die Knebel bei eingehängtem Schirm am Packtisch, von den Ringen an den Haupttragegurten, die die Steuerknebel nach oben begrenzen, nach unten ca. 2½ cm Spiel haben (Grundeinstellung). Die Einstellung ist am entfalteten Fallschirm wie folgt zu überprüfen:

Nachdem der Fallschirm entfaltet ist, blickt man nach oben in den Innenteil der Fallschirmkappe, so daß man die sogenannten Drehöffnungen (Schlitze, an denen die Verästelungen der Steuerleinen befestigt sind) im Auge hat. Danach zieht man die Steuerknebel nach un-

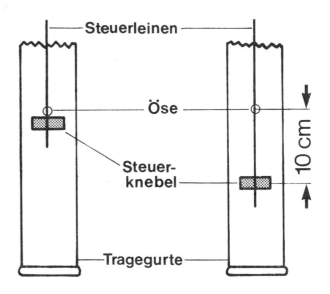

ten. Erst nach Überschreiten von ca. 10 cm des Steuerweges der Leinen dürfen sich die »Klappen«, an denen die Verästelungen der Steuerleinen befestigt sind, nach innen bewegen. Geschieht dies bereits unmittel-

bar nach Betätigung der Steuerknebel, sind die Steuerleinen zu stark eingestellt; kommen die Klappen an den Drehschlitzen erst *nach* Überschreiten des Steuerweges von ca. 10 cm, sind die Steuerleinen zu schwach eingestellt. In diesen Fällen ist ein Nachstellen vor dem nächsten Sprung erforderlich. Eine erneute Überprüfung am entfalteten Fallschirm muß durchgeführt werden.

Die Scheitelschlaufe am inneren Ende des Domes muß gleichmäßig ausgerichtet werden, um zu vermeiden, daß die Fallschirmbahnen unterschiedliche Längen haben. Danach sollte die Scheitelschlaufe mit Wachsmaschinenfaden fixiert werden, damit ein Verrutschen bei folgenden Sprüngen vermieden wird.

Handhabung und Kontrolle des Fallschirms: Unmittelbar nach der Entfaltung des Fallschirms beginnt man mit seiner kontrollierten Steuerung. Man »fährt« den Schirm bis zu einer Höhe von ca. 150 m über Grund mit halber bis dreiviertel Bremse. Diese zwei Minuten »Flugzeit« sind bereits die Vorbereitung für den Endanflug, der ca. 10 bis 15 Sekunden dauert. Während dieser Zeit prüft man zunächst die Sink- und »Stall«-Eigenschaften des Fallschirms, die bei jedem Wetterwechsel und bei unterschiedlichen Öffnungs- bzw. Platzhöhen geringfügigen Änderungen unterworfen sein können.

Unmittelbar nachdem der Fallschirm entfaltet ist, überzeugt man sich davon, ob man den Absetzpunkt richtig gewählt hat. Gegebenenfalls stellt man den Schirm **sofort** gegen den Wind oder fährt mit Wind. Bei richtiger Wahl des Absetzpunktes »fährt« man zunächst mit Wind und prüft, ob man genügend Vorwärtsfahrt hat, um den Zielkreis zu erreichen. Diese Prüfung erfolgt zunächst mit den Steuerknebeln ganz oben, danach halb gebremst und später im Überbremsbereich, um den »Stall-Punkt« festzustellen. Danach stellt man den Schirm gegen den Wind (180°-Drehung), um festzustellen, ob man gegen Wind »fahren« oder halten kann oder mit Wind driftet.

Bei allen Manövern ist darauf zu achten, daß man im Windsektor auf der Windlinie bleibt. Erst nach den oben beschriebenen Tätigkeiten hängt man den Reservefallschirm aus. Diese Tätigkeiten werden bis zu einer

Der Mittelpunkt der Hochleistungskappe wird durch die Dom-Leine nach innen gezogen

Höhe von ca. 450 m über Grund ausgeführt. Anschließend wiederholt man oben beschriebene Vorgänge (ausgenommen Reservefallschirm) bis zu einer Höhe von ca. 300 m über Grund. Ab 300 m »fährt« man den

Schirm am kritischen Punkt (kein »Stall«, keine volle Fahrt) bis zu dem Punkt, an dem man den Endanflug beginnt. Es wird nochmals darauf hingewiesen, daß alle Bewegungen im Windsektor, in der Nähe der Windlinie, durchzuführen sind. Bei starkem Wind ist die Beachtung dieses Grundsatzes besonders wichtig.
Der Endanflug wird genau auf der Windachse in ca. 150 m über Grund mit Wind »fahrend« eingeleitet, wobei man den Schirm halb gebremst fährt, um genügend Reserven bei zu kurz oder zu weit vom Ziel angesetzten Endanflügen zu haben. Beim weiteren »Bremsen« in Bodennähe muß man darauf achten, daß man die Steuerknebel nicht in den Überbremsbereich zieht und dadurch die Kappe »ausstallt« (Strömungsabriß). Das Verhältnis Höhe zur Entfernung vom Zielkreis beim Endanflug ist von der herrschenden Windgeschwindigkeit abhängig.
Grundsätzlich gilt:
- Bleiben Sie stets im Windsektor und vermeiden Sie extreme »Stallbewegungen« am Schirm, vor allem in Bodennähe.
- Bewegen Sie sich im Endanflug stets auf der »hohen Seite« des Windsektors. Wenn Sie Ihren Endanflug mit weniger als »halber Bremse fahren«, um die Nullscheibe zu erreichen, haben Sie den Endanflug zu spät angesetzt.
- Wenn der Endanflug mit mehr als »³/₄-Bremse« gefahren wird, um die Nullscheibe zu treffen, haben Sie den Endanflug zu hoch begonnen. Halten Sie den Körper im Gurtzeug ruhig und versuchen Sie den Kopf im Endanflug in der Körperachse zu halten (man landet immer dort, wo der Fallschirm hingesteuert wird, und nicht in der Richtung, in die man den Kopf dreht).
- Leiten Sie Drehungen im gebremsten Zustand »über Kreuz« ein (z. B. Linksdrehung – rechte Steuerleine nach oben lassen), um starke Pendelbewegungen zu vermeiden.
- Vermeiden Sie das seitliche Ansteuern der Nullscheibe zur Windachse, da diese Technik sehr schwierig und schwer berechenbar ist. Diese Art des Anfluges sollte nur bei unumgänglichen Situationen angewendet werden.

- Steuern Sie den Schirm, bis Sie den Boden berühren.
- Vermeiden Sie **Ziellandungen** gegen Wind, da diese schlecht zu berechnen sind und der Erfolg meist dem Zufall überlassen bleibt.
- Fühlen Sie die Bewegungen der Fallschirmkappe und beherrschen Sie diese in jeder Situation; dies erfordert stets ein Vorausdenken vor jeder Bewegung der Kappe.

Der Flächengleiter

Flächengleiter

Einleitend zu diesem Abschnitt muß darauf hingewiesen werden, daß das Lesen dieser Darstellung das Studium des Flughandbuches für den jeweiligen Gleitfallschirmtyp nicht ersetzen kann.
Gleitfallschirme sind Hochleistungfallschirme mit einzigartigen Flug- und Bedienungseigenschaften. Ein gründliches Verständnis dieser Eigenschaften ist für einen sicheren und erfolgreichen Flug unerläßlich. In

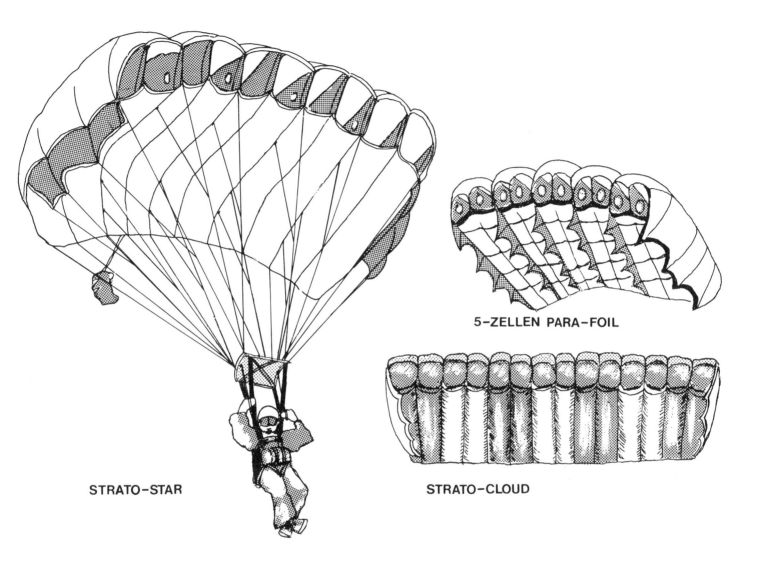

STRATO-STAR

5-ZELLEN PARA-FOIL

STRATO-CLOUD

den Händen eines unerfahrenen oder unvorbereiteten Springers kann der Gleitfallschirm eine beträchtliche Gefahr darstellen.
Trotz seiner Hochleistungseigenschaften ist der Gleitfallschirm ein sicherer und zuverlässiger Fallschirm, vorausgesetzt, daß man die im Flughandbuch enthaltenen Anweisungen genau liest und danach verfährt.

Gleitfallschirme sind nur für die Verwendung durch erfahrene Fallschirmspringer gedacht.
Beim Gleitfallschirm handelt es sich um ein aerodynamisch versteiftes Tragflügelprofil, das im Prinzip den Gesetzmäßigkeiten von Bernoulli unterliegt: Strömung, die auf ein Profil trifft, teilt sich vor diesem und schließt sich dahinter wieder. Hat die Strömung auf der

Landungen im Stadtgebiet sind nicht ganz ungefährlich und stellen eine besondere Rarität dar. An den Springer werden dabei besonders hohe Anforderungen gestellt. Er muß sein Sprunggerät voll beherrschen und das Landegebiet gut kennen.
Professor Gerhard Marinell – einer der besten österreichischen Fallschirmspringer – steuert hier den Flächengleiter mit zentimetergenauer Präzision ins Ziel.

Oberseite einen längeren Weg zurückzulegen als auf der Unterseite, so ist die Geschwindigkeit der Luftteilchen auf der Oberseite größer als auf der Unterseite. Die Luftteilchen auf der Unterseite sind dadurch dichter gelagert. So entsteht über dem gewölbten Profil ein Unterdruck (Sog) und auf der Unterseite ein Überdruck, die beide gemeinsam den Auftrieb erzeugen. Der Sog bewirkt dabei etwa ²/₃ des Auftriebs, der Druck etwa ¹/₃.

Die Gleiterkappe ist an der Vorderseite offen, damit bei der Entfaltung die Kammern gefüllt und das Profil geformt werden können. Die sich vor der Kammer ausbildende Zone gestauter Luft ersetzt annähernd die fehlende Profilnase. Der Anstellwinkel des Tragflügelprofils wird durch das Längenverhältnis der Fangleinen untereinander aufrechterhalten. Es bewirkt, daß die Vorderkante des Tragflügels etwas tiefer liegt als sein Hinterkantenteil. Die wie ein Tragflügelprofil geformte Oberfläche der Kappe muß dadurch zwangsläufig durch die Luft gleiten oder »fliegen«, einem gleitenden Segelflugzeug nicht unähnlich.

Zur **Steuerleineneinstellung** beläßt man die Steuerknebel zunächst an der von der Firma vorgenommenen Einstellung. Während des ersten Sprungs überprüft man am entfalteten Fallschirm, ob die Steuerknebel so eingestellt sind, wie es in der Folge beschrieben wird. Die Steuerleinen werden mit Hilfe der Steuerknebel nach unten gezogen, bis die Arme fast gestreckt sind. Bis zu diesem Bereich darf noch kein Strömungsabriß eintreten. Erst wenn man die Hände nach vorn »überrollt«, darf man den sogenannten Überbremsbereich (»Stall«) erreichen, wobei der Strömungsabriß in diesem Fall nicht abrupt eintreten darf, sondern weich vom »fliegenden« zum »nichtfliegenden« Teil übergehen muß. Wenn der Strömungsabriß früher eintritt oder nicht zur Wirkung kommt, müssen die Knebel nach dem Sprung höher oder tiefer gestellt werden. Anschließend ist wieder eine Überprüfung erforderlich.

Handhabung und Kontrolle des Fallschirms: Ähnlich wie beim Hochleistungsrundkappenfallschirm beginnt man unmittelbar nach der Entfaltung des Fallschirms mit seiner kontrollierten Steuerung.

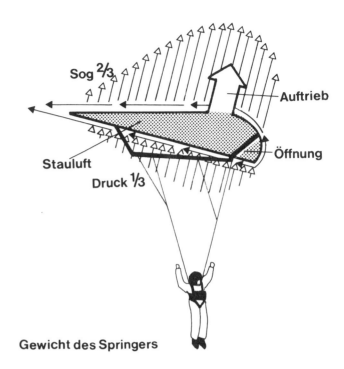

Der Anflug zum Ziel wird in
- Rückenwindteil,
- Basisteil und
- Endanflugsteil

eingeteilt.

Unmittelbar nach Entfaltung des Fallschirms überzeugt man sich davon, ob man den Absetzpunkt richtig gewählt hat. Gegebenenfalls stellt man den Schirm mit Hilfe der hinteren Haupttragegurte gegen den Wind oder mit dem Wind. Ist der Absetzpunkt richtig, löst man zunächst die Bremsleinen und zieht mit Hilfe der roten Leine den Hilfsschirm so ein, daß er oberhalb der Kappe aufliegt (nur bei Reffsystem). Danach öffnet man ggf. durch Herunterziehen der Steuerknebel die äußeren Zellen der Kappe, falls diese noch geschlossen sind. Im Anschluß an diese Tätigkeiten wird der Reservefallschirm ausgehängt (dies sollte erst nach entsprechender Erfahrung mit Gleitfallschirmen erfol-

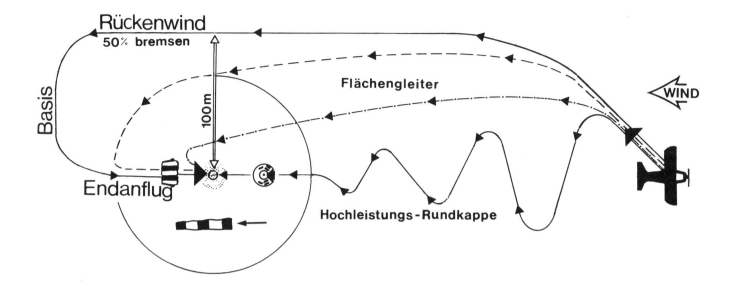

gen). Nachdem diese Maßnahmen beendet sind, beginnt man mit dem kontrollierten Fliegen des Rückenwindteiles bis ca. 400 m über Grund. Der Rückenwindteil sollte stets in der Nähe der Windachse und nicht zu weit vom Zielkreis entfernt, mit den Steuerknebeln oben, »geflogen« werden. In ca. 400–450 m über Grund ist es empfehlenswert, vor dem Zielkreis einen simulierten Endanflug gegen Wind durchzuführen, um feststellen zu können, wie sich der Gleitfallschirm bei der »Fahrt« gegen den Wind, im gebremsten Zustand, verhält. Sobald man dies festgestellt hat, setzt man den Flug »Rückenwindteil« bis zu dem Punkt fort, an dem man in den Basisteil eindreht. Vor dem Übergang in den Basisteil sollte die Fluggeschwindigkeit auf 50% abgebremst werden, damit man mit verringerter Geschwindigkeit in den Basisteil übergehen kann. Der Übergang vom Rückenwind- in den Basisteil soll in einer Höhe von 250–300 m über Grund erfolgen. Den Basisteil »fährt« man 50–75% gebremst. In Verlängerung der Windachse geht man vom Basisteil in den Endanflugteil über. Es empfiehlt sich, die Drehung in den Endanflugteil durch »Über-Kreuz«-Steuern einzuleiten. Diese Steuertechnik hat den Vorteil, daß der Springer senkrecht unter der Kappe hängen bleibt und die Drehung demzufolge sehr stabil ist.

Der Endanflug wird mit 70–90% Bremse »geflogen«. Wichtig ist, daß Steuerkorrekturen im Endanflug ruhig und gleichmäßig (synchron) ausgeführt werden. Ruckartiges Betätigen der Steuerknebel kann in Bodennähe gefährlich werden. Im Endanflug muß die Kappe ständig in Fahrt gehalten werden, ein Strömungsabriß (»Stall«) ist vor allem in Bodennähe zu vermeiden. Größere Steuerkorrekturen sollen so früh wie möglich ausgeführt werden, so daß im letzten Teil des Endanfluges nur noch kleine Bewegungen erforderlich sind. Die Kappe muß stets auf die Nullscheibe zugeflogen werden; falls sie seitlich wegrutscht, sind die Seitenkorrekturen unmittelbar durchzuführen. Der Springer muß entspannt bleiben, der Körper darf sich im Gurtzeug nicht bewegen. Der einzige Teil des Körpers, der bewegt werden muß, sind die Arme. Kopf stillhalten und genau in die Richtung schauen, in der der Fallschirm »fliegt«! Das Verhältnis der Höhe zur Entfernung zum Zielkreis im Endanflug ist von den Windverhältnissen abhängig. Bei Windgeschwindigkeiten über 5 m/sec ändert sich die Entfernung vom Zielkreis in Abhängig-

Der Zielkreis wird wohl nicht mehr erreicht ...

... aber auch das Ufer ist ein Erfolg

keit vom Gewicht. Man soll im allgemeinen nicht höher als 300 m gehen. In diesem Fall muß man den Anflug näher am Zielkreis ansetzen.

Bei den ersten Zielsprüngen sollte man auf keinen Fall versuchen, mit aller Gewalt auf der Nullscheibe zu landen. Sie dienen vielmehr dazu, das Gefühl für den Fallschirm und für die Steuertechnik zu erhalten. Eine Landung im Zielkreis kann bei den ersten Zielsprüngen schon ein Erfolg für den Springer sein. Mit zunehmender praktischer Erfahrung kann man auch die Forderungen steigern.

Reserveschirm

Der Reservefallschirm dient zur Rettung aus Luftnot, wenn der Hauptschirm versagt oder ein Notabsprung (Defekt am Luftfahrzeug; Anweisung des Piloten) aus geringer Höhe ausgeführt werden muß. Als Rettungsgerät unterliegt er besonderen Zulassungs-, Prüfungs- und Packvorschriften, Im konventionellen System wird der Reserveschirm auf der Brust getragen. Die Piggy-Back-Einheit (Reserve über dem Sprungfallschirm auf dem Rücken) erfreut sich bei erfahrenen Sportlern zu-

Blick durch die Scheitelöffnung einer Reservekappe

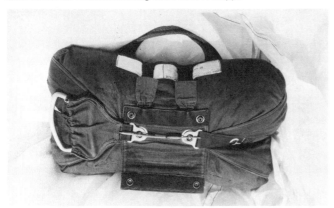
Der Reservefallschirm ...

... muß regelmäßig neu gepackt werden

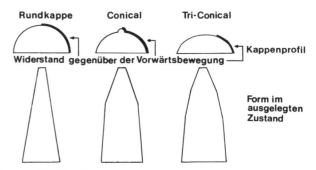
Reserve-Modifikationen

nehmender Beliebtheit. Um die optimale Öffnungssicherheit zu gewährleisten, sollten Steuerschlitze in Reservekappen mit luftdurchlässiger Gaze abgedeckt sein. Es gibt dreieckige, runde und konische Kappenformen sowie den »Tri-Conical«-Schnitt. Letztgenannte Form bringt dem Vorwärtsschub der modifizierten Kappe den geringsten Widerstand entgegen. Ebenso hat die Art des Gewebes starken Einfluß auf Schub- und Steuereigenschaften einer Reserve. LOPO-Kappen (von am.: *low porosity* = geringe Luftdurchlässigkeit) bieten dafür die besten Voraussetzungen, sind jedoch auf Grund der geringen Dehnbarkeit des Gewebes anfälliger für zusätzliche Löcher und Risse. Da Reservefallschirme nicht für den Dauergebrauch gedacht sind, macht sich dieser Nachteil selten bemerkbar.

Reservekappen in Piggy-Back-Verpackungen haben immer einen Hilfsschirm. Bei Brustgeräten liegt es am Springer, ob er einen Hilfsschirm an die Reserve montieren will oder nicht. Diese Entscheidung hängt nicht zuletzt von seiner Einstellung zur Kappentrennung in Notfällen ab. Wird nach einer Störung am Hauptschirm dieser abgeworfen, so gewährleistet ein Hilfsschirm am Rettungsgerät eine (u. U. entscheidend) schnellere und sauberere Entfaltung der Reserve. Nachteil: Der Hilfsschirm könnte sich bei unstabiler Körperlage an den Kappentrennschlössern oder den Extremitäten des Springers verhängen. Ebenso ist die Gefahr einer Verwicklung zwischen Haupt- und Reserveschirm um so größer, falls keine Kappentrennung durchgeführt wird. Schüler mit einfachem Rundkappenhauptschirm tragen daher keinen Hilfsschirm an der Reserve.

Zielspringen mit Hochleistungsfallschirmen

Im Folgenden sind grundsätzliche Hinweise über das Zielspringen mit sämtlichen Fallschirmtypen zusammengefaßt. Es kommt darauf an, die Methoden und die Technik kennenzulernen, um die Fallschirmkappe so zu steuern, daß man bei jedem Zielsprung die Leistung erreicht, die man anstrebt. Um dieses Ziel zu erreichen, muß man mehr beachten als nur den Endanflug.

Ausrüstung

Das **Gurtzeug** muß auf die jeweilige Person, die den Fallschirm zum Zielsprung benutzt, eingestellt sein. Die Einstellung muß so vorgenommen werden, daß man sich mit dem angelegten Fallschirm nicht eingeengt fühlt. Zum anderen muß das Gurtzeug jedoch so eingestellt sein, daß man nicht zu viel Bewegungsfreiheit hat, weil dann Körperbewegungen im Gurtzeug möglich sind, die sich vor allem im Endanflug nachteilig auswirken, weil die Bewegungen auf die Fallschirmkappe übertragen werden.

Die Kappentrennschlösser sollen unmittelbar unterhalb der Schlüsselbeine liegen, damit die entfaltete Fallschirmkappe über die Fangleinen und vorderen sowie hinteren Haupttragegurte mit dem Körper des Springers eng verbunden ist. Diese Einstellung stellt auch sicher, daß die Kappe zentral aufgehängt ist.

Der **Reservefallschirm** soll etwa auf Höhe des Körperschwerpunkts (freier Fall) am Springer angebracht sein, sofern kein Rückensystem verwendet wird. Damit man am entfalteten Fallschirm, vor allem beim Endanflug, den direkten Blickwinkel zur Nullscheibe hat, muß man den Reservefallschirm nach der Entfaltung des Hauptschirmes zur Seite oder nach hinten aushängen. Wenn der Reservefallschirm seitlich hängt, ist dies vor allem bei der Handhabung von Gleitfallschirmen im Endanflug von Nachteil, weil dieser bei 70–90%iger Bremsstellung das **direkte** Herunterziehen der Steuerleinen am Körper behindert. Man muß rechts oder links, je nachdem, auf welcher Seite der Schirm ausgehängt ist, mit dem Arm seitlich ausweichen. Dies bewirkt, daß der Weg der Steuerleinen auf einer Seite länger wird als an der gegenüberliegenden Seite. Die Folge davon ist ein ungewolltes Abdriften der Kappe zur Seite. Die bessere Methode ist, den Reservefallschirm über den Kopf nach hinten zu hängen. Hierzu sind zwei Verlängerungsbänder, die am Gurtzeug des Hauptfallschirms befestigt sind, erforderlich. Der Reservefallschirm darf allerdings erst dann ausgehängt werden, wenn man sich absolut sicher ist, daß der Hauptfallschirm voll entfaltet ist und später keine Hindernisse auftreten, die seine Funktionstüchtigkeit beeinträchtigen (z.B. Kappenrelativ). Wichtig ist auch, daß durch zu langes Hantieren am Reservefallschirm das Steuern der Kappe, vor allem im Endanflug, nicht vernachlässigt wird.

Für welche **Hauptfallschirmkappe** Sie sich immer entscheiden – es muß gewährleistet sein, daß der Fallschirmtyp Ihrem Können und Ihrer Sprungerfahrung angepaßt ist. Welche Erwartungen Sie auch immer in Ihren Schirm setzen – die weitverbreitete Meinung, daß durch die Benutzung eines bestimmten Fallschirmtyps das Trainingsziel schneller erreicht wird, trifft nicht zu. Es gibt keinen Ersatz für Erfahrungen, die im Training und bei Wettbewerben erworben werden.

Die **Stiefel** sollten einen ausreichenden Schutz und Unterstützung im Bereich der Knöchel bieten. Selbst wenn man in einen Kieskreis springt, muß sicheres Schuhzeug verwendet werden, da bei Landungen mit Wind (Rundkappenfallschirme) sehr hohe Landegeschwindigkeiten erreicht werden und eine Verletzungsgefahr im Bereich des Möglichen liegt.

Anflug und Absetzpunkt

Ein Zielsprung beginnt lange vor dem Besteigen des Flugzeuges. Die Vorbereitungen für den Sprung fangen mit dem Beobachten des Winddrifters an, wobei besonders auf die unterschiedlichsten Windrichtungen in den verschiedenen Höhen geachtet werden muß. Die Sinkdauer des Winddrifters muß gestoppt werden, damit man in Verbindung mit der Absetzhöhe die Sinkgeschwindigkeit des Drifters feststellen und die Höhe eventuell beobachteter Windrichtungsänderungen errechnen kann.

Beachten Sie stets den Windsack/Windfahne und die Fallschirme, die sich in der Luft befinden. Daraus kön-

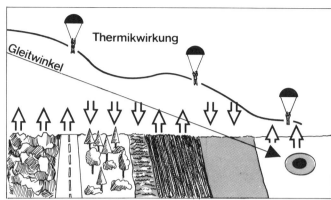

Gestein·Strasse·Wald · Fluss·Acker · Wiese · Zielkreis

nen Sie sehr wichtige Folgerungen für Ihren eigenen Sprung entnehmen. Man sollte immer mit Kameraden, die bereits gesprungen sind, Erfahrungen austauschen. Dabei muß man allerdings das Leistungsniveau und den Fallschirmtyp des jeweiligen Springers berücksichtigen.

Aufgrund der eigenen Beobachtungen und des Erfahrungsaustauschs mit anderen Springern müssen Sie unter Berücksichtigung der unterschiedlichen Windrichtungen, Windgeschwindigkeiten, vertikalen Luftströmungen (Thermik) sowie der »hohen« und »tiefen« Seite des Bodenwindes zu einem klaren Entschluß kommen. Wichtig ist dabei, daß Sie wissen, wo sich der Absetzpunkt befindet und wie und wo die verschiedenen Phasen des Anflugs eingeteilt und ausgeführt werden müssen.

Einstellen der Steuerleinen und Kontrolle des Fallschirms

Die richtige Einstellung der Steuerleinen ist u. a. eine Voraussetzung, um eine sichere Ziellandung ausführen zu können. Einzelheiten der Einstellung sind von dem zur Verwendung kommenden Fallschirmtyp und vom Gewicht des Springers abhängig. Grundsätzlich wird die Grundeinstellung am ausgelegten/gespannten Fallschirm vorgenommen. Die Einstellung ist dann am entfalteten Fallschirm zu überprüfen. Meist ist ein Nachstellen der Steuerleinen erforderlich. Zu straff eingestellte Steuerleinen verursachen ein Ausbrechen des Schirms zur Seite, weil bei Betätigen der Steuerknebel die Bremswirkung zu groß ist. Der umgekehrte Effekt tritt auf, wenn die Steuerleinen zu schwach eingestellt sind, weil beim Betätigen der Steuerknebel die erwünschte Bremswirkung nicht erzielt wird. Die Ringe an den Haupttragegurten, die die Steuerknebel nach oben blockieren, sollen nicht zu hoch angebracht werden, damit man die Steuerknebel mit den Armen noch erreichen kann.

Windsektor und Windachse

Es ist erforderlich, daß man die Bewegungen des Windsacks/Windfahne sowohl aus der Höhe als auch im Endanflug ständig verfolgt. Man muß sein Hauptaugenmerk auf den Windsektor, bezogen auf seine Breite (Richtung) und Tiefe (Stärke), richten, wobei man darauf achten muß, daß man sich ständig im Bereich dieses Windsektors aufhält.
Um das Verhalten des Windes, bezogen auf die Richtung und Stärke, genau analysieren zu können, reicht es jedoch nicht aus, nur den Windsack zu beobachten. Man muß jede ungesteuerte Bewegung des Schirms, übertragen durch den Sattel und das Rückenkreuzteil, bewußt fühlen.
Unter Berücksichtigung des Windes muß man den Fallschirm so steuern, daß man immer (in jeder Höhe) die Gewißheit hat, daß man den Zielkreis noch erreicht. Als Hilfsmittel kann man den Höhenmesser und markante Bezugspunkte im Gelände verwenden (bestimmte Höhe über einem bestimmten Punkt-Zwischenziel).

Bein- und Fußeinsatz

Die Ausführung einer Grätsche oder eines Unterschwungs vor der Landung kann einen Gewinn von bis zu 1½ m bedeuten. Selbst wenn man im Training mehrere Meter von der Nullscheibe entfernt landet, soll man diese Art der Landung üben. Beim Unterschwung muß man darauf achten, daß man ihn nicht zu früh ansetzt. Er wird erst unmittelbar vor der Landung durch Ergreifen der hinteren Haupttragegurte und durch einen sogenannten »Bauchaufzug« eingeleitet.

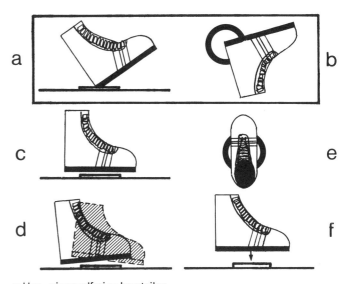

a klar – einwandfrei zu beurteilen
b gut – Scheibe bleibt sichtbar
c Fuß setzt senkrecht auf. Fehlbeurteilung möglich weil ...
d ... Fuß zuerst mit der Hacke **vor** oder mit der Spitze **über** der Scheibe aufsetzen kann
e Stiefel verdeckt die Scheibe
f Gestrecktes Bein zur Scheibe: Richtung wird leicht geändert und dadurch die Scheibe verfehlt.

Wichtig: ein Bein hochhalten!

Eine Null-Landung ist keine Selbstverständlichkeit

Für den Fußeinsatz gelten folgende Grundsätze:
Wenn die Nullscheibe von vorn angesteuert wird, benutzt man als ersten Landepunkt den Absatz des Stiefels, wobei die Fußspitze zur Seite gedreht wird, damit die Sicht zur Nullscheibe frei bleibt.

Sofern man über oder hinter der Scheibe ist oder an dieser seitlich »vorbeifährt«, benutzt man die Fußspitze als ersten Auftreffpunkt, wobei man die Ferse zur Seite dreht, um wiederum eine freie Sicht zur Nullscheibe zu haben.

Das Bein, das nicht eingesetzt wird, muß kurz vor der Landung stets angezogen sein, um zu vermeiden, daß es den Boden zuerst berührt. Die Nullscheibe darf man bis zur Landung nicht aus den Augen verlieren. Die Beine dürfen nicht zu früh eingesetzt werden, weil durch die Bewegung (Strecken eines Beins) die Fallschirmkappe zur Seite ausbrechen kann und man meist die Konzentration für das Wesentliche verliert.

Grundsätzlich gilt: Das Zielsprungtraining muß man immer bis zur höchstzulässigen Windgeschwindigkeit (7 m/sek) trainieren, um beim Wettbewerb auch kritische Situationen meistern zu können. Beim Training sollte ein erfahrener Springer oder Trainer den Sprung vom Boden aus beobachten, damit erkannte Fehler nach dem Sprung gemeinsam besprochen werden können. Man sollte sich die Kritik sehr gründlich anhören und Folgerungen beim nächsten Sprung beachten. Fehlertrends, die man bei genauer Sprungbuchführung feststellen kann, sollte man berücksichtigen (z. B. oft zu kurz, über das Ziel, Ausbrechen zur Seite).

Wichtig: zweites Bein hochhalten!

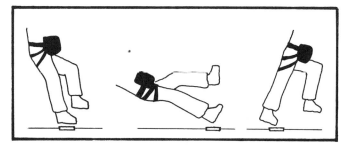

Das Stil- oder Figurenspringen

Das Figurenspringen, neben dem Zielspringen die »klassische« Disziplin im Fallschirmsport, stellt hohe sportliche Anforderungen an den Fallschirmspringer: Absolute Körperbeherrschung bei Fallgeschwindigkeiten bis 250 km/h und geschultes Reaktionsvermögen sind die notwendigsten Voraussetzungen, um die vorgegebenen Figurenkomplexe schnell und exakt auszuführen.
1962 wurde erstmals bei einer Fallschirmweltmeisterschaft ein Figurenprogramm »geflogen«, das noch heute als WM-Programm Gültigkeit hat: vier Drehungen (360°) und zwei Saltos rückwärts. Der damalige Sieger benötigte dazu 9,7 Sekunden. Die aktuellen Weltrekordlisten zeigen aber, daß die Entwicklung auch hier nicht stehengeblieben ist: Bei den US-Meisterschaften schaffte *Dennis Wise* die phantastische Zeit von 5,97 Sekunden, und bei *Cheryl Stearns* blieben die Uhren der Schiedsrichter bei 6,4 Sekunden stehen!
Lange werden auch diese Rekorde nicht bestehen. Im Training werden bereits Zeiten erreicht, die sich der Fünf-Sekunden-Grenze nähern, und es ist keineswegs utopisch, wenn Experten versichern, daß schon in den nächsten beiden Jahren diese »Schallmauer« durchbrochen wird. Über eines allerdings sollte sich niemand täuschen: diese »Traumzeiten« werden einer schmalen Leistungsspitze vorbehalten bleiben; die eigene Leistungsgrenze wird meist wesentlich früher erreicht.
Das nachfolgende Kapitel soll dem Fallschirmsportler mit »Stil-Ambitionen« ein Leitfaden für seine Aufbauarbeit sein. Alle Anleitungen für ein gezieltes Stil-Training sind für Anfänger und Fortgeschrittene bestimmt; Hochleistungssportler gehören in die Hände eines Trainers, der die physischen und psychischen Voraussetzungen des Sportlers analysiert und das individuell erforderliche Trainingsprogramm darauf abstimmen kann.
Unser Training beginnt mit einem Leistungsstand, der es dem Springer ermöglicht, längere Freifallzeiten (mehr als 30 Sekunden) stabil und kontrolliert durchzustehen. Besonders talentierte Springer werden dies bereits nach etwa 30 Sprüngen erreichen, andere sind erst nach 50 oder mehr Sprüngen dafür reif. Wie auch immer, das Beherrschen des freien Falls ist Vorausset-

zung Nr. 1 für eine erfolgreiche Aufbauarbeit. Zu frühzeitiger Trainingsbeginn führt zu keinem Ergebnis, schlimmstenfalls wird sogar die Sicherheit des Springers gefährdet.

Ausrüstung, Theorie und Bodenübungen

Als Sprungbekleidung sollten – im Gegensatz zum Formationsspringen – fluganliegende Kombis, Trainingsanzüge oder noch besser besonders windschlüpfrige Anzüge (z. B. Schianzüge) verwendet werden, Kleidung also, die möglichst wenig »Flatterwiderstand« bietet. Auf alle Fälle sollte immer mit gleicher Ausrüstung gesprungen werden.

Noch vor nicht allzu langer Zeit wurden Fallschirmen mit Brust-Reservegeräten ideale Voraussetzungen für das Figurenfliegen nachgesagt, da das Rettungsgerät einen günstigen Schwer- und Drehpunkt bildet. Hervorragende Stilzeiten haben jedoch bewiesen, daß auch mit »Piggy-Backs« problemlos Figuren geflogen werden können.

Unerläßlich sind – vor allem für Stil-Anfänger – Stoppuhr und Höhenmesser, denn der unerfahrene Springer neigt gerne dazu, im Trainingseifer oder beim unkontrolliert gewordenen Freifall – entstanden durch falsch ausgeführte Figuren – die Verzögerungszeit zu überschreiten.

Schon dem Sprungschüler wird in seiner Ausbildung Theorie und Praxis des »freien Falls« gelehrt. Es ist wichtig, diese Kenntnisse zu vertiefen, da im Gegensatz z. B. zum Bodenturnen, wo Figuren mit Körperschwung ausgeführt werden, die Luftkraft auslösendes Moment aller Freifall-Figuren ist (siehe auch Kap. »Aerodynamik des Freifalls«, S. 58!).

Es liegt in der Natur des Fallschirmspringens, daß Bodenübungen kein Trainingsersatz sein können. Trotzdem sollte der Trainer den Stil-Schüler veranlassen, Körperhaltung und Armstellung immer wieder am Boden zu üben, damit sich der Schüler den Bewegungsablauf einprägt.

Edmund Bay beim Salto rückwärts

Einleiten der Rechtsdrehung

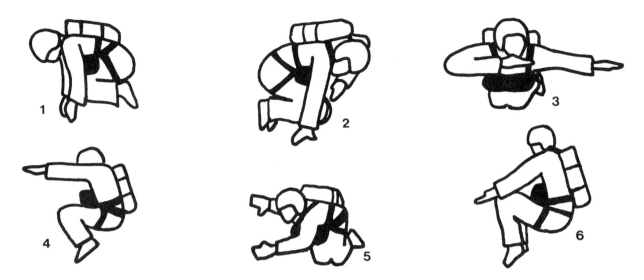

Verschiedene richtige und falsche Körperhaltungen beim Stiltraining (Erläuterungen s. Text)

Das Training im freien Fall

Voraussetzung für schnelle Figuren ist eine möglichst hohe Fallgeschwindigkeit. Deshalb hat es sich als erfolgversprechend gezeigt, den Schüler zunächst den Freifall in »kleiner Position« trainieren zu lassen, und zwar solange, bis es ihm gelingt, über das Erreichen der Endgeschwindigkeit hinaus ohne Abweichungen von einem bestimmten Bezugspunkt (z. B. dem Zielkreis) den Freifall in dieser sehr labilen Position zu beherrschen.

Die Graphik 1 zeigt, daß bei dieser Position die Beine geschlossen und fest unter den Körper gezogen sind. Gleichgewichts- und Richtungskorrekturen werden nur mit den Armen, die anfangs leicht seitlich vom Körper gehalten werden, ausgesteuert. Im weiteren Trainingsverlauf werden die Arme immer weiter nach unten gestreckt (Idealposition siehe Graphik).

Das Training der »kleinen Positionen« und der nun folgenden Teilprogramme erfordert nicht unbedingt Sprunghöhen von 2000 m. 1500 m genügen und sparen Kosten.

Beherrscht der Springer die kleine Position, lernt er, die **Drehungen** einzuleiten. Links- und Rechtsdrehungen sollten gleichmäßig trainiert werden, auch wenn man sehr schnell feststellt, daß es eine sogenannte »Schokoladenseite« gibt, nach der die Drehungen einfach schneller gehen.

Um eine Drehung aus der kleinen Position einzuleiten, genügt es, den in Drehrichtung befindlichen Arm schräg nach unten zu strecken, der entgegengesetzte Arm wird – schräg vor das Gesicht gebracht – ebenfalls in Drehrichtung gestellt (Graphik 2).

Die häufigsten Fehler sind:
- Die Armstellung ist zu flach, es entsteht die Gefahr des Umkippens (Graphik 3).
- Die Arme werden zu weit nach vorn gebracht. Dadurch wird die Drehung zu steil, fast im Sitzen ausgeführt, was zu Strafzeiten im Wettkampf führt.
- Die Beine sind während der Drehung nicht unter den Körper gezogen, ein Fehler, der wohl am häufigsten auftritt und dabei großen Einfluß auf die Exaktheit und Schnelligkeit der Drehungen hat.

Da man die Beine – im Gegensatz zu den Armen –

häufig nicht genügend unter Kontrolle hat, kommt es immer wieder vor, daß sich der Körper während der Drehung streckt – ein Kardinalfehler, da

- häufig durch »Nachschwingen« der langgezogenen Beine die Drehungen überzogen werden,
- die Gegendrehung blockiert wird, weil der Luftwiderstand zu den Beinen der gewünschten Drehbewegung durch Armeinsatz entgegenwirkt,
- auf die Drehung folgende Saltos meist schief über die Schulter gezogen werden.

Dabei ist es nicht so schwerwiegend, wenn sich die Beine während der Drehung strecken, aber vor Beginn einer neuen Figur wieder unter dem Körper sind (Spitzenspringer aus Ostblockstaaten haben mit dieser »Technik« hervorragende Zeiten erreicht!). Ist die Drehung um 360° fast abgeschlossen, hat kurz vor Erreichen der Ausgangsposition ein konsequentes Umsetzen der Arme in die andere Richtung zu erfolgen. Auch hier muß erst das Gefühl für das rechtzeitige »Abblocken« kommen. Erfolgt das Umsetzen nämlich zu spät, wird die Drehung überzogen, folgt sie zu früh, wird die Drehung nicht vollendet.

Wichtig!

- Korrigieren Sie am Anfang des Trainings nach jeder Drehung Ihre Körperhaltung! Das heißt: Drehung stoppen, Beine wieder fest unter den Körper ziehen! Erst dann leiten Sie die Drehbewegung nach der anderen Seite ein. Sie lernen dabei, den Körper bewußt zu kontrollieren, gewinnen an Schnelligkeit und ersparen sich im Wettkampf Strafzeiten.
- Einmal links-rechts, einmal rechts-links. Trainieren Sie als nächsten Trainingsabschnitt zwei Drehungen in entgegengesetzter Richtung, ohne dabei einen »Stop« dazwischen zu haben. Dabei aber beachten: Wenn Sie das Gefühl haben, daß Sie die Kontrolle über Ihre Körperhaltung verlieren, Drehungen stoppen, Beine anziehen – und erst dann wieder mit einer neuen Drehung beginnen!

Wer die Drehung beherrscht, darf sich an den **Salto** wagen. Wer jemals einen Rückwärtssalto am Boden oder vom Sprungturm eines Schwimmbades versucht hat, weiß, daß er nur durch Körperschwung, d. h. durch Zurückreißen des Kopfes in den Nacken, ausführbar ist. Im freien Fall haben solche Erkenntnisse keine Gültigkeit. Um hier einen korrekten Salto einzuleiten, werden die Arme (etwa schulterbreit) nach vorn gestreckt, das Kinn auf die Brust gepreßt und die Beine dynamisch an die Brust gezogen (Graphik 4).

Erfahrungsgemäß werden beim Einleiten des Saltos folgende Fehler besonders häufig gemacht:

- Die Arme werden zu breit oder unterschiedlich gestreckt nach vorn gebracht. Der Salto wird verkantet und damit zur Schraube.
- Die Beine werden nicht unter den Körper gezogen, die Einleitung des Saltos erfolgt mit gestreckten Beinen. Der Salto erfolgt sehr häufig schräg über die Schulter und wird zur Rolle.
- Der Salto wird bereits ausgeführt, bevor die Drehung gestoppt ist. Auch hier ist mit hoher Wahrscheinlichkeit ein Salto schräg über die Schulter zu erwarten (Graphik 5).

Zum Abblocken des Saltos werden die Arme seitlich am Körper vorbeigeführt, sobald der Springer die zweite Phase des Saltos erreicht, d. h. »Bodensicht« hat (Graphik 6).

Gerade im Anfangsstadium werden zum Abblocken des Saltos die Beine zu Hilfe genommen, die dann langgestreckt das Abbremsen unterstützen. Das ist zwar eine normale Reaktion, doch muß sie unbedingt unterdrückt werden, da der Springer sonst in »großer Lage« seine nachfolgende Drehung einleiten muß und dabei an Geschwindigkeit und Exaktheit einbüßt. Es ist deshalb beim Salto-Training darauf zu achten, daß die Beine unter den Körper gezogen bleiben und der Salto ausschließlich mit den Armen abgefangen wird.

Ich empfehle, beim Training nur solange Einzelelemente auszuführen, bis diese schnell und exakt – und unter Beibehaltung der kleinen Körperposition – kontrolliert durchgeführt werden können. Erst dann sind die notwendigen Voraussetzungen gegeben, um zusammenhängende **Figurenkomplexe** zu fliegen, ohne »unsauber« zu werden.

Sobald ganze Programme trainiert werden, darf nicht mehr an Höhe gegeizt werden. Die Mindestsprunghöhe sollte 2000 m – bei günstigen Voraussetzungen durchaus noch darüber – sein. Wird der Springer nämlich unter Zeitdruck gesetzt, kommt es häufig zu unsauberen Figuren, die Kontrolle wird vernachlässigt und die erforderliche Konzentration geht verloren.

Ein Figurenprogramm kann nur dann wirklich schnell geflogen werden, wenn die Übergänge Drehung – Salto – Drehung ohne Stopps erfolgen. Deshalb müssen vor allem Figurenfolgen wie Drehung – Drehung – Salto oder Drehung – Salto – Drehung solange trainiert werden, bis die Übergänge fließend erfolgen. Aber auch hier heißt es zunächst: »Sauberkeit vor Schnelligkeit«!

Die vier Weltmeisterschaftsfigurengruppen (WM) nach der Wettbewerbsordnung für Deutsche Meisterschaften (WDM)				
WM 1	WM 2	WM 3	WM 4	Folgende Strafzeiten werden verhängt:
L	R	L	R	a) Unvollständige Drehung
R	L	R	L	0–25 Grad 0,3 sec/
S	S	S	S	26–45 Grad 0,8 sec/
				46–90 Grad 3,0 sec
				über 90 Grad 16,0 sec
L	R	R	L	b) Überzogene Drehung
R	L	L	R	ab 91–180 Grad 0,8 sec/
S	S	S	S	181–270 Grad 3,0 sec
				über 270 Grad 16,0 sec
				c) letzter Salto horizontal aus der Längsachse (wie unter a, jedoch keine Strafzeit für 0–25 Grad)
				d) Drehung oder Salto vertikal aus der Längs- oder Querachse 26–45 Grad 0,3 sec über 45 Grad 0,8 sec
				e) Auslassen einer Figur, F zusätzliche Figur oder falsches Programm 16,0 sec
L = Drehung links R = Drehung rechts S = Salto rückwärts				

Der tatsächliche Leistungsstand wird auch beim Stilspringen letztendlich erst im *Wettkampf* sichtbar. Nur: Beteiligen Sie sich nie zu früh an Stilbewerben, weil die noch vorhandenen Unsicherheiten durch Wettkampf-Streß nur noch verstärkt werden.

Abschließend noch einige Tips, die Sie in den ersten Wettkämpfen beherzigen sollten:

- Konzentrieren Sie sich vor dem Start der Maschine und während des Flugs immer wieder auf die richtige Figurenfolge. Ein falsches Programm bringt maximale Strafpunkte!
- Setzen Sie sich vor dem Absprung so in die Maschine, wie Sie es als Schüler gelernt haben. Ein Relativ-Abgang ist keine optimale Ausgangsposition für einen guten Stilsprung.
- Achten Sie auf den richtigen Absetzpunkt. Wenn Sie zu spät abspringen, müssen Sie die Figuren zu steil über den Beobachtungsgläsern ausführen. Sie verlieren Ihre »Achse« und haben keine Kontrolle mehr über die exakte Ausführung der Figuren.
- Nehmen Sie lange genug »Fahrt« auf! Verlassen Sie sich dabei am Anfang nicht auf Ihr Gefühl, sondern ausschließlich auf Ihre Stoppuhr!
- Leiten Sie Ihre erste Drehung explosiv ein. Sie sollten versuchen, die Schiedsrichter zu »überraschen«. Ggf. gewinnen Sie damit wertvolle Zehntelsekunden.
- Wenn Sie das Gefühl haben, einen Fehler gemacht zu haben, fliegen Sie weiter!
- Versuchen Sie sich darauf zu konzentrieren, daß die Beine am Körper bleiben. Bemühen Sie sich, nach jeder Drehung und jedem Salto bewußt die Knie an die Brust zu ziehen.
- Achten Sie darauf, daß Sie nach dem letzten Salto noch einen Moment lang ruhig auf der Achse bleiben, bevor Sie den Schirm öffnen. Zu schnelles Ziehen nach dem Salto wurde schon von manchem Schiedsrichter als »zusätzliche« Figur gesehen.
- Diskutieren Sie nicht mit den Schiedsrichtern über Ergebnisse! Derartige Dispute bringen nichts ein und kosten Ihre Nerven!
- Wenn ein Wettkampf voll »in die Hosen« ging, vergessen Sie ihn einfach! Es kann beim nächsten Mal nur besser werden!

Vierer-Diamant über Straßburg

Formationsspringen (Relativ)

Wann wurde es erfunden? Von wem? Wie kam es nach Deutschland? Im folgenden berichtet Walter Eichhorn, wie er auf den Geschmack kam.

Das Fliegen hatte ich 1959 in Kanada angefangen, Fallschirmspringen 1960. Wir hatten gehört, es hätten sich in den USA schon Springer im Freifall angefaßt. Nach zirka 30 Sprüngen wollte ich es wissen. Also rauf auf 3000 m, mein Freund Harry raus (er war ein alter Hase mit cirka 40 Sprüngen und konnte schon stabil fallen), also ich »sicher gemacht«, daß wir uns beim Abgang ja nicht behindern, und dann angeeiert. Heute sagt man *dive*. Nach zirka fünf Sprüngen kam das große Erfolgserlebnis: Wir hatten uns im Freifall gesehen. 1961 machte ich mehrere Sprünge auf Flugtagen und flog gleichzeitig ein Kunstflugprogramm mit einer AT-6. Auf einem dieser Flugtage lernte ich Charlie Hillard kennen. Er machte Kunstflug mit einer Piper-Cup. Charlie war 1958 die erste Stabübergabe im Freifall gelungen. Charlie und ich flogen und sprangen dann den ganzen Abend an der Bar. Ich habe eine Menge Tips mitbekommen, und es dauerte auch nicht mehr lange, bis unsere erste Stabübergabe klappte. Charlie Hillard wurde 1972 Kunstflugweltmeister. Kurz nach der Stabübergabe gelang uns dann auch ein 4er-Stern. Bis zu meiner Rückkehr 1965 nach Deutschland waren mehrere 6er-Sterne das größte, was ich erlebt hatte (es waren meist »versuchte Zehner«). 1966 besuchte ich die Verkehrsfliegerschule der Lufthansa – also fast keine Sprünge. Ab 1967 ging es wieder »los«, wo immer möglich, versuchte ich »Relativ« zu verkaufen. Mein nächster Erfolg war ein »5-Mann-Klumpen« mit den Kielern.

Wettbewerbsmäßig sah es am Anfang meist so aus: Stabübergaben zwischen zwei, drei oder vier Springern mit anschließendem Zielsprung. 1969 errangen wir beim *Adria-Cup* den 3. Platz nach der UdSSR und CSSR. 1971 anläßlich der Deutschen Meisterschaft in Lüneburg erster Großstern über der BRD (6er aus versuchtem 10er). Die meisten der an den Versuchen teilnehmenden Springer vereinte ich 1972 zum ersten deutschen Zehner-Competition-Team (»Walters-Vögel«). 1973 Teilnahme am ersten *World Relativ Cup* in Ft. Bragg, USA, Ergebnis: 3. Platz. 1974 Teilnahme am zweiten *World Relativ Cup* in Pretoria, Südafrika: 3.

Platz. 1974 Deutscher Meister im 10er. 1975 Teilnahme an der ersten Formations-Weltmeisterschaft in Warendorf, BRD: 3. Platz. Gleichzeitig wurde von »Walters-Vögel« ein deutscher Speed-Star-Rekord aufgestellt mit 15,46 sec.

Voraussetzungen

Wie aber fängt man es selbst am besten an? Viel ist schon gesagt und geschrieben worden über Relativ, aber meist nur von Experten für Experten, z.B. wie man vom 4er Stern zum 8er kommt usw. Hiermit will ich versuchen, denjenigen ein paar Tips zu geben, die noch mit dem 2er-Stern kämpfen und vom 4er träumen. Voraussetzung ist natürlich, daß man den 1er-Stern beherrscht. Wer jetzt lacht, hat schon einen Fehler gemacht. Er nimmt die Sache nicht ernst genug und wird wahrscheinlich 50 Sprünge brauchen, um zu lernen, wofür nur 20 nötig wären. Ich will damit sagen, man muß den Freifall weitaus besser beherrschen, als nur in der Lage zu sein, aus 4000 m zu springen, 60 sec. Höhenmesser oder Stoppuhr zu beobachten und dann zu gegebener Zeit zu ziehen. Es hat keinen Zweck, überhaupt an Relativ zu denken, solange man sich noch nicht freigeflogen hat. Ich habe Springer erlebt, bei denen im Freifall die Ruder immer noch klemmten. Oder klemmte sonst was? (Siehe auch Kap. »Aerodynamik des Freifalls«, S. 58!)

Unabhängig vom Fernziel ist also Voraussetzung, daß der Springer Spirale links und rechts beherrscht, ferner Salto vor- und rückwärts, $1/2$ Rolle und Freifall in Rückenlage. Viele werden fragen, wozu? Ganz einfach: zur »Lockerung der Ruder«. Außerdem lassen sich alle diese Übungen in *einem* 2000-m-Sprung unterbringen, z.B. in folgendem Trainingsprogramm: Abgang stabil 4 sec, $1/2$ Rolle in Rückenlage 4 sec, $1/2$ Rolle in Normallage 2 sec, Salto vorwärts, wieder stabil, Spirale links – Spirale rechts, Salto rückwärts, ziehen. Zusatzübung: Während der ganzen Zeit ein Auge auf Höhenmesser oder Stoppuhr! Also nehmen wir an, Springer A. und B. beherrschen das eben Gesagte und versuchen ihren ersten 2er-Stern. Der gesunde Menschenverstand wird ihnen sagen: *safety first,* d.h. auffällige (zum Hintergrund kontrastfarbene) Kombination, die seiner Größe und seinem Gewicht angepaßt ist, d.h. ausreichenden »Flare« bzw. »Floaten« gewährleistet, guter Helm, Aufziehgriffe fest in den Taschen, Deckklappe über Aufziehkabel zu. Ferner zwei Messer (eines für die Höhe, eines zum evtl. Abschneiden von Fangleinen).

Zuerst muß der Ein-Mann-Stern beherrscht werden

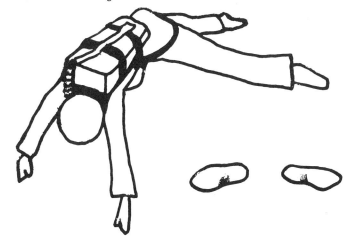

Korrekte Floater-Lage

Beim Abgang sollen Basis und
Pin nie mehr als fünf Meter voneinader entfernt sein

Alle zehn Mitglieder der österreichischen Nationalmannschaft
halten sich bereits beim Absprung aus einer SKYVAN aneinander fest

Abgang und Annäherung

Die Reihenfolge des Absprungs sollte nicht von Schönheit, Alter o. ä. abhängig gemacht werden, sondern in etwa von Erfahrung und Gewicht, wobei die »Fläche« zu berücksichtigen ist. Die »Schnellfaller« müssen also zuerst raus. Bei größeren Sternen kommen noch andere Punkte zum Tragen, auf die ich später eingehen werde. Jedoch möchte ich schon hier eindringlich davor warnen, die Wichtigkeit des »ersten« Mannes beim 2er-Stern zu unterschätzen. Das gleiche gilt in *erhöhtem* Maße für die Basis eines 4er-Sterns oder die 4er-Basis eines 8er-Sterns usw., denn ohne diese Basis kann auch ein Weltmeister nirgends andocken.
Zurück zum 2er-Stern. Wie verhält sich der »gute« **Basis**-Mann, und wie fängt ihn der zweite (**Pin**-man)? Zuerst wird der Abgang am Boden trocken geübt, das spart Geld und Zeit. Es muß gewährleistet sein, daß beide Springer fast gleichzeitig das Flugzeug verlassen (*stabil* ist wichtig). Nun das gleiche aus 2000 m, beide Springer haben das Flugzeug »gleichzeitig« verlassen. Springer A liegt in Flugrichtung »voll offen«, Springer B ist abgesprungen oder jetzt eingedreht in Richtung A.

Position ist »voll zu«, d. h. so klein wie irgend möglich, um noch *stabil* zu fallen (jedoch kein Kopfstand – Flash –, dies kommt frühestens ab 3. oder 4. Springer), und so schnell wie möglich auf die Ebene von A kommen. Wenn Springer B mehr tun muß, um an A heranzukommen (z. B. »diven«), stimmt der Abgang noch nicht. Also am Boden eine »Abgangstechnik« trainieren, bei der A und B im Anfang nie mehr als 5 m voneinander liegen, später sogar nur 1–2 m oder unter Umständen sich sofort anfassen. Ich habe selbst schon in Florida bei einem Zehner-Speed-Star-Wettbewerb erlebt, wie eine komplette Fünfer-Basis angefaßt aus der Tür einer DC-3 kam. Beim getrennten Absprung sollte jedoch ein bestimmter horizontaler Abstand vor dem Zusammenfliegen vorhanden sein. Dies aus mehreren Gründen:

- Wenn A B vor sich auf seiner Ebene sieht, ist er nicht nur happy, sondern gerät auch nicht in Versuchung, nach oben zu schauen, sich aufzustellen und somit nach hinten wegzurutschen.
- Er kann jetzt helfen, den horizontalen Abstand zu verringern.
- In dem Augenblick, wo B in die Ebene von A »hineinflared«, reduziert A zu einer mittleren Position, um

sich der Fallgeschwindigkeit von B anzupassen (dem Gewicht entsprechend).
- Während der Anpassungsphase der vertikalen Geschwindigkeit sollte die horizontale Geschwindigkeit gleich Null sein, d. h. eine Lücke von 2–3 m bestehen bleiben (nur im Anfangsstadium), weil sonst die Gefahr des Übereinanderschiebers zu groß ist. Oder es wird »angedockt« und anschließend weggeschoben.

Nehmen wir an, beide fallen voreinander her – auf einer Ebene –, dann ist der Rest ein Kinderspiel, da beide mit »Handgeschwindigkeit« (Handflächen ca. 45° nach unten neigen) aufeinander zufahren. Vorsicht: Hat die Lücke mehr als 3 m betragen, kann die Horizontalgeschwindigkeit zum Andocken zu schnell werden, wenn beide »fahren«. Die hier meistgemachten Fehler sind:
- Überhastetes Arbeiten.
- Die Endannäherung ist zu schnell, das bedeutet meist einen *crash* oder ein Aneinandervorbeisausen, in beiden Fällen gefolgt von einem Luftkampf.
- Die Annäherung endet ca. 1/2 m voneinander und einer (oder beide) versucht, den anderen zu greifen, was zur Folge hat, daß er entweder »hochfloated«, absackt oder sich dreht.

Also lautet eine Grundregel: Nie »greifen«, sondern wie Eisenbahnwaggons »zusammen*fahren*«, auf einer Ebene, bis sich die Puffer (Arme) berühren.

Nehmen wir an, beide sind »zusammengepufft« und haben einen guten Griff aneinander, einer die Handgelenke des anderen, dann ist auf folgendes zu achten:
- »Auf einer Ebene« reduziert fallen, um ein Wegrutschen zu vermeiden. Der Leichtere paßt sich hierbei dem »Schnellfaller« an.
- Drehungen vermeiden, meist verursacht durch unsymmetrische Haltung oder verkantetes Gegenüberliegen (wie ein Propeller).

Schleudern macht zu zweit zwar Spaß, aber dem Dritten ist es unmöglich, anzudocken, es sei denn, er ist sehr erfahren. Im Anfang genügt es, wenn der erste Kontakt um 20 sec stattfindet, diese Zeit sollte sich jedoch mit Übung schnell reduzieren auf ca. 8–12 sec. Es geht auch in 5–6 sec und schneller, das ist abhängig vom Flugzeugtyp. Nehmen wir an, A und B schaffen eine Basis aus 2000 m nach ca. 12 sec, und es ist kein Springer mehr da, um andzudocken. Dann ist es unsinnig, die restlichen 18 sec stabil weiterzufallen. Zum Training geht es dann folgendermaßen weiter: Springer A (nicht beide) macht einen Salto rückwärts und liegt somit ca. 5 m unter B, d. h. etwa gleiche Ausgangsposition wie nach Abgang vom Flugzeug, eventl. sogar leicht schwieriger, weil A fast direkt unter B liegt, d. h. die »Lücke« fehlt.

Mögliche 2er-Basen

Stern - Star

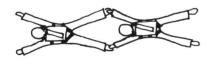

Raupe - Caterpillar

Zusammengedrücktes Akkordeon

Compressed Accordion

Treppenstufe Stairstep

Winkel – Side-Body

Der dritte Mann fliegt ein

Für die neue Annäherung gibt es zwei Möglichkeiten: den Backslide oder die Spirale. In beiden Fällen wird sofort stark reduziert, und sobald B auf der Ebene von A liegt, beginnt das Spiel von Neuem. Besonders wichtig ist dabei die Lücke, da sonst zu leicht von oben »draufgefallen« wird. Vorsicht: Grundsätzlich nie über oder unter einen Springer fliegen, da sonst dem oberen die Luft genommen wird, d.h. er »sackt durch« bzw. verliert kurzzeitig die Kontrolle über sich.

Nun möchte ich noch die mir oft gestellte Frage »Wann muß ich flaren?« mit einer Gegenfrage beantworten: »Wann nimmst du den Fuß vom Gas, wenn ein Lastzug mit ca. 80 vor dir fährt und du selbst fährst 140, um neben ihm eine Differenzgeschwindigkeit von 0 zu haben?« (d.h. auf einer Ebene). Nun viel Spaß und achte auf die Höhe: Wer die »Trennungshöhe« unbewußt unterschreitet, beweist, daß er noch überfordert, also noch nicht reif für Relativ ist.

Während es bisher um die 2-Mann-Basis ging, soll nun hauptsächlich von 4-Mann-Figuren gesprochen werden. Größere Sterne werde ich später behandeln. Wenn ich einige Punkte wiederhole, so geschieht das ganz bewußt, weil ich sie für besonders wichtig halte.

Nehmen wir also an, der 1. und 2. Mann (Base-man und Pin-man) haben sich »gekriegt« und »fliegen« gut zusammen, d.h. sie drehen und schieben nicht. Da vor dem Sprung bei einer ausführlichen und klaren Besprechung (am.: *briefing*) auch der Abgang von der Maschine mindestens einmal geübt wurde, klappte der Absprung des 3. und 4. Mannes unmittelbar hinter den beiden Basis-Springern. Sie folgen ihnen in einem mittleren bis steilen Sturz (am.: *dive*), je nach horizontalem und vertikalem Abstand. Dieser Sturz ist kein »Flash«. Beim »Flash« kommt es darauf an, eine möglichst große Horizontalverschiebung zu erreichen. Beim Sturz von Nr. 3 und 4 geht es hauptsächlich um die schnelle Verringerung der vertikalen Entfernung. Die Horizontalkomponente ist meist nicht allzu groß (beim Absprung aus einem Hubschrauber ist sie unter Umständen gleich Null), wenn Springer 3 und 4 der Basis tatsächlich »auf den Fersen« sind. Es genügt dann ein kurzzeitiges, voll reduziertes Fliegen, um auf die Basis-Ebene zu kommen.

Entscheiden sich 3 und 4 für einen »Dive«, so muß dieser sehr steil und kurz sein, damit nicht an der Basis vorbeigefallen wird. Die Dive-Position muß sofort im Abgang eingenommen werden.

Wichtig: Die Basis nie aus den Augen verlieren.

Rechtzeitig genug sollten der 3. und 4. Mann ihren Sturz abbremsen (»flaren«), und zwar so, daß sie sich in etwa 5 bis 10 m Entfernung von der Basis und auf deren Ebene befinden und gerade noch genug »Vorschub« haben, um in ihre Lücke einzufahren. Base- und Pinman sollten etwa in Flugrichtung liegen. Nr. 3 und 4 fliegen die Basis aus entgegengesetzten (!) Richtungen an, d.h. sie kommen sich praktisch entgegen. In der vorangegangenen Besprechung muß genau festgelegt worden sein, wer von welcher Seite kommen soll. Diskussionen während der Relativ-Arbeit sind zeitraubend, oft mißverständlich und daher wenig empfehlenswert. Sollte der geplante Sprungablauf allerdings doch einmal etwas »in die Hose« gegangen sein, müssen die Springer natürlich selbst Entscheidungen treffen können. Dabei müssen sie jedoch Position und Verhalten der Mitspringer aufmerksam beobachten und bei ihrer Entscheidung berücksichtigen. Beim Einfahren in die Lücke ist es wieder sehr wichtig, auf einer Ebene mit der Basis zu arbeiten. Immer wieder erlebt man, daß der einfahrende (»andockende«) Springer sich von oben daraufallen läßt oder sich gar im Vorbeifallen an die Basis oder den Stern anhängt. Die Auswirkung ist in beiden Fällen gleich: der Stern sinkt an dieser Stelle stark ab oder schlägt völlig um.

Dreidimensionale Formation der deutschen Nationalmannschaft

Das »Ding« muß geflogen werden

Nehmen wir an, unser 4-Mann-Stern hat geklappt. Die Arbeit ist damit allerdings noch längst nicht getan. Jetzt beginnt die zweite Phase der Relativ-»Arbeit«. Das »Ding« will nämlich jetzt geflogen werden. Hierbei beobachtete ich immer wieder Unkonzentriertheit und zu wenig Kampfgeist. Manchmal schlafen die Springer einfach und merken nicht, daß sie absacken, hochfloaten oder gar den Griff verlieren. Finden sich zwei in einem Stern und einer sinkt ab, während der andere floatet, kann man sich den Rest leicht vorstellen.

Ich möchte an dieser Stelle nochmals eindringlich darauf hinweisen, wie wichtig es ist, auf einer Ebene zu fliegen. Nicht das *schnelle* Runter- und Rankommen ist das Problem, sondern das absolut kontrollierte, *saubere* Fliegen. Dieses ist bei allen Arten des Relativ-Springens gleich wichtig (4er-, 10er- oder 8er-Sequenzen). Auf einer Ebene fliegen heißt also, daß jeder Springer jederzeit loslassen kann und trotzdem seine Position beibehält.

Dieses sollte trainiert werden, indem man mehrere Sterne (oder Figuren) »ohne Kontakt« fliegt auf einer Ebene (ca. 30–50 cm Abstand). Als Zusatzübung kann man z. B. einen Stab in die Runde geben, wobei jeder Springer den Stab von einer Hand in die andere Hand nimmt. Gleichzeitig sollte jeder sich selbst *austrimmen*. Man fängt dafür erst mal an, in einer ca. ³/₄ offenen Position zu fliegen (die Arme nicht zu weit vorn, da man sich sonst leicht aufstellt und nach hinten abrutscht); dann wird verglichen, wie man in »Relation« zu den anderen Springern fällt. Sackt man ab: etwas mehr »aufmachen«, rundum etwas größer werden, also hochfloaten. Stellt ein Springer jedoch fest, er muß immer »voll offen« fliegen, bedeutet dies, daß er für dieses Team zu schnell fällt. Das hat zur Folge, daß er seine Ausrüstung überprüfen sollte. Eine Kombi mit etwas mehr Fläche wirkt Wunder. Zweitens sollte er seine Ausrüstung auf Gewicht überprüfen. Eine um eine Nummer größere Kombi bringt mehr als 1 kg Gewichtsersparnis beim Schirm. Auch dabei nicht zu weit gehen: Will man ein Team aufbauen, dann sollte man am ganzen Team trimmen, sonst sieht das oft wie folgt aus: der kleinste, dünnste und leichteste Springer hat die größte Kombi und den leichtesten Schirm.

Nun zu dem Springer, der in dem vorher erwähnten offenen Stern hochfloatete. Er hatte ³/₄ offen angefangen und mußte weiter reduzieren, um die Ebene zu halten. Er sollte jedoch auf Dauer nicht mehr als ¹/₂ offen reduzieren müssen. Damit jeder den Maßstab versteht: die Stil-Position bezeichne ich als ¹/₄ offen.

Muß ein Springer immer weniger als ¹/₂ offen fliegen, bedeutet dies, daß er für sein Team zu langsam fällt. Auch er sollte dann seine Ausrüstung überprüfen, hauptsächlich die Kombi, denn ein schwererer Schirm wäre wohl unsinnig.

Und nun die wichtigsten Punkte für das Fliegen des Sterns noch einmal zusammengefaßt:

- Einfahren (andocken) in die Basis bzw. in den Stern auf der gleichen Ebene.
- Geradeaus einfahren, da Basis bzw. Stern sonst einen Drall bekommt. Nie schräg und hart andocken.
- Erst dann die Andockpartner trennen, wenn der eigene Griff fest und sicher ist.
- In mittlerer Position (Arme und Beine angewinkelt) fallen, um so Reserven für das Halten auf der Basis-(Stern-)Ebene zu haben.

Training für Fortgeschrittene

Ich hatte bereits erwähnt, daß die **Sprungreihenfolge** hauptsächlich vom Gewicht (Fallgeschwindigkeit) und in zweiter Linie von der Erfahrung abhängig gemacht wird. Man sollte jedoch vermeiden, laufend die Low-Speed- und High-Speed-Leute auszutauschen, es sei denn, man hat unbegrenzte Trainingsmöglichkeiten. Meist benötigt man 2–3 Sprünge, um sich umzustellen. An dieser Stelle sei erklärt, was ich mit Low- bzw. High-Speed-Leuten meine. Es soll nicht bedeuten, daß der eine schneller als der andere ist. Das stimmt nur für kurze Zeit. Am Ende fallen alle gleich schnell im Stern (oder sollten es zumindest). Der Unterschied ist ein anderer. Wir alle wissen, daß ein Freifallspringer etwa bis zur 10. Fallsekunde beschleunigt und daß eine Steuerbewegung nach der 4. Sekunde auf Grund der noch geringen Geschwindigkeit weniger Wirkung zeigt als nach der 7. oder gar nach der 10. Sekunde. Jeder Springer, der bis zur 10. Sekunde andockt, arbeitet demnach im sogenannten »Low-Speed-Bereich«. Am Anfang werden das bei einem 4-Mann-Stern der 1. und 2. Mann sein. Bei einem guten 10-Mann-Team kann es bis zum 5. und 6. Mann gehen. Hieraus läßt sich leicht folgern, wie wichtig ein guter Abgang bei den Low-Speed-Leuten ist. Bei den High-Speed-Leuten ist er ziemlich unwichtig. Ihr Problem ist, nachdem sie sich mehr oder weniger lange der Basis nachgestürzt haben, im richtigen Augenblick abzubremsen (zu »flaren«), um ihre Differenzgeschwindigkeit zur Basis von ca. 70–80 km/h annähernd Null bzw. auf eine aufnehmbare Einfahrgeschwindigkeit zu reduzieren.

Griffe lösen und wieder zusammenfliegen

Zu schnelles Einfahren in einen Stern hat schon oft »Kleinholz« gegeben, jedoch sollte man auch nicht so langsam kommen, daß in der Lücke die Vorwärtsgeschwindigkeit zu Null wird. Man tut sich dann in den Wirbeln des Sterns besonders schwer. Die **Wirbel** entstehen folgendermaßen: Da die freifallenden Springer aerodynamisch gesehen keine ideale Form und Oberfläche haben, umströmt die Luft den Springer nicht glatt, sondern es bilden sich seitlich des Springers Luftwirbel. Kommt ein Springer zu langsam und eventuell auch noch leicht höher in diesen Bereich, hebt ihn der von den Wirbeln erzeugte Auftrieb noch höher. Merkt man dies, sollte man kurz reduzieren und dann sofort wieder größer werden.

Für die Springer, die sicher sind, daß sie langsamer als die vor ihnen fliegende Basis (bzw. Stern) fallen können, gibt es noch eine andere Möglichkeit: Man fliegt leicht unter der Ebene an, maximal 20–30 cm tiefer, denn in diesem Bereich treten die Wirbel noch nicht auf. Allerdings sollte man besondere Vorsicht walten lassen, damit man nicht unter die anderen Springer rutscht.

Klappt der 4-Mann-Stern konstant mit etwa 20 Sekunden Arbeitszeit oder darunter, sollte die restliche Freifallzeit zu weiterem *Training* genutzt werden. Auf ein vorher verabredetes Zeichen des Mannschaftsführers lösen die Springer die Griffe, und jeder macht einen Salto rückwärts, um sofort darauf wieder zu einem 4-Mann-Stern zusammenzufahren. Für den Anfang genügt der erneute 4-Mann-Stern, da er die einfachste Folgeformation ist. Ich halte diese Übung auch im Zeitalter der Sequenzen ohne Salto immer noch für wichtig. Schließlich bringt der Salto eine Menge Unruhe in das Geschehen und verlangt von jedem Springer blitzschnelle Reaktion, um sofort wieder auf die Ebene zu kommen und zu bleiben. Es ist mir durchaus klar, daß auf diese Art und Weise am Anfang pro Sprung bestenfalls zwei Figuren anstatt vielleicht drei oder vier zustande kommen, wenn man nur die Griffe wechselt.

Es können später dann andere Formationen trainiert werden, wie Schneeflocke, Kanadisches T, Murphy-Stern (ein Mann verkehrt herum im Stern), Diamant, Linie, Raupe (Reihenfolge des Schwierigkeitsgrades).

Separationsvorgang

Die ideale Trennung aus einem Stern sieht folgendermaßen aus: Man läßt los, dreht sich um 180 Grad (präzise!) nach links (internationale Abmachung), flasht drei Sekunden, schaut vorsichtshalber nach oben, winkt ab und zieht. Die Sichtkontrolle kann man ziemlich rationell durchführen: Während der 180-Grad-Links-Drehung sieht man in Drehrichtung (also nach links), während des Flashens wandert der Blick nach unten und dann nach rechts. Während des Abwinkens schließlich blickt man nach oben. Während des Schauens nach oben hat man sich leicht aufgerichtet und zieht. Die Zeitrechnung sieht dann bei einer Separationshöhe von 1000 m etwa so aus: eine Sekunde: Trennung und halbe Drehung; drei Sekunden: Flash-Position; eine Sekunde: Winken und Umschauen. Fünf Sekunden ergeben etwa einen Fall von 250 Metern. Dazu kommt ein Öffnungsweg von durchschnittlich 120 m. Man hängt also am geöffneten Schirm in 630 m Höhe (1000 m abzüglich 250 m + 120 m).

Ist der Stern mißglückt, so dreht man vom angenommenen Mittelpunkt der Springergruppe weg und verfährt wie oben beschrieben. Je größer der Stern oder die Gruppe ist, desto extremer und weiter muß man flashen, damit die Springer weit genug voneinander entfernt sind und sich nicht bei der Öffnung behindern.

Formationen im Vierer-Team

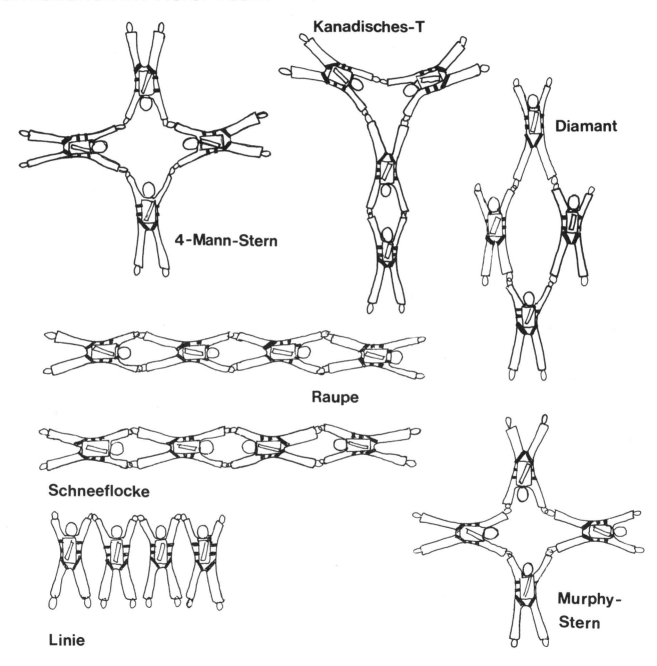

Briefing nach dem Sprung

Ganz gleich, ob ein Springer sich nun entscheidet, wettbewerbsmäßig Sequenzen oder Speed-Stars oder extrem große Formationen zu bauen; er muß erst einmal lernen zu fliegen. Großformationen sind im Rahmen von Wettbewerben zur Zeit wohl nur in den USA möglich. Als ich das letzte Mal am »Turkey-Meet« in Zephyr-Hills (Florida) teilnahm, waren ca. 25 Achter-, 20 Sechzehner-, 20 Zwanziger- und über 100 Zehner-Teams am Start.

Es ist Absicht, wenn ich mich wiederhole und sage: »lernen zu fliegen«, und zwar vor- und rückwärts als auch seitlich, rauf und runter. Als nächstes sollte jeder Springer Selbstkritik üben und sich fragen:

- Wie ist mein Abgang?
- Wie ist mein *dive* und *flare*?
- Wie sauber ist mein Andocken?
- Wie konzentriert fliege ich das Ding?
- Wie sauber trenne und entferne ich mich nach dem Auflösen?
- Wie beherrsche ich mich nach einem schlechten Sprung?

Briefings sollten am besten erst nach dem Packen erfolgen, damit der Blutdruck wieder unten ist, denn die Stimmung des einzelnen ist sehr abhängig vom Erfolgserlebnis. Letzteres stellt sich beim Speed-*Star* viel früher ein, wenn der Stern gelungen ist und man während der fünf Sekunden Haltezeit in die strahlende Runde schaut. Bei Sequenzen wird meist bis zur letzten Sekunde um jeden weiteren Punkt gekämpft.

Begnügt man sich mit Speed-Stars, können diese meist sehr bald aus geringen Höhen gesprungen werden. Die geringste Höhe, aus der die »Walters-Vögel« einen Zehner geschafft haben, war z. B. 1500 m (allerdings nur drei Sekunden gehalten).

Bei Sequenzen sollte man möglichst auf 2500 m für den Vierer und auf 3000 m für den Achter gehen. Die meiner Meinung nach unsinnige Wettbewerbshöhe von 3300 m (sie darf in der BRD ohne Sondergenehmigung ja ohnehin nicht geflogen werden) muß nicht sein, wenn jeder möglichst jede Position fliegen kann, das Team »ausgetrimmt« ist und man sich vorher ein klares Konzept am Boden antrainiert hat. Jeder muß dabei im Schlaf wissen, wo er wann zu sein hat, und zwar für vier bis fünf Figuren im Achter und für fast doppelt so viele im Vierer. Deshalb sollte sich auch jeder Springer darüber im Klaren sein, daß er – sofern er anstrebt, in die Spitze vorzustoßen – sehr viel Geld investieren muß, um bei den heutigen Anforderungen eine Chance zu haben, besonders seitdem der »Ton« von Teams angegeben wird, die dreimal soviel trainieren können wie der Durchschnittsbürger (und kostenlos!).

6-Mann-Keil – Wedge   **8-Mann-Ring – Donut**   **9-Mann-Traube – Cluster**

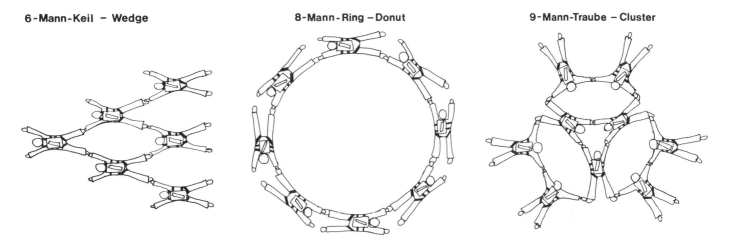

Sicherheit beim Relativ-Springen

Ergänzend zu Walter Eichhorns Zeilen, der den Lernprozeß im Formationsspringen beschreibt, darf nicht verschwiegen werden, daß Relativ-Springen nicht nur eine neue Dimension im Erleben eröffnet, sondern auch einige spezifische Gefahren mit sich bringt. Hier ist schließlich jeder nicht nur für sich, sondern vielmehr für jeden Mitspringer mitverantwortlich. Eigenes Fehlverhalten kann den Kollegen das Leben kosten. (Zum Trost: Autofahren ist immer noch gefährlicher, denn der Luftraum bietet wesentlich mehr Ausweichmöglichkeiten als die Straße!)

Briefing

Während das Nach-Briefing den Trainings- und Lernerfolg fördert, dient die Vorbesprechung nicht zuletzt der Sicherheit. Vereinbart werden: Absprunghöhe, Anflugrichtung und Absetzpunkt; Sprungreihenfolge (mit Exit-Training in voller Ausrüstung am stehenden Luftfahrzeug); beabsichtigte Figur; Reihenfolge und Seite des Einfliegens der einzelnen Springer in die Formation; Festsetzung des verantwortlichen Springers für die Höhenmesserkontrolle; Trennungshöhe und Separationsvorgang (mit Trockenübung am Boden); Öffnungshöhe und Höhenstaffelung.

Briefing vor dem Sprung

Der am Boden festgelegte Sprungablauf ist für jedes Team-Mitglied bindend. Es ist noch kein Meister vom Himmel gefallen, und wenn ein Anfänger durch unsauberes Einfliegen eine Formation zerstört oder auf Grund mangelnder Erfahrung die Formation nicht erreicht (z. B. zu tief fällt), wird man darüber hinwegsehen. Jeder kann hier mal einen Fehler machen. Absolut unverzeihlich und lebensgefährlich ist es dagegen:

- Wenn der für die Höhenkontrolle verantwortliche Springer »vergißt«, auf den Höhenmesser zu sehen.
- Wenn ein Team-Mitglied ohne vorausgegangene saubere Trennung plötzlich seinen Fallschirm öffnet und dabei nicht auf die Kollegen achtet.
- Wenn er nahezu ungebremst (nach fast 300 km/h im Kopfstand) auf eine Formation oder einen Springer (Fallgeschwindigkeit etwa 180 bis 200 km/h) aufprallt.

Wer so handelt, ist nicht reif für Relativ-Arbeit. Es fordert ein gewisses Maß an Charakter, diese Disziplin – und sei sie auch noch so reizvoll – erst dann in Angriff zu nehmen, wenn man Körper und Geist soweit unter Kontrolle gebracht hat, daß die im Briefing besprochenen Verhaltensweisen zur Sicherheit aller Team-Mitglieder eingehalten werden können.

Annäherung im Freifall

Kollisionen im freien Fall können tödliche Folgen haben, da die Geschwindigkeiten der Springer (durch unterschiedliche Körperhaltung) bis zu 100 km/h differieren. Relativ-Springen, besonders aber die Endannäherung, ist höchste Präzisionsarbeit und muß äußerst sanft erfolgen. Zwei Empfehlungen, diese hohe Kunst mit geringstmöglichem Risiko zu erlernen: Zum einen sollte man die ersten Versuche sowohl als Basis- als auch als Pin-Mann nur mit einem in dieser Disziplin erfahrenen Kameraden ausführen. Er wird beim Training mit dem Anfänger besonders auf diesen achten und kann auch einmal ausweichen, wenn der Neuling zu schnell andockt. Zum anderen ist es auch für die Sicherheit von Bedeutung, langsam und schrittweise zu lernen, das heißt, zuerst sich selbst (Ein-Mann-Stern) beherrschen, dann viel zu zweit üben, schließlich zum Dreier- und Vierer-Stern (später mit Sequenzen) übergehen. Erst wenn das sicher klappt – vor allem die saubere Trennung –, sollten größere Formationen versucht werden. Das Angebot, als Anfänger gleich in einer Vierer-Formation oder in einem größeren Stern mitspringen zu dürfen, ist zwar verlockend. Wer dieses Erfolgserlebnis nicht missen möchte, sollte dennoch zur eigenen Sicherheit seinen Leistungsstand ehrlich preisgeben sowie nur nach intensiver Einweisung und nur mit im Relativ erfahrenen Kollegen springen.

Sehen und gesehen werden

Jeder Springer wird sich noch an seine ersten Absprünge erinnern, als er den grünen Erdboden erst am Schirm hängend sah; den Sprung, als er zum ersten Mal den Flugplatz am Boden während des Freifalls ausmachte, und den Sprung, bei dem er erstmals einen anderen Springer im Freifall entdeckte. Diese Entwicklung des Sehens geht beim Freifallspringer weiter. Je mehr Sprünge er vollführt hat, desto besser erfaßt er die Situation, desto schneller sieht er einen anderen Springer und desto besser ist er in der Lage, mehrere Springer zugleich beobachten zu können (auch aus den Augenwinkeln). Beim Relativ-Springen fällt oft eine große Gruppe durch die Lüfte. Keiner sollte hier mitmachen, bevor er nicht in der Lage ist, die Gruppe im Auge behalten zu können!

Ebenso wichtig ist natürlich, selbst gesehen zu werden. Dazu dient auch die Benutzung einer grellfarbenen Kombi. Verschiedene physiologische Untersuchungen haben gezeigt, daß es beim Farbsehen auf den sogenannten Rand-Sehbereich ankommt. In diesem Bereich, also beim Sehen aus den Augenwinkeln, ist das Auge für jede andere Farbe als *Gelb* fast blind. Alle anderen Farben werden nicht als Farben erkannt, sondern haben nur einen bestimmten Grauwert. Fazit: Gelbanteile in Kombi, Hilfsschirm oder Packschlauch bringen relativ mehr Sicherheit.

Vor dem Ziehen des Griffs ist es besonders wichtig, auf

sich aufmerksam zu machen, um die fatalen Folgen einer Kollision zwischen freifallendem Springer (200 km/h) und offener Fallschirmkappe (Sinken: etwa 10 km/h) zusätzlich auszuschließen. Es gilt daher als ungeschriebenes Gesetz unter den Relativ-Springern, vor der Fallschirmöffnung als Warnung für höherliegende Kollegen zweimal mit beiden Händen kräftig abzuwinken.

Trennungshöhe

Sie muß unbedingt vorher abgesprochen werden. Springer mit mittlerem Erfahrungs- und Leistungsstand trennen eine Vierer-Formation nicht unter 1000 m und einen Zehner ab etwa 1200 m. Bei Weltrekordversuchen (50/60 Mann-Formationen) wurde bereits ab 2000 m mit der Separation begonnen. Grundsätzlich ist immer der Basis-Mann für die Kontrolle des Höhenmessers hauptverantwortlich, da sich die anderen Teilnehmer oft bis zuletzt auf das Einfliegen in die Formation konzentrieren müssen. Bei Erreichen der vereinbarten Höhe schüttelt er kräftig mit beiden Armen und gibt seinen Kollegen so das Zeichen, die Formation aufzulösen. Bei einem unerfahrenen Basis-Mann oder bei größeren Relativ-Eskapaden sowie bei Kamerasprüngen werden immer mehrere Springer zur Höhenkontrolle verpflichtet.

Trotz aller Ratschläge und Warnungen kommt es gerade bei Relativ-Sprüngen immer wieder vor, daß auf Grund der konzentrierten Freifallarbeit die Trennungshöhe übersehen und sehr tief gezogen wird. Sprungverbot ist die mindeste Konsequenz für die verantwortlichen Teilnehmer. Es ist schon vorgekommen, daß drei Relativ-Anfänger – endlich im Stern vereint – am Boden aufschlugen. Pat Works, ein international anerkannter Relativ-Trainer, hat auch für extrem tiefe Trennungen (die hoffentlich *nie* vorkommen!) einen Tip, der schon manchem Team das Leben gerettet hat: Bemerken die Springer, daß sie bereits unter 300 m gefallen sind und keine Zeit zum wegflashen bleibt, so darf

Während die Springer noch im Stern vereint sind, öffnet ein Kollege (im Hintergrund) bereits den Fallschirm

auch hier nicht panikartig, sondern erst nach einer blitzschnellen 180-Grad-Drehung der Schirm geöffnet werden. Während des Füllungsstoßes wird der Luftstrom mit erhöhtem Druck durch die Schubschlitze der Kappe gepreßt und der Fallschirm schießt ca. 20–30 m nach vorn. Sind die Springer bei nahezu gleichzeitiger Schirmauslösung voneinander abgekehrt, so werden sie bei komplikationslosem Öffnungsverlauf automatisch voneinander getrennt. Anderenfalls kommt es zur folgenschweren Kollision.

Trennung nach einer 50-Mann-Formation

Kappen-Formationsspringen (Canopy Relative Work)

Mit der Entwicklung der modernen Flächengleiter wurde eine neue Disziplin ins Leben gerufen, die sich zunehmender Beliebtheit erfreut: Kappen-Formationsspringen oder »Canopy Relative Work«, wie man im Ursprungsland Amerika dazu sagt. Es gibt zwei grundlegende Kategorien, die wir mangels einheitlicher deutscher Nomenklatur mit den gebräuchlichen US-Ausdrücken »stack« und »plane« bezeichnen wollen. Bei einem **stack** (Stapel) stehen oder sitzen die Fallschirmspringer auf den geöffneten Kappen ihrer Kollegen. Nun hängt der obere Flächengleiter-Pilot seine Füße direkt unter der Kappe seines Kollegen in die beiden mittleren Fangleinen *(centerlines)* ein. Durch leichtes Bremsen des unteren Springers verringert sich dessen Sinkgeschwindigkeit und er steigt im Verhältnis zu seinem oberen Kameraden an. Dies ermöglicht dem oberen Flächengleiter-Piloten an den mittleren Fangleinen bis zu den Haupttragegurten des unteren Springers herunterzurutschen und seine Füße unter dessen Öffnungsverzögerer *(slider)* einzuhaken. Nun liegen beide Fallschirmkappen dicht übereinander und gleichen im Profil den Tragflächen eines Doppeldecker-Flugzeuges. Diese Formation nennt man **plane**. Bei zwei Teilnehmern spricht man von »*bi-plane*«. Ein »*triplane*« wäre dann ein »Dreifachdecker« usw. Die *plane*-Formationen fliegen auf Grund der vielen Berührungspunkte der Fallschirmsysteme stabiler als der *stack*.

Das Kappen-Formationsspringen hat mit dem Freifall-Formationsspringen einige prinzipielle Elemente gemeinsam und wird deshalb oft als »Zeitlupen-Relativ« bezeichnet. Zu den gravierenden Unterschieden gehört jedoch, daß sich Kappen-Formationen nicht in 30 bis 60 Sekunden bei 180–300 km/h Freifallgeschwindigkeit, sondern in 3 bis 6 Minuten bei 18–30 km/h Sinkgeschwindigkeit abspielen. Weiterhin verständigen sich Kappen-Formationsspringer durch Zurufe, was im freien Fall wohl kaum möglich ist.

Ausrüstung

Das Mitführen des Höhenmessers und eines scharf geschliffenen, stets erreichbaren Kapp- bzw. Hakenmessers sollte eigentlich bei jedem Sprung obligatorisch sein. Bei Kappen-Formationssprüngen ist diese Notausrüstung jedoch verpflichtend, da hier wieder Mitverantwortung für die Kollegen getragen werden muß. Damit Zurufe beim Endanflug richtig verstanden werden, sollte der CRW-Fan einen Helm wählen, der die Ohren frei läßt, wie z. B. viele Eishockey- oder Drachenfliegerhelme. Kappen-Formationsspringer tragen im Gegensatz zu Anhängern anderer Disziplinen meist nur leichte Turnschuhe mit dicken Socken darunter. Diese Schuhe lassen leichter erfühlen, ob man beim Partner richtig eingehakt ist, und mindern gleichzeitig das Risiko, daß sich Fangleinen an Absatz, Zunge oder Sohle verfangen. Dicke Socken verhindern Schürf- und Brandwunden am Fuß. Soweit ein älterer Fallschirmtyp verwendet wird, sollten die herkömmlichen harten Steuerknebel durch weiche Steuerschlaufen ersetzt werden. Auch diese Maßnahme trät zur Vermeidung des gefährlichen Verheddernss zweier Fallschirmsysteme bei. Beim Anfliegen größerer, schnell sinkender Formationen hat sich das Annähen von sogenannten *trim-tabs* an die vorderen Haupttragegurte als vorteilhaft erwiesen. Die Gurte können bis zu 50% verkürzt und in jeder Position festgestellt oder wieder freigegeben werden. Auf eine ausgewogene und gleichseitige Einstellung der Beingurte sollte man stets achten.

Sprungvorbereitung

Die gute Kenntnis des eigenen Fallschirms ist erste Voraussetzung für das sichere Gelingen einer Kappenformation. Dazu gehört auch die Fähigkeit, mit den vorderen und hinteren Haupttragegurten zu steuern. Weiterhin spielt die Vorbesprechung am Boden (»briefing«) eine große Rolle. Dabei sind – ähnlich wie beim Relativ-Springen – folgende Kriterien maßgebend: Absprungreihenfolge, Öffnungshöhe, Reihenfolge des Zusammenfliegens, Art der Annäherung, geplanter Formationstyp (*plane* oder *stack?*), Trennungshöhe und Notfallmaßnahmen. Kurze, unmißverständliche Zurufe werden abgesprochen, z. B.:

»Rechts und Links«	weisen dem Angerufenen entsprechende Steuerbewegungen zu;
»Fliegenlassen!«	bedeutet: Steuerleinen hochlassen, volle Fahrt aufnehmen!
»Komm rauf!«	ist die Aufforderung, stärker zu bremsen und den Auftrieb des eigenen Schirms dadurch zu erhöhen;
»Festhalten!« und »Auslassen!«	sind Anweisungen für kritische Situationen.
»Trennung!« oder »Jetzt!«	ruft der untere Springer dem oberen zu, wenn die Formation aufgelöst werden soll.

Annäherung und Fliegen der Formation

Für die ersten Trainingssprünge wären folgende Bedingungen ideal: Absetzhöhe 2000–3000 m; Absprungfolge 1–2 Sek. (je nach Absetzgeschwindigkeit); Verzögerungszeit 2–3 Sek.; ein geübter Partner. Zudem sollte man in Ruhe arbeiten können und sichergehen, nicht durch freifallende Kollegen oder herumschwirrende Flugzeuge gestört zu werden. Mit anderen Worten: Zuletzt aus dem Absetzvogel steigen und den Flugleiter darüber informieren, daß der Luftraum nun etwas länger als üblich beschlagnahmt wird.

Nach Öffnung und Überprüfung der eigenen Fallschirmkappe wird nach dem Basis-Mann Ausschau gehalten. Hat man ihn erblickt, so sind (fast) alle Mittel recht, um so schnell wie möglich auf 5–10 m an diese »Ziel-Kappe« heranzukommen. Oft gilt es nun, rasch Höhe zu vernichten. Zwei effektive Wege bieten sich an: Das kräftige Herunterziehen der beiden vorderen Haupttragegurte erhöht die Sinkgeschwindigkeit enorm. Gleichzeitig lassen sich dabei Steuerbewegungen ausführen. Noch rasanter geht's abwärts, wenn man nur an einem Gurt kräftig zieht. Der Springer beschreibt dann eine steile Spirale. Hier ist wichtig, den umgebenden Luftraum immer unter Kontrolle zu haben und die Drehbewegung nur durch langsames Hochlassen des Haupttragegurtes zu beenden. Wird der Gurt abrupt losgelassen, so erfährt der Springer eine atemberaubende Pendelbewegung, die im Extremfall sogar das vollständige Kollabieren der eigenen Kappe zur Folge haben kann.

Für die Endannäherung gilt als wichtigster Grundsatz: Langsam, vorsichtig und mit viel Feingefühl ohne Risiko arbeiten! Die Hände gehören nun wieder an die Steuerschlaufen. Die Möglichkeiten der Endannäherung sind fast so vielfältig wie die Wege, die nach Rom führen. Das Prinzip ist jedoch immer das gleiche: Die Springer können durch Bremsen gleichzeitig Vorwärts- und Sinkgeschwindigkeit verringern, während bei voller Fahrt beide Komponenten erhöht werden. Der oberste Springer einer Formation ist immer der Pilot und für die Steuerbewegungen verantwortlich. Als verhältnismäßig leicht erlernbar gilt die seitliche Annäherung: Beide Springer fliegen erst einmal auf gleicher Höhe in etwa 5 m Abstand nebeneinander her. Dann drehen beide langsam in die gleiche Richtung ein. Der festgelegte Pilot hat den geringeren Drehmoment zu beschreiben und geht – ohne den Stall-Punkt zu erreichen – etwas stärker in die Bremsen als der andere Springer, der dadurch leicht tiefer zu liegen kommt. Während beide Fallschirme in knappem Abstand in die gleiche Richtung fliegen, manövriert sich der Pilot durch feinfühlige Bremsbewegungen und ggf. geringe Steuerkorrekturen auf die Kappe seines Kollegen. Bei Verwendung unterschiedlicher Fallschirmtypen und beim Aufbau größerer Formationen ist die Annäherung von unten beliebter: Der Springer, dessen Fallschirm den größten Auftrieb hat, muß angreifen. Er fliegt vorerst 5–10 m (bei Großformationen tiefer) unter dem Basismann in gleiche Richtung. Der Pilot – gleichzeitig Basisspringer – bremst nun $1/8$ bis max. $1/4$ ab. Der Angreifer bremst stärker und erfährt mehr Auftrieb. Als Faustregel für die letzten 5 m der Endannäherung gilt: Aus der Perspektive des Angreifers sollte sich dessen unterer Kappenrand mit der Gürtellinie des Basismannes decken. Berührt der Pilot die Mitte der Angreiferkappe, so läßt er seine Steuerleinen ganz aus und erfaßt mit beiden Händen den Stoff des Partnerschirmes. Sobald er sich mit den Füßen in den mittleren Fangleinen der unteren Kappe sicher eingehakt hat, gehört es zu seiner Aufgabe, die Formation auf ein hindernisfreies Zielgelände zu führen und die vereinbarte Trennungshöhe zu überwachen. Sind drei oder mehr Springer in einer Formation vereint, sollte der Pilot die Steuerleinen nicht mehr als 5 cm auf einmal bewegen. Abrupte Steuerbewegungen bekommen die unteren Springer mehrfach verstärkt zu spüren.

Trennung und Landung

Dem CRW-Anfänger sei geraten, jede Formation in ca. 500 m zu trennen. Diese Sicherheitshöhe reicht in Notsituationen auch noch zur Entscheidung für eine Kappentrennung aus. Bei größeren Formationen hat es sich eingebürgert, daß der unterste Springer seinen Obermann zum Trennen auffordert, worauf dieser die Kappe bzw. die Fangleinen des Kollegen freigibt. Ist der unterste Springer von der Formation gelöst, dreht er nach rechts ab; sein nachfolgender Kollege fliegt nach links und so geht es wechselweise weiter.

Mit viel Erfahrung kann man bei konstanten Bodenwinden eine solide Formation landen. Da eine Zunahme der Teilnehmerzahl nicht nur eine Erhöhung des Vergnügens, sondern auch einen Anstieg der Sinkgeschwindigkeit bewirkt, weigern sich selbst hartgesottene CRW-Profis, mit mehr als vier Mann eine Formation zu landen. Zumindest will keiner der unterste sein...

Sicherheit und Notverfahren

Böige und starke Winde sowie enorme Thermikunterschiede können selbst den modernsten Fallschirm so sehr beeinflussen, daß ein Abschätzen der Auftriebs-, Brems- und Steuereigenschaften stark erschwert oder sogar unmöglich wird. Kappenformationen dürfen da-

CRW-Team während des 1. Welcups im Kappen-Formationsspringen über Zephirhills/Florida

her nur bei ruhiger Wetterlage versucht werden. Selbst die Turbulenzen hinter einem einzigen Gleitfallschirm reichen aus, um einer ganzen Formation das Zittern zu lehren. Der Sektor 15–20 m *vor* einer Formation ist also absolutes Sperrgebiet für alle Luftfahrzeuge einschließlich der eigenen Kollegen, Fotografen etc.

Schon mancher CRW-Fan hat sich vergeblich die Kehle rauhgeschrien und seinem Kollegen im Endanflug die gut gebrieften Anweisungen zugerufen. Um solche unerhörten Verständigungsprobleme zu vermeiden, sollte jeder daran denken, während des Formationssprunges *mehrfach* durch entsprechenden Druckausgleich seine Ohren zu spitzen.

Der wichtigste Grundsatz zur Vermeidung von Notsituationen ist wohl *langsames* und gut überlegtes Arbeiten im Endanflug. Absolut tabu sind die hintere Hälfte einer Fallschirmkappe, der Hilfsschirm oder dessen Verbindungsleine. Nach diesen Fallschirmteilen zu greifen gilt als Todsünde; schlimm genug ist eine unbeabsichtigte Berührung. Verwicklungen mit der Hilfsschirm-Verbindungsleine zwingen meist zum Gebrauch des scharfen Messers.

Das Kollabieren einiger Fallschirmkammern ist beim Zusammenfahren häufig zu beobachten. Meist füllen sich diese Zellen nach kurzer Zeit von selbst, spätestens dann, wenn der Pilot etwas mehr Fahrt aufnimmt. Der betroffene Springer kann durch leichtes Bremsen (kein »Aufpumpen«!) selbst etwas dazu beitragen. Ähnliches gilt für Pendelbewegungen: Der Pilot läßt die Steuerleinen hoch und versucht, durch Gewichtsverlagerung seines Körpers der Oszillation entgegenzuwirken. Der untere Springer bremst gleichmäßig und langsam. Sobald der Bewegungsablauf in einer Formation nicht mehr geheuer ist, empfiehlt es sich, diese aufzulösen, bevor sie außer Kontrolle gerät. Die gewonnene Erfahrung mit heilen Knochen zu verwerten ist wichtiger als wagemutige Experimente mit ungewissem Ausgang zu provozieren. Es ist wohl der Alptraum eines jeden Kappen-Formationsspringers, von fremdem Stoff und Leinen eingeschnürt und gut verpackt auf äußerst unkonventionelle Art und Weise mit dem Partner verbunden zu sein. Bei derartigen Verwicklungen ist guter Rat teuer. Auf jeden Fall sollten Reservegriff und Kappentrennvorrichtungen gut geschützt werden, wenn sich so ein unerfreuliches Ereignis anbahnt. Für die Auswahl des Notverfahrens spielen Zeit bzw. Höhe des Vorfalls eine wesentliche Rolle. Bis herunter auf 700 m sollte jeder Entfesselungskünstler seine Chance haben. Dann darf der streßgeplagte untere Springer noch einige Sekunden zusehen, wie sein Fallschirm samt Fangleinen mit dem Messer bearbeitet wird. Sind in 500 m Höhe Problem und Schirme noch nicht gelöst, so sollte sich der untere Mann zu einer Kappentrennung entschließen. Diese Entscheidung hängt auch vom Grad der Behinderung des oberen Springers ab und muß zwischen beiden kurz abgesprochen werden. Ist eine Kappentrennung nicht möglich oder mit besonders hohem Risiko verbunden (Entscheidungshöhe unterschritten, Luftraum besetzt, technische Gründe), so fordert der untere den oberen Springer unmißverständlich zum »Festhalten« auf. Damit bürdet er dem Piloten eine hohe Verantwortung und seinen eigenen Knochen eine stärkere Belastung bei der Landung auf. Mit etwas »Glück im Unglück« werden diese Doppellandungen oft unversehrt überstanden.

Leistungsvergleiche

Leistungsabzeichen

In Übereinstimmung mit den international erarbeiteten Regeln der Fédération Aéronautique Internationale (FAI) verleihen nationale Aero-Clubs auf Antrag folgende Leistungsabzeichen:

A einfaches Leistungsabzeichen
B bronzenes Leistungsabzeichen
C silbernes Leistungsabzeichen
D goldenes Leistungsabzeichen
E goldenes Leistungsabzeichen mit 1 Diamanten
F goldenes Leistungsabzeichen mit 2 Diamanten
G goldenes Leistungsabzeichen mit 3 Diamanten

Erläuterung:
A–D: Der Springer muß alle in den Spalten 2–4 aufgeführten Leistungen erbringen. Die Zahl der geforderten Zielsprünge beträgt 5 (für A) bzw. 10 (B–D).
E–G: Der Springer muß alle in den Spalten 2 und 3 aufgeführten Leistungen erbringen. Zusätzlich hierzu muß er aus den Spalten 4 bis 8 drei auswählen, deren Leistungen er erfüllen muß. Entweder Stil oder Formation müssen unter seiner Wahl sein. Die Anforderungen der Spalte 6 sind: Einfliegen in eine Formation als Vierter, Sechster oder Achter oder stattdessen eine Vierer-Sequenz mit 2 Formationen (F) bzw. 3 Formationen (G) zu fliegen.

Wettbewerbe

Auf nationaler und internationaler Ebene werden alle zwei bis vier Jahre große Wettbewerbe ausgetragen. In den klassischen Disziplinen Ziel und Stil sind die Bestimmungen eindeutig. Wer am häufigsten auf die »Null-Scheibe« tritt oder ihr im Gesamtmittel aller Sprünge am nächsten kommt, gewinnt den *Ziel*-Bewerb. *Stil*meister wird derjenige, der es schafft, in der kürzesten Zeit die WM-Figurenprogramme korrekt den Schiedsrichtern vorzuführen. Daneben gibt es auch Gruppenziel- und Kombinationswettbewerbe aus Ziel und Stilleistung. In der relativ jungen Disziplin des *Formationsspringens* ändern sich die international abgesprochenen Wettbewerbsbedingungen laufend: Bisher wurden der schnellste 10-Mann-Stern (am.: *speed star*) sowie Vierer- und Achter-Sequenzen gewertet.

Großer Beliebtheit erfreut sich auch der alljährlich in den Alpen stattfindende *Para-Ski-Cup,* wobei der Sieger nach den besten Leistungen im Ski-Riesentorlauf sowie nach seinem Können im Fallschirm-Zielspringen ermittelt wird. Bei *Wassersprung-Wettbewerben* dient eine Boje als Ziel. Die Zeit vom Eintauchen des Springers ins Wasser bis zum Anschlagen der Boje zählt.

Die aktuellen Bestimmungen zur Durchführung und Wertung der obengenannten Wettbewerbe sind der jeweils neuesten Fassung des »Code Sportif, Sektion 5« sowie der »Wettbewerbsordnung für Deutsche Meisterschaften« (WDM) zu entnehmen.

Es gibt jedoch noch eine Menge interessanter Wettbewerbe, die (noch) nicht durch ernste Bestimmungen bis ins Detail geregelt sind. Hier die bekanntesten:

TRAC (am.: *team relative with accuracy*)
Es werden die Leistungen einer Gruppe im Formationsspringen sowie deren Zielergebnisse während des gleichen Sprungs gewertet.

Cross the Country (Überquere das Land)
Mehrere Kilometer vom Landeplatz entfernt öffnen die Springer ihre Fallschirme (meist Flächengleiter) in zwei- bis viertausend Meter Höhe und fliegen ihren Zielpunkt an. Dabei werden die Entfernung von der Nullscheibe bei der Landung sowie die Entfernung des Absetzpunktes in ein bestimmtes Verhältnis gebracht.

CRW (am.: *canopy relative work* = Kappen-Formationsspringen)
wird fast ausschließlich mit Gleitfallschirmen durchgeführt. Dabei nähern sich die Experten vorsichtig aneinander an, halten sich gegenseitig an den Kappenflächen fest oder setzen sich sogar auf die Fallschirme ihrer Partner. Im November 1980 wurde in Zephyrhills/Florida der 1. CRW-Worldcup ausgetragen. Bei den Achter-Formationen war die Zeit von der ersten Fallschirmöffnung bis zum Einklinken des 8. Teammitglieds entscheidend. Gleichzeitig lief der 4-Mann-Rotationswettbewerb, wo es sowohl auf ein schnelles Zusammenfliegen als auch auf den häufigen Umbau einer Formation ankam: Der oberste Springer löste sich nach kompletter Fertigstellung des Vierers von der Formation und schloß unten wieder an.

Spaß am Wettbewerb hat nicht nur der konzentrierte und zielstrebige Meister, wenn er auf dem Sieger-Podest steht. Wer sich wegen hundertstel Sekunden oder Zentimeter-Unterschieden die Haare raufen kann, dem empfehle ich zur Entspannung einen Wettbewerb, der im Mühlviertel an der österreichisch-deutsch-tschechischen Grenze in unregelmäßigen Abständen stattfindet. Gewertet werden: Originellster Absprung (z.B.: Spielen von Musikinstrumenten am Fallschirm; lustige Kombi etc.); Zielentfernung bei der Landung; Saufen (nach Zeit); Pistolen-Schießen; Laufen und Fahrradfahren in der Kombination.

Rekorde

Bei der rasanten Entwicklung im Fallschirmsport jagt ein Rekord den anderen. Glaubt man heute, die Grenze des Menschenmöglichen – das »non-plus-ultra« – sei erreicht, so wird man meist morgen schon eines Besseren belehrt. Ich möchte daher an dieser Stelle keine Einzelrekorde aufführen, sondern nur einen groben Einblick in den derzeitigen Stand geben:

Ziel-Springer haben es bisher geschafft, bei mehr als fünfzig aufeinanderfolgenden Sprüngen genau die Null-Scheibe zu treffen.

Ein neuer Rekord: 12-Mann *hang load* über Taft/Kalifornien

Mindestbedingungen für Internationale Fallschirmsport-Leistungsabzeichen.

1	2	3	4	5	6	7	8
Leistungs-abzeichen	Sprünge Total	10 Sprünge mit Verz. [sec]	Ziel [m]	Stil [sec]	Formation Form./Sequenz	Wasser [sec]	Nacht [m]
A	10	–	50	–	–	–	–
B	25	10	25	–	–	–	–
C	50	15	10	–	–	–	–
D	100	20	5	–	–	–	–
			3 Sprünge aus jeder gew. Gruppe				
E	200	30	3	14	4. –	30	10
F	300	40	1	12	6. 1/2	15	5
G	500	60	0	10	8. 1/3	5	1

Relativ-Weltrekord 1978: 55-Mann-Formation

Stil-Experten nähern sich immer mehr Zeiten um 5 Sekunden für ein komplettes Figurenprogramm.

Relativ-Könnern ist es bereits gelungen, im freien Fall Formationen zu bilden, bei denen sich über 50 Personen an Händen oder Füßen hielten.

Für die internationale Bestätigung der Rekordklassen Ziel-, Stil-, Relativ- und Höhensprünge gibt es genaue Bestimmungen, die dem »Code Sportif, Sektion 5« zu entnehmen sind.

Hier noch zwei *Höhenrekorde,* die zwar nicht offiziell anerkannt, aber dennoch bemerkenswert sind:

Der höchste Absprung und der längste Freifall wurden von USAF Capt. J.W. Kittinger am 16. August 1960 durchgeführt. In einem speziellen Druckanzug mit Temperaturausgleich und Sauerstoff verließ er in *31 km Höhe(!)* über der Wüste von Tularosa in New Mexico/USA einen Ballon. In den luftarmen Schichten der Stratosphäre erreichte er dabei kurzzeitig eine Fallgeschwindigkeit von etwa 900 km/h. Nach einer Freifallzeit von 4 Minuten und 38 Sekunden öffnete er in 5000 m Höhe seinen Fallschirm und landete 8½ Minuten später wohlbehalten auf der Erde. Sein Rekord wurde nicht anerkannt, da er im Freifall einen kleinen Stabilisierungsballon benutzte.

Die größte Höhe, aus der jemals ein Rettungsabsprung durchgeführt wurde, waren beachtliche 17 000 m. Am 9. April 1958 retteten sich die beiden Engländer John de Salis und Patrick Lowe aus ihrer explodierenden B-57. Die Temperatur betrug in 17 km Höhe etwa −55 Grad Celsius. In 3000 m Höhe öffneten die barometrischen Sicherheitsauslöser die Fallschirme der Piloten.

Mit der Kamera im freien Fall

Seit um 1960 das Formations- oder Relativspringen aufkam, dachte man auch daran, dieses unbeschreiblich herrliche Erlebnis dem Laien näherzubringen und die Kollegen im freien Fall zu filmen und zu fotografieren. Der legendäre Bob Buquor, der auch die ersten 5-, 6-, 7- und 8-Mann-Teams organisierte, sowie Carl Boenish waren die Pioniere der Freifallfotografie. Bob Buquor ertrank, als er 1966 bei einem Film-Sprung mit einer schweren 35-mm-Kamera und 8-kg-Batterien am Gürtel an der Küste Kaliforniens ins Meer getrieben wurde. Im Andenken an ihn (Bob Buquor Memorial Star Crest) erwerben heute noch zahlreiche Springer die Anerkennung ihres ersten 8-Mann-Sterns (SCR = *star crest recipient*), der mindestens fünf Sekunden gehalten wurde, sowie die Bestätigungen für »Star Crest Solo« (als achter Springer oder in höherer Position in den Stern eingeflogen), WSCR, WSCS (Damen), NSCR, NSCS (Nacht), 16er- und 20er-Sterne.

Der Ingenieur Carl Boenish wurde mit dem MGM-Spielfilm »Gipsy Months«, mit seinem Freifallfilm »Masters of the Sky« sowie durch zahlreiche Fotoveröffentlichungen weltberühmt und zählt noch heute zu den besten freifallenden Kameraleuten. Inzwischen sind Profis wie Ray Cottingham, Rande De Luca, Andy Keech und Pat Rogers dazugekommen, die vorwiegend die Szene im Land der unbegrenzten Möglichkeiten bestimmen. Aber auch in Europa ist man nicht untätig geblieben: Charles Shea-Simonds (England),

Carl Boenish mit 35 mm-Eyemo-Filmkamera über Elsinore/Kalifornien

Prof. Dr. Gerhard Marinell mit Fotokamera   Dr.-Ing. Rüdiger Wenzel mit 16 mm-Beaulieu   Klaus Heller mit Doppelkamera-System

Jean-Pierre Bolle (Frankreich), Professor Gerhard Marinell (Österreich), Peter Böttgenbach (BRD), Rüdiger Wenzel (BRD) und Hans-Helmut Herold (BRD) haben sich durch ihre faszinierenden Freifall-Produktionen internationale Anerkennung verschaffen können. Der Autor dieses Buchs ist ebenfalls seit Jahren begeisterter Freifallfotograf und -filmer.

Hans-Helmut Herold mit Oldtimer-Helmkamera

Da der Kameramann eine Formation nur dann aufnehmen kann, wenn er selbst mitspringt, muß auch er die Technik des Relativ-Springens ausgezeichnet beherrschen. Beine, Arme und Hände werden dabei zum feinfühligen Spiel mit dem Luftwiderstand benötigt. Es hat sich deshalb gegenüber anderen Methoden mit Abstand als am vorteilhaftesten erwiesen, die Kamera an den Schutzhelm zu montieren und durch geringe Fingerbewegungen fernauszulösen. Diese Technik eignet sich übrigens auch für Drachenflieger, Rennrodler, Skifahrer usw.

Filmen im freien Fall

Für den Fallschirmspringer ist es besonders wichtig, das am Kopf zu tragende **Gewicht** so gering wie möglich zu halten. Während des Öffnungsstoßes wird der Freifall-Springer von ca. 200 km/h auf etwa 10 km/h abgebremst. Dabei wirken Kräfte vom ca. Siebenfachen seines Gesamtgewichts auf ihn ein. Dann wiegt z. B. ein Helm mit Kamera nicht mehr 4, sondern 28 kg. Dieses Gewicht zieht den Kopf nach unten. Der Fallschirm aber hält den Rumpf plötzlich an, und der menschliche Hals wird zum Angriffspunkt für das Drehmoment. Um diese Belastung weitgehend zu verringern und damit ertragen zu können, muß sich der Freifall-Kameramann eine eigene Sprungtechnik angewöhnen: Aufstellen beim Ziehen des Griffs, d. h. Hände strecken und/oder Beine abwinkeln. Weiterhin Nackenmuskeln anspannen, Kopf zur Brust neigen und so drehen, daß die Haupttragegurte die Helmseite mit der Kamera nicht erreichen können.

Außerdem sollte er durch entsprechende Gymnastik seine Halsmuskeln gut trainieren. Ein zweiter Kinnriemen verhindert das Herabfallen des Helms beim Öffnungsvorgang des Fallschirms.

Wichtiges Kriterium bei der **Kameraauswahl** ist ihr Gewicht. Um hier noch weiter einzusparen, ist es empfehlenswert, alle mobilen Teile wie Batterie, Griff etc. abzumontieren und die elektrische Versorgung vom Helm zu trennen. Die Strom- und Auslösekontakte müssen zugänglich sein oder entsprechend modifiziert werden. Nur Aufnahmen, die eine schnelle und freie Beweglichkeit des Kameramannes erfordern, rechtfertigen den Einsatz einer Helm-Kamera. Es ist daher unbedingt notwendig, Kameras mit hoher Bildgeschwindigkeit (mindestens 36 B/sec) zu verwenden. Ich persönlich bevorzuge für Super-8-Aufnahmen eine Nizo S 56 mit 54 B/sec und für den 16-mm-Bereich eine elektrisch betriebene Bell & Howell-Gun-Kamera mit 64 B/sec. Beide Filmapparate sind mit Kodak-Kassetten (Kodachrome 40 und 25, Kodak-Ektachrome und Kodak-Infrarot) ladbar und zeigten sehr gute Resultate.

Bei Montage einer Arriflex oder Beaulieu (16 mm) sollte nur eine Kamera am Schutzhelm getragen werden. Die Erfahrung hat gezeigt, daß sich die starke einseitige Belastung des Kopfs bzw. des Halses noch eher bewältigen läßt als die Gewichtszunahme durch Anbringen eines Gegengewichts.

Da während der Dreharbeiten mit helmmontierten Kameras kaum eine Veränderung der **Einstellung** möglich ist, sollten Kameras mit Belichtungsautomatik verwendet werden. Anderenfalls muß die Fixierung mit Hilfe eines Belichtungsmessers unter Berücksichtigung der geplanten Laufgeschwindigkeit am Boden vorgenommen werden. Bei schönem Wetter ist es ratsam, für Freifall- und Luftaufnahmen wegen der stärkeren Strahlung in der Höhe bis eine Blende kleiner zu nehmen, als die Bodenmessung anzeigt. Die Verwendung eines »Skylight«-Filters verbessert nicht selten die Bildqualität. Für die meisten Aufnahmen stellt man die Entfernung am besten zwischen 5 m und unendlich ein. Im allgemeinen bevorzugen Helmkameramänner Weitwinkel-Objektive. Der weltberühmte Freifallfilmer und US-Profi Carl Boenish hat jedoch eine Technik ausgeklügelt, mit der er mit einem motorgetriebenen, verstellbaren Spezialobjektiv und einem T-förmigen Handauslöser alles zwischen Weitwinkel und Zoom kann. Natürlich bleibt der Ausschnitt des Helmvisiers (Zielring) dabei unverändert, und es sind langjährige Erfahrung und viel Filmverschleiß nötig, um annähernd den gerade gefilmten, tatsächlichen Ausschnitt abschätzen zu können.

Übrigens: Alle leicht verstellbaren Teile des Objektivs und der Kamera sollten nach der Einstellung mit einem starken Klebeband fixiert werden.

Bei »Dauerbetrieb« der Kamera(s) mit hohen Aufnahmegeschwindigkeiten ist der **Stromverbrauch** besonders hoch. Daher amortisiert sich schon nach kurzer Zeit die Anschaffung von Akkus oder wiederaufladbaren Trockenbatterien. Akkumulatoren zeigen zwar bessere Leistung, jedoch eignen sich sehr wenige Fabrikate für unsere Zwecke. Nur kipp- und auslaufsichere sowie zugleich verhältnismäßig leichte Modelle können verwendet werden (z. B.: »sonnenschein – dryfit PC/ST«). Die Stromquellen werden am günstigsten an einem Gürtel unter der Schutzbekleidung getragen. Es hat sich bewährt, diesen um den Oberkörper zu schnallen und durch Träger zu befestigen. Die Akkus sollten dabei möglichst unter den Achseln zu liegen kommen. So werden sie warm und damit leistungsfähig gehalten, lassen Bewegungsfreiheit in der Hüfte und stören am wenigsten.

Ein kleines Problem für sich ist der **Auslöser**. Im freien Fall werden die Handflächen zum Steuern benötigt. Eine geringfügige Bewegung der Hand würde bereits eine Veränderung der aerodynamischen Angriffsfläche und damit eine Beeinflussung der Körperlage (z. B. leichte Drehung oder Vorwärtsbewegung) verursachen. Montiert man einen Druck- oder Kippschalter in eine Medikamentendose und befestigt diese mit einem breiten, elastischen Gummizug an der Innenfläche der Hand, so genügt schon eine kleine Bewegung des unteren Daumengliedes, um einen Kontakt auszulösen. Dem Helmkameramann wird somit wieder völlige Bewegungsfreiheit gewährt.

Das **Doppel-Kamera-System** hat drei entscheidende Vorteile: Erstens hat der Filmer die Möglichkeit, einmalige Situationen zugleich in mehreren Formaten (z. B. S 8 und 16 mm) festzuhalten. Außerdem kann mit verschiedenen Kameraeinstellungen gefilmt und etwa mit einem extremen Weitwinkel- oder Fisheye-Vorsatz zusätzlich gute Effekte erzielt werden. Dem Freifallfilmer gelingt es auf diese Weise, sowohl einen von Fallschirmspringern im freien Fall gebildeten »Stern« im Ganzen als auch nach dem »Einfliegen« des Kameramanns – von innen heraus zu filmen (Fisheye/Weitwinkel ca. 120–180°). Zum dritten kann mitunter die Verwendung verschiedener Aufnahmegeschwindigkeiten von großem Nutzen sein (z. B. 36 und 64 B/sec). Einziger Nachteil des Systems: die parallaxengerechte Ein-

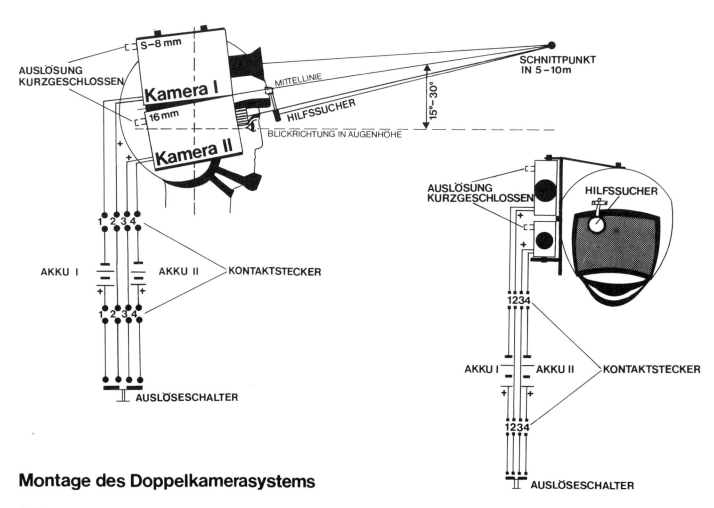

Montage des Doppelkamerasystems

stellung beider Kameras bereitet Schwierigkeiten. Eines steht fest: Die Blickebenen der Aufnahmegeräte und des Vorsatz-Suchers müssen sich an einem Schnittpunkt treffen, der etwa 10 m entfernt liegt. Die Durchführung der Fixierung läßt fantasievollen Tüftlern freies Spiel. Es seien nur die gebräuchlichsten Möglichkeiten genannt: Nach der Montage einer Kamera befestigt man die zweite so, daß beide ein Zielobjekt in 10 m Entfernung im Mittelpunkt ihres Suchers haben. Oder: Der Konstrukteur leuchtet mit zwei starken Taschenlampen durch Sucher- oder Kassettenraum (= Spulenraum) auf einen entsprechend weit entfernten Spiegel. Oder: Ein starker Scheinwerfer wird auf den Helm gerichtet und muß sich im Mittelpunkt aller Objektive spiegeln.

Da der Parallaxenfehler um so geringer ist, je näher die Objektive beieinanderliegen, haben sich Freifallfilmer entschlossen, mehrere Kameras übereinander an einer Helmseite zu montieren.

Fotografieren im freien Fall

Grundsätzlich kommen nur **Kameras mit automatischem Filmtransport** in Frage, da nur so die Bewegungsfreiheit der Hände erhalten werden kann.

Kleinbildkameras mit Federtransport (Ricoh, Robot) eignen sich für unseren Zweck recht gut. Ihr Vorteil: sie sind im Gewicht leicht und dazu verhältnismäßig preisgünstig. Nachteil: die mechanische Auslösung. Der Drahtauslöser kann Probleme mit sich bringen, da die Verbindung zwischen Kamera und auslösender Hand zu wenig flexibel ist und die Bewegungsfreiheit mehr oder weniger stark eingeschränkt wird. Einige pneumatische Auslöser eignen sich wegen des erforderlichen hohen Auslösedrucks nicht. Außerdem neigen verschiedene Fabrikate dazu, Schlauchknickstellen zu bilden, die ebenfalls eine Auslösung verhindern. Mit dem Pneu der Firma ROWI habe ich jedoch sehr gute Erfahrungen gemacht. Auch bei großen Höhenunterschieden mußte ich noch nie Blockierungen oder andere Störungen verzeichnen. Bei einer Absprunghöhe bis 2500 m sollte der Luftball erst über 2000 m an den Plastikschlauch angeschlossen werden. Der äußere Unterdruck würde sonst im pneumatischen System einen Überdruck schaffen, eine Aufnahme selbständig auslösen und in dieser Stellung so lange blockieren, bis im freien Fall wieder eine tiefere Luftdrucklage erreicht ist. Umgekehrt jedoch wird der Ball nach dem Absprung durch den nun entstehenden Unterdruck im System etwas zusammengezogen und erfordert einen geringfügig höheren Auslösedruck. Ein weiterer Erfahrungswert: Bei Fallschirmabsprüngen aus ca. 4000 m empfiehlt es sich, den Ballon bereits in 3000–3500 m während des Aufstiegs zu entlüften, um die optimale Auslösefähigkeit zu erreichen. Beim elastischen Material des ROWI-Systems ist also je nach Absprunghöhe eine hohe Toleranz gegeben (500–1000 m).

Kleinbildkameras mit Elektro-Winder (Nikon-F, Pentax, Contax, Olympus OM1). Hier haben sich vor allem Kameras der japanischen Firma Nikon weltweit bewährt, sowohl wegen der ausgezeichneten Optik als auch auf Grund ihrer Stabilität. Weitere Vorteile sind die unkomplizierte elektrische Auslösung und die hohe Bildfrequenz. Gewicht und Preis sind allerdings eher nachteilige Nebenerscheinungen, vor allem wenn man bedenkt, daß eine schwere Beschädigung oder gar der Verlust der Kamera in unserem Fall nie ganz auszuschließen ist.

Einige Freifallfotografen verwenden die schwedische Hasselblad 500 EL/M, eine **Mittelformat-Kamera**, die dem bodenständigen Profi sicherlich Aufnahmen der Spitzenklasse erlaubt. Ob sie jedoch für unsere Verwendungszwecke das ›non-plus-ultra‹ darstellt, ist fraglich. Hier sind sich auch die weltbesten Freifallkameramänner uneinig. Kosten und Gewicht spielen dabei eine ebenso große Rolle wie die Tatsache, daß die Möglichkeiten dieser Kamera nicht annähernd ausgeschöpft werden können. Im freien Fall ist eine gezielte Veränderung der Kameraeinstellung nicht mehr möglich, zudem bleiben nur wenige Sekunden Zeit zur Auslösung.

Wegen der wechselnden Lichtverhältnisse eignen sich Apparate mit Blendenautomatik am besten.

Da sich Objekt und Fotograf während der Aufnahme bewegen, ist die Wahl einer möglichst kurzen Belichtungszeit, mindestens jedoch 1/250 sec, erforderlich. Auch hier wird die Entfernung zwischen 5 m und unendlich fixiert und die Verwendung eines Weitwinkelobjektivs angeraten.

Das **Filmmaterial** muß in der Freifallfotografie besonders hohen Belastungen standhalten. Nehmen wir einmal die enorme Temperaturdifferenz in einer verhältnismäßig kurzen Zeitspanne. In der Standardatmosphäre rechnet man mit einer Temperaturabnahme von 0,65 °C je 100 m Höhenzuwachs. Umgekehrt heißt das: Bei einem Freifallsprung aus 4000 m über Grund, der bis zur Landung knapp vier Minuten dauert, erwärmt sich der Film um 26 °C. Dazu kommt der bedeutende Druckunterschied. Mit Kodachrome 64 (für Farbdias) und Ilford Pan F/FP4 für s/w-Bilder habe ich beste Erfahrungen gemacht.

MONTAGE DER HELMKAMERA

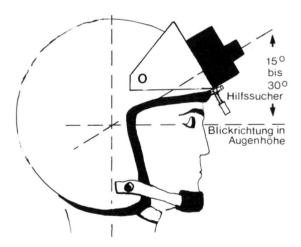

Für die **Montage** umkleidet man die Kamera zweckmäßig mit einem stabilen, evtl. leicht gepolsterten Aluminiumgehäuse. Sie wird so vor Beschädigung geschützt und die Verbindung zum Helm wird stabiler. Die Befestigung am Helm sollte so erfolgen, daß die Kamera in einem Winkel von ca. 15–30° aufwärts zur Blickrichtung des Benutzers steht. Sinn der Sache: Der Freifallfotograf kann leichter nach unten blicken und so besser seine Freifall-Lage in Relation zum Erdboden und zu den anderen Fallschirmspringern kontrollieren. Ein unbeabsichtigtes Hochschauen-Müssen würde seine Lage so sehr verändern, daß er sich im freien Fall rückwärts bewegt und von seinem Zielobjekt entfernt.

Nun zum **Suchersystem:** Freifallfotografen verwenden heute fast ausschließlich ein verstellbares Zielgerät, das unabhängig von der Kamera in Augenhöhe des Helmträgers angebracht wird. Die Fantasie des Tüftlers kennt hier keine Grenzen. Über Drahtgestelle, die den Bildausschnitt anzeigen sollen, bis zu modifizierten Fotolinsen eignet sich fast alles. Zur Zeit benutze ich einen sogenannten »Newton-Ring-Sight«. Er besteht aus zwei polarisierten Glasscheiben mit einer fest eingelagerten, unplanen Kunststoffscheibe. So bilden sich in der Mitte konzentrische Newton-Ringe, deren Zentrum sich bei einer Parallaxenverschiebung ebenfalls verlagert. Der »Newton-Ring-Sight« ist das mit Abstand beliebteste Suchersystem. Vor einigen Jahren konnte er für wenige Dollar aus US-Beständen gekauft werden. Heute ist der »Newton-Ring« zu einer Rarität geworden und wird zuweilen mit mehreren hundert Mark gehandelt. An zweiter Stelle steht der »Bazooka-Gun-Sight« (ebenfalls USA).

Fixierung: Unmittelbar vor jedem Absprung blickt ein Helfer durch den Sucher der Kamera auf einen etwa zehn Meter entfernten Punkt und hält den Helm mit beiden Händen fest in dieser Position. Der Kameramann stellt nun sein Zielgerät millimetergenau auf dieses Objekt ein. Dabei ist besondere Sorgfalt notwendig, da davon das Gelingen der Aufnahmen abhängt.

Abschließend wünsche ich allen Interessenten viel Erfolg beim Basteln und gute Ergebnisse. Es sei jedoch noch erwähnt, daß die Freifallfotografie viel Geduld und Ausdauer fordert.

Gelegentliche Sprünge zum Fotografieren bringen meist nur Zufallstreffer, auch dann, wenn der Springer sonst ein Relativ-Experte ist. Fertige Freifallformationen bilden in sich einen hohen Luftwiderstand und fallen besonders langsam. Um als »außenstehender« Springer diese Fallgeschwindigkeit halten zu können, muß der Freifallkameramann besonders gut die kräftezehrende Floater-Position beherrschen und sich auch in seiner Ausrüstung (extrem große Kombi) anpassen.

Erste Hilfe – Überblick für Fallschirmspringer

Die nicht unerhebliche Verletzungsgefahr in unserem Sport hat das folgende Kapitel nötig gemacht. Im Rahmen dieses Buchs ist es nicht annähernd möglich, auf alle Notfallsituationen einzugehen. Es wird daher Fallschirmspringern eindringlichst empfohlen, einen Erste-Hilfe-Kurs zu besuchen und diesen in zwei- bis dreijährigen Abständen zu wiederholen. Der folgende kleine Überblick beschränkt sich auf die häufigsten Verletzungen am Sprungplatz. Dabei sind wiederum nur die Notfallsituationen herausgegriffen, bei denen eine Hilfeleistung auch dem Laien möglich ist.
Vorbeugen ist der beste Schutz gegen Verletzungen. Dazu gehört auch: sauberer Landefall (Beine zusammen), festes Schuhwerk, ordentliche Sprungbekleidung, kein Sprung nach Alkoholgenuß oder Tabletteneinnahme etc. Für die ersten dreißig Absprünge sowie auch später bei ungünstigeren Windverhältnissen und beim Tragen lockerer Stiefel wird dringend das Anlegen von Bandagen (Breite: 8 cm) angeraten. Diese müssen gut stützen, dürfen aber auch nicht zu fest gewickelt sein (ggf. nochmals lösen und neu wickeln!). Die Bandagen sollen in Achter-Schlägen mit straffem

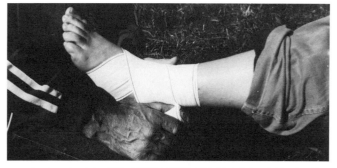

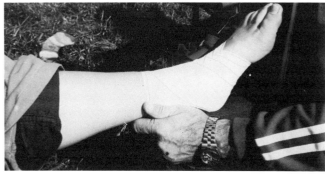

Zug im Fußgewölbe und um den Knöchel (Sprunggelenk) gelegt werden.

Um helfen zu können, gehört zu den mindesten Voraussetzungen die Kenntnis des Autoverbandkastens sowie des zusätzlich am Platz vorhandenen Sanitätsmaterials. Man muß wissen, wie ein Verbandpäckchen aussieht (auch von innen!) und wo eine Luftkammerschiene aufgeblasen wird.

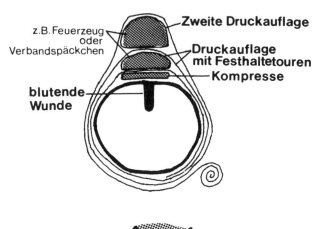

Blutstillung

Sie sollte in erster Linie durch das Anlegen eines sauberen **Druckverbandes** erfolgen. Dabei wird zuerst die sterile Polster-Auflage (meist rot) des Verbandpäckchens auf die Wunde gelegt. Damit diese Auflage keimfrei bleibt, darf sie nicht berührt werden und muß vorsichtig durch Ziehen an den mit dunklen Punkten gekennzeichneten Stellen entfaltet werden. Durch straffes Umwickeln mit einigen Lagen der angenähten Mullbinde fixiert man den Verband. Nun wird über die Stelle der Wunde ein kompakter Gegenstand (z. B. ungeöffnetes Verbandpäckchen, Feuerzeug etc.) gelegt und mit kräftigem Zug auf das bereits bestehende Verbandpolster gepreßt. Diesen Vorgang muß man unter Umständen (»durchbluten«) mit weiteren Druckpolstern wiederholen. Wichtig ist, daß vor allem die erste Umwicklung nach Zwischenlegen eines Polsters besonders straff angezogen wird.

Eine **Hochlagerung** des verletzten Beins bzw. Hochhalten des blutenden Arms bewirkt in Kombination mit dem Druckverband in den meisten Fällen eine sichere Blutstillung.

Bei Schlagaderverletzungen kann die Haupt-Arterie des Beins in der Leistengegend sowie die des Arms (bei nach oben gestrecktem Arm) über der Achselhöhle vorübergehend abgedrückt werden.

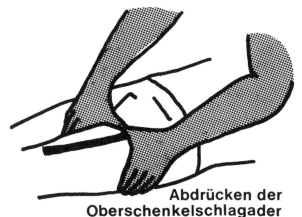

Abdrücken der Oberschenkelschlagader

Schock

Er ist für den Betroffenen absolut lebensbedrohlich und wird oft unterschätzt. Vereinfacht ausgedrückt

Abdrücken der Oberschlagader

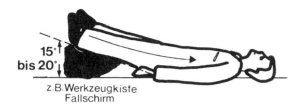
z.B. Werkzeugkiste Fallschirm

Schocklage im Gelände

Selbsttransfusion

- veränderte **Psyche**: Benommenheit, aber auch Unruhe
- evtl. Übelkeit, Durst, Atemnot.

Jeder Laie kann hier entscheidend Hilfe leisten durch
- Stillen der Blutung (falls nötig)
- psychische **Betreuung**: Patienten beruhigen; nie allein lassen (lebenswichtig!)
- **Warmhalten** durch Decken, Kleider etc. (jedoch *keine* Wärme von außen zuführen, z.B. Heizungsnähe, Wärmflasche)
- **Schocklagerung**, das heißt, der Patient muß so gelagert werden, daß eine ausreichende Durchblutung des Gehirns gewährleistet ist (Beine hoch; Oberkörper tief). Oft erlauben die Gegebenheiten des Geländes diese Lagerung. Anderenfalls schiebt man einen Fallschirm, zwei Autoreifen, eine Kiste oder ähnliche Lagerungshilfsmittel unter die Beine des Verunglückten.

Eine weitere wirksame Maßnahme, die bei schweren Schockzuständen durchgeführt werden sollte, ist die **Selbsttransfusion**. Dabei legt der Helfer die gestreckten Beine des Opfers auf seine Schultern und streift das Blut von den Füßen ausgehend über Unterschenkel, Knie und Oberschenkel in Richtung Körper aus.

geht im Körper folgendes vor: Das Blut »versackt« reflektorisch in den Organen und das Gehirn wird zu wenig durchblutet. Schmerzen, Knochenbrüche, Blutverlust, Stromschlag und Verbrennungen können unter anderem zu diesem Zustand führen. Bei Auftreten eines oder mehrerer der nachfolgend genannten **Kennzeichen** besteht Schock-Verdacht:
- schwach fühlbarer, schneller **Puls** (über 100 Schläge pro Minute)
- **Blässe** (evtl. Blaufärbung der Lippen und Fingernägel)
- kalter **Schweiß**; kalte Haut (Frieren)

Lagerungen

Außer der Schocklage können vom Laien noch weitere einfache Lagerungen durchgeführt werden, die auf den Schmerz- und Kreislaufzustand des Verunglückten wesentlichen Einfluß haben.

Bauchverletzten soll bei flacher Rückenlage eine zusammengerollte Decke unter die Knie geschoben werden. So entspannt sich die Bauchdecke, und die Schmerzen werden gelindert.

Hochlagerung des Oberkörpers ist erforderlich bei allen Patienten mit hochrotem Kopf (z. B. Hitzschlag) sowie bei stark blutenden Kopfverletzungen.

Bei **Blutungen aus dem Mund- und Rachenraum** soll sich der bewußtseinsklare Verletzte aufsetzen, den Oberkörper nach vorn beugen und die Arme auf die Knie stützen. Blut und Speichel können so am besten abfließen bzw. abgehustet werden.

Atemnot ist häufig bei Rippenfrakturen oder Sturz auf bestimmte Reflexzonen (z. B. Knie). Eine Besserung erfolgt meist rasch in der halbsitzenden Rückenlage.
Bewußtlose werden in die sogenannte stabile Seitenlage gebracht. Wichtig: Der Kopf muß überstreckt und das Gesicht bodenwärts gedreht werden. In den oberen Mundwinkel wird ein Verbandpäckchen zwischen die Zähne gesteckt, damit der Mund geöffnet bleibt und Speichel, Blut etc. abfließen können. Atemwege freihalten! Gegebenenfalls Erbrochenes mit dem Finger ausräumen.

Sind bei dem Bewußtlosen **Rippenbrüche** anzunehmen, so muß er **auf die verletzte Seite** gelagert werden, damit wenigstens der nicht eingeengte Lungenflügel voll arbeiten kann (sonst Erstickungsgefahr!).

Knochenbrüche

Die **Ruhigstellung** ist die wichtigste Maßnahme. In vielen Fällen bedeutet das: gar nichts tun und den Bruch in seiner Lage nicht verändern, bis geschultes Personal eintrifft.
Hängt ein Fuß z. B. nach außen und sind die Schmerzen nur in einer anderen Lage – die der Verletzte selbst angibt – erträglich, so kann die Ruhigstellung durch Abstützen (Danebenlegen eines Fallschirms oder einer Kiste) erfolgen.
Arm- und Schlüsselbeinbrüche sollen durch vorsichtiges Anlegen eines Dreiecktuchs ruhiggestellt werden, soweit der Helfer diese Technik beherrscht.
Merke: Bei **Knöchelbrüchen** (= häufigste Verletzung) bietet der fest gebundene **Springer-Stiefel** eine gute Kompression und stellt eine provisorische Schienung dar. Der Schuh darf bei dieser Verletzung auf keinen Fall am Unfallort ausgezogen werden!
Die **Luftkammerschiene** ist das ideale Hilfsmittel zur Schienung von Beinbrüchen. Sie sollte auf jedem Sprungplatz vorhanden sein und kann auch vom Laien vorsichtig angelegt werden. Der Einsatz dieser Schiene ist nur dann effektiv, wenn die Kammern prall aufgeblasen werden, mindestens jedoch soweit, bis der Verletzte Druckschmerzen angibt.
Der **Blutverlust** bei Knochenbrüchen ist enorm. Obwohl (bei geschlossenen Brüchen) äußerlich oft nur eine Schwellung zu sehen ist, verliert der Verletzte bei einem Unterschenkelbruch bis zu einem Liter, bei einem Oberschenkelbruch bis zu zwei Liter Blut, das sich in der Gegend der Bruchstelle ins Gewebe verteilt. Bei einem Gesamt-Blutvolumen von fünf bis sieben Litern beim Erwachsenen führt dieser erhebliche Verlust oft zum Schock, der sofort behandelt werden muß.

Anlegen der Luftkammerschiene

Der Bergegriff

Flugzeugunfälle

Start und Landung sind die gefährlichsten Momente beim Fliegen. Abkommen von der Landebahn beim Abheben oder ein »crash« durch unsanftes Aufsetzen sind wesentlich häufiger als Abstürze aus großen Höhen und gehen meist mit leichten bis mittelschweren Verletzungen der Beteiligten ab. Eine rasche Bergung der Insassen kann jedoch gerade hier lebensrettend sein.

Jede Hilfe beginnt hier mit dem **Bergegriff**. Der Helfer geht von hinten an den Verletzten heran, greift durch dessen Achseln und nimmt einen Unterarm des Verunglückten vor dessen Brust. Dabei liegen alle fünf Finger (einschließlich Daumen) jeder Hand über dem Unterarm des Opfers. Mit diesem Hebelgriff können auch körperlich schwache Personen schwergewichtige Verletzte rasch und sicher bergen.

Auf **Brandwunden** kommen keine Salben und keine Hausmittel. Leichte Verbrennungen hält man am besten so lange unter eiskaltes Wasser, bis der Schmerz nicht wiederkommt. Mit dieser anerkannten Methode können unter Umständen Blasenbildung und andere langwierige Folgen verhindert werden. Schwere Verbrennungen sind wie offene Wunden zu behandeln und mit keimfreiem Brandwundenverband (Metalline klebt nicht an) abzudecken. Auch bei Verbrennungen ist die Schockgefahr groß. Entsprechende Maßnahmen gegen den Schock können u.U. wichtiger als die Wundversorgung sein.

Verständigungsreihenfolge bei Unfällen

1) Unfälle mit Verletzten: **örtliche Rettungsleitstelle**
   Gebiet: _____ Telefon: _____

2) Unfälle mit Schwerverletzten: Katastrophenschutz/ADAC-**Rettungshubschrauber mit Notarzt**
   Gebiet: _____ Telefon: _____
   SAR-**Rettungshubschrauber mit Bergungsausrüstung**
   (Seilwinde für Schwerverletzte im Wald-, Berg- oder Hügelgelände) Search-And-Rescue-Leitstelle für die BRD,
   Telefon: **02823-3333**

3) Unfälle mit Verletzten (schwere **und** leichte Fälle), Todesfolge oder schweren Sachschaden: **örtliche Polizeidienststelle**
   Gebiet: _____ Telefon: _____

4) Unfälle mit Schwerverletzten, Todesfolge oder/und schweren Sachschäden (in den beiden letztgenannten Fällen darf die Unfallsituation ohne ausdrückliche Freigabe nicht verändert werden!):
   Luftfahrt-Bundesamt Braunschweig
   LBA-Luftfahrt-Unfall-Untersuchungsstelle (Gifhorn)
   Telefon: **05371-2771**
   LBA-Zentrale (Braunschweig)
   Telefon: 0531-39021

5) Die **Vorstandschaft** des jeweiligen Vereins bzw. Clubs sollte unverzüglich vom Unfallhergang in Kenntnis gesetzt werden.

6) Unfälle mit Personen- oder Sachschäden müssen innerhalb von 24 Stunden nach dem Ereignis schriftlich oder telegrafisch an die **Versicherung** gemeldet werden. Der Lizenzinhaber mit eigenem Schirm hat selbst für eine termingerechte Benachrichtigung zu sorgen. Bei Unfällen mit Schulungs- oder Vereinsgerät übernimmt diese Aufgabe der Ausbildungsleiter, Gerätewart oder Vorstand.
   Luftfahrtversicherung: _____ Telefon: _____
   Anschrift: _____
   Policen-Nr.: _____
   Hänge-Haftpflicht-Vers. (Fallschirm) _____
   Luftfahrt-Unfall-Vers. _____

7) Wird ein Verletzter ins Krankenhaus verbracht, so übernimmt der Sprungdienstleiter oder der Vorstand die Aufgabe, die **Angehörigen** zu verständigen.

Anhang

Luftrecht

In allen Ländern bestehen Rechtsgrundlagen, die den Fallschirmspringer, sein Gerät (Fallschirm), das Sprunggelände und sein Verhalten (Sprungbetrieb) regeln. Grund dafür ist die Tatsache, daß der Fallschirmspringer Luftfahrer und der Fallschirm ein Luftfahrtgerät ist und mithin im wesentlichen denselben Vorschriften wie der Pilot eines Flugzeuges unterliegt.

Das Luftrecht in Deutschland

Rechtsgrundlagen
Grundlage des deutschen Luftrechts ist das Luftverkehrsgesetz (LuftVG). Es enthält die wichtigsten Prinzipien des Luftrechts. Auf seiner Grundlage beruhen verschiedene Verordnungen, die Einzelbereiche und Einzelheiten genauer regeln. Die Luftverkehrs-Zulassungs-Ordnung (LuftVZO) befaßt sich mit der Zulassung von Luftfahrtgeräten, von Personen und Flugplätzen zum Luftverkehr. Welche fachlichen Anforderungen an den Fallschirmspringer bei seiner Ausbildung und Prüfung gestellt werden und welche Erlaubnisse und Berechtigungen er braucht, regelt die Verordnung über Luftfahrtpersonal (LuftPersV). Die Verhaltensregeln im Luftverkehr sind in der Luftverkehrs-Ordnung (LuftVO) niedergelegt.
Auf den Betrieb eines Fallschirms finden – soweit einschlägig – alle Vorschriften des Luftrechts Anwendung. Laufende Anordnungen der Luftfahrtbehörden, wichtige Informationen und Hinweise für alle Luftfahrer (also auch für den Fallschirmspringer) finden sich in den »Nachrichten für Luftfahrer« (NfL). Eilige Mitteilungen werden sofort als Warnung (NOTAM = notice to airman) veröffentlicht.

Fallschirmspringer
Mit einem Fallschirm abspringen darf nur, wer im Besitz einer dafür erteilten Erlaubnis ist. Erteilt wird diese Erlaubnis nach Ausbildung und Prüfung von der für den Wohnsitz des Fallschirmspringers oder seines Ausbildungsorts zuständigen Luftfahrtbehörde durch Aushändigung eines Luftfahrerscheins für Fallschirmspringer.
Begonnen werden kann die Ausbildung mit 16 Jahren. Die Erlaubnis wird jedoch erst mit 17 Jahren erteilt. Liegt Minderjährigkeit vor, ist die amtlich beglaubigte Zustimmung der gesetzlichen Vertreter (Eltern) erforderlich. Ausgebildet werden darf nur, wer körperlich, geistig und charakterlich geeignet ist. Die körperliche Eignung wird durch ein Tauglichkeitszeugnis eines fliegerärztlichen Sachverständigen, ab 45 Jahren durch ein von einer fliegerärztlichen Untersuchungsstelle ausgestelltes Tauglichkeitszeugnis nachgewiesen. Geistig ungeeignet ist, wer entmündigt ist, charakterlich ungeeignet, wer erheblich vorbestraft ist, insbesondere auch wegen Verstößen gegen Verkehrsvorschriften.
Die Ausbildung ist in einen theoretischen und einen praktischen Teil gegliedert. Für eine theoretische Ausbildung sind 30 Unterrichtsstunden innerhalb der letzten 24 Monate vor Ablegung der Prüfung in den Fächern Luftrecht (mit Luftverkehrs- und Flugsicherungsvorschriften), Theorie des freien Falls, Meteorologie, Technik und Verhalten in besonderen Fällen sowie bei Unfällen erforderlich. Die praktische Ausbildung umfaßt das Packen von Fallschirmen, Bodenübungen und

mindestens 10 Ausbildungssprünge mit automatischer und manueller Auslösung innerhalb der letzten 18 Monate vor Ablegung der Prüfung. Daneben ist die erfolgreiche Teilnahme an einer Unterweisung in Sofortmaßnahmen am Unfallort (ähnlich wie beim Führerschein) nachzuweisen.

Der Fallschirmspringer darf nur in behördlich zugelassenen Luftfahrerschulen ausgebildet werden. Zur praktischen Ausbildung sind nur Personen mit Lehrberechtigung autorisiert.

Der Luftfahrerschein für Fallschirmspringer berechtigt zu Sprüngen mit automatischer und manueller Auslösung. Beschränkt sich die Ausbildung auf Sprünge mit automatischer Auslösung, wird die Erlaubnis entsprechend beschränkt. Erteilt wird die Erlaubnis nur für jeweils 24 Monate, sofern nicht das fliegerärztliche Tauglichkeitszeugnis auf einen kürzeren Zeitraum lautet. Wurde die fliegerärztliche Nachuntersuchung innerhalb der letzten 45 Tage vor Ablauf der Gültigkeit durchgeführt, beginnt die Verlängerungsdauer mit dem Ablauf der bisherigen Gültigkeitsdauer.

Wer vor Ablauf der Gültigkeit der Erlaubnis zwei Sprünge mit manueller Auslösung innerhalb der letzten 12 Monate vor diesem Zeitpunkt nachweist, kann bei der für seinen Wohnsitz zuständigen Luftfahrtbehörde die *Verlängerung* seiner Erlaubnis beantragen. Bei einer auf automatische Sprünge beschränkten Erlaubnis genügt der Nachweis von zwei Sprüngen mit dieser Auslösung. Ist die rechtzeitige Verlängerung aus entschuldbaren Gründen unterblieben, kann eine Erlaubnis, deren Gültigkeit nicht länger als 6 Monate abgelaufen ist, bei Vorliegen der vorgenannten Voraussetzungen noch verlängert werden. Nach Ablauf der Gültigkeit einer Erlaubnis ist eine *Erneuerung* notwendig. Sie erfordert den Nachweis von 4 Sprüngen mit manueller Auslösung (bei beschränkter Erlaubnis: 4 automatische Absprünge) innerhalb der letzten 12 Monate vor Stellung des Erneuerungsantrages. Noch notwendige Sprünge dürfen nach Ablauf der Gültigkeit nurmehr mit Auftrag eines Sprunglehrers durchgeführt werden. Bei einer länger als 3 Jahre abgelaufenen Erlaubnis ist zusätzlich eine theoretische Prüfung abzulegen.

Nachgewiesen werden die Sprünge durch das Sprungbuch (Datum, Absprungort, Sprunghöhe, Sprungart, Kennzeichen des absetzenden Flugzeuges), zu dessen Führung jeder Fallschirmspringer verpflichtet ist.

Fallschirmspringer der Bundeswehr dürfen sich während der Dauer ihres Dienstverhältnisses im Umfang ihrer militärischen Erlaubnis auch zivil betätigen. Auf Antrag der zuständigen Bundeswehrdienststelle kann die militärische Erlaubnis auch während der Dienstzeit in eine zivile umgeschrieben werden, ohne daß eine Prüfung abzulegen ist. Auch nach Beendigung des Dienstverhältnisses kann die militärische Erlaubnis in eine zivile umgeschrieben werden, sofern der Antrag innerhalb von sechs Monaten nach Ausscheiden aus der Bundeswehr gestellt wird. Bei Versäumung dieser Frist kann die Umschreibung unter den Voraussetzungen einer Erneuerung der Erlaubnis für Fallschirmspringer geltenden Voraussetzungen vorgenommen werden. Die zivile Erlaubnis gilt immer nur im Umfang der militärischen. Sind in der militärischen Erlaubnis nur automatische Sprünge eingetragen, wird diese Beschränkung auch in die zivile Erlaubnis übernommen.

Da in Deutschland Fallschirme nicht in die Luftfahrzeugrolle eingetragen werden, neuerdings für sie sogar die Zulassungspflicht weggefallen ist, besteht derzeit noch Unklarheit über die Geltung einerseits deutscher Erlaubnisse im Ausland, andererseits ausländischer Erlaubnisse in Deutschland. Zweifelhaft ist, ob ausländische Erlaubnisse unter diesen Voraussetzungen noch der Anerkennung bedürfen, da diese nur notwendig ist, wenn Luftfahrzeuge geführt werden, die in Deutschland eingetragen und zugelassen sind. Im Einzelfall empfiehlt sich eine Nachfrage bei einer Luftfahrtbehörde. Deutsche Fallschirmspringer-Scheine sind in Österreich und der Schweiz allgemein anerkannt (also keine Umschreibung), ebenso österreichische oder schweizerische Scheine in Deutschland, sofern der Springer im jeweiligen Land nicht seinen ständigen Wohnsitz oder Aufenthalt hat.

Fallschirm
Seit Anfang 1979 ist die Zulassungspflicht für Springerfallschirme weggefallen. Zulassungspflichtig (nur Musterzulassung) sind nur noch die Rettungsfallschirme (Personenfallschirme, die ausschließlich zur Rettung von Personen aus Luftnot bestimmt und als solche Muster zugelassen sind). Damit besteht für Springerfallschirme auch keine Pflicht mehr auf amtliche Nachprüfung ihrer Lufttüchtigkeit in gewissen Zeitabständen sowie nach am Fallschirm vorgenommenen Instandsetzungen oder Änderungen.

Die Fachgruppe Fallschirmsport im Deutschen Aero-Club (DAeC) hat in einem Technischen Betriebshandbuch alle Gesichtspunkte zusammengefaßt, die für die Lufttüchtigkeit eines Sprungfallschirms von Bedeutung sind und bei der Herstellung und dem Betrieb eines solchen Fallschirms unbedingt beachtet werden sollten. Sprungfallschirme, die diesen Anforderungen entsprechen, erhalten ein Gütesiegel des DAeC. Vom DAeC werden weiter Fallschirmprüfer zur Verfügung gestellt, die die Lufttüchtigkeit der Sprungfallschirme in gewissen Zeitabständen (1 oder 2 Jahre) überprüfen.

Der Halter eines Fallschirms (die Person, die den Fallschirm auf eigene Rechnung in Gebrauch hat und über ihn die Verfügungsgewalt besitzt, die ein solcher Gebrauch voraussetzt; meist – aber nicht notwendig – der Eigentümer) hat eine Haftpflichtversicherung mit einer Mindesthaftungssumme von (derzeit) 850 000 DM für Unfälle und Sachschäden, die aus seinem Betrieb Dritten entstehen, abzuschließen. Von der Versicherungspflicht ausgenommen sind die Reservefallschirme. Der Versicherungsnachweis ist beim Betrieb des Fallschirms mitzuführen.

Sprunggelände
Sprünge mit Fallschirmen dürfen entweder nur auf Flugplätzen (Flughäfen, Landeplätzen, Segelfluggeländen) erfolgen, die für das Absetzen von Fallschirmspringern zugelassen sind, oder auf Außenlandegeländen, für die eine Einzel- oder Dauererlaubnis vorliegt. Wer auf einem für Fallschirmsprünge zugelassenen Flugplatz springen will, braucht dazu die Erlaubnis des Flugplatzhalters oder der Flugleitung (oder der Luftaufsicht, sofern eine solche auf dem Platz vorhanden ist). Außerhalb solcher Flugplätze darf nur nach vorheriger Erteilung einer dem Springer persönlich für einen Einzelfall oder auf Zeit erteilten Außenlandeerlaubnis (§ 25 LuftVG) gesprungen werden. In beiden

Fällen sind die einschlägigen Auflagen zu beachten. Erteilt wird die Außenlandeerlaubnis von der für den Absprungort zuständigen Luftfahrtbehörde. Gültig ist diese Erlaubnis aber erst dann, wenn auch der Eigentümer oder sonst Berechtigte (Pächter) des Sprunggeländes zugestimmt hat. Sprünge ohne Außenlandeerlaubnis stellen eine Straftat dar, Verstöße gegen die mit ihr verbundenen Auflagen sind Ordnungswidrigkeiten. Landet der Fallschirmspringer außerhalb des genehmigten Sprunggeländes, weil er beispielsweise abgetrieben worden ist, liegt kein Verstoß vor. Ist es in einem solchen Fall zu einem Schaden gekommen (z. B. Landung in einem Blumenbeet), hat der Fallschirmspringer die Pflicht, dem Geschädigten über seine Person und die des Halters des Fallschirms sowie über die Versicherung, bei der der Haftpflichtversicherungsvertrag abgeschlossen ist, Auskunft zu geben.

Sprungbetrieb
Als Teilnehmer am Luftverkehr hat der Fallschirmspringer sich grundsätzlich so zu verhalten, daß die Sicherheit und Ordnung im Luftverkehr gewährleistet sind und kein anderer gefährdet, geschädigt oder mehr als nach den Umständen unvermeidbar behindert oder belästigt wird. Eine fast gleichlautende Regelung ist aus dem Straßenverkehr bekannt. Insbesondere ist der Fallschirmspringer am Springen gehindert, wenn er infolge Alkoholisierung, unter Einfluß anderer berauschender Mittel oder anderer körperlicher oder geistiger Mängel dazu nicht in der Lage ist.
Vor jedem Sprung ist der Fallschirmspringer verpflichtet, eine sorgfältige Sprungvorbereitung durchzuführen. Diese Pflicht kann im Interesse des Fallschirmspringers nicht genügend betont werden. Schon mancher Fallschirmspringer hat eine schlechte oder unterlassene Sprungvorbereitung mit schweren Verletzungen oder gar mit dem Leben bezahlt. Vor einem Sprung hat sich der Fallschirmspringer mit allen Unterlagen und Informationen, die für die sichere Durchführung des Sprungs von Bedeutung sind, vertraut zu machen und sich davon zu überzeugen, daß der Fallschirm sich in verkehrssicherem Zustand befindet und er die vorgeschriebenen Ausweise mit sich führt.
Beim Sprung sind alle dafür gemachten Auflagen und die Anweisungen der örtlichen Flugleitung oder Luftaufsicht einzuhalten. Verstöße ziehen eine Ahndung als Ordnungswidrigkeiten nach sich. In schwerwiegenden Fällen kann auch die Erlaubnis widerrufen und der Luftfahrerschein eingezogen werden.
Gegenüber anderen Luftfahrzeugen ist der Fallschirm sehr manövrierunfähig. Einen Fallschirmspringer trifft daher eine Ausweichpflicht nur bei einer Annäherung an einen anderen Springer oder einem Freiballon. Bei einer Annäherung im Gegenflug ist nach rechts auszuweichen, kreuzen sich die Flugrichtungen, hat der von links kommende auszuweichen.
Wichtig für den Fallschirmspringer ist die Kenntnis der Luftraumgliederung. Aus diesem Bereich erwarten ihn häufig Auflagen der Bundesanstalt für Flugsicherung, die für die Sicherung und Kontrolle des Luftverkehrs zuständig ist. Zu unterscheiden ist zwischen kontrolliertem und unkontrolliertem Luftraum. Der kontrollierte Luftraum hat eine seitliche (laterale) und höhenmäßige (vertikale) Ausdehnung. Am geringsten in der Ausdehnung ist die Kontrollzone, die um Flugplätze mit Instrumentenflugverkehr besteht. Sie beginnt am Boden und reicht in der Regel bis in eine Höhe von 2500 Fuß (750 m) über Grund. Seitlich dehnt sie sich kreisförmig mit einem Radius von 5 nautischen Meilen (9 km) aus unter Hinzufügung von zwei Quadern von 2,5 nautischen Meilen. In dieser Zone bedarf jeder Fallschirmsprung einer Freigabe durch die Flugsicherung, die die Bewegungen auf dem Flugplatz kontrolliert. Praktisch findet in der Kontrollzone eines Flugplatzes kein Sprungbetrieb statt, allenfalls auf militärischen Plätzen. Der nächstgrößere kontrollierte Luftraum ist der Nahverkehrsbereich. Er wird in die Sektoren A, B und C aufgeteilt. Seitlich schließt er mit dem Sektor A an die Kontrollzone an. Im Sektor A beginnt der kontrollierte Luftraum ab 1000 Fuß (300 m), im Sektor B ab 1500 Fuß (500 m) und im – bislang noch nicht existierenden – Sektor C ab 2500 Fuß (750 m) über Grund. Danach kommt als nächster Bereich der Kontrollbezirk. Er beginnt ab 2500 Fuß (750 m) über Grund und umspannt den gesamten Bereich der Bundesrepublik. Wo und in welcher Ausdehnung sich kontrollierte Lufträume befinden, ist aus der jeweils neuesten Ausgabe der Luftfahrerkarte zu entnehmen. Sprünge, bei denen im kontrollierten Luftraum die Sichtflugbedingungen nicht eingehalten werden können, bedürfen einer Flugverkehrsfreigabe durch die zuständige Flugverkehrskontrollstelle der Flugsicherung.

Bedeutung hat die Unterscheidung zwischen kontrolliertem und unkontrolliertem Luftraum für die Sichtflugregeln. Im unkontrollierten Luftraum darf in einer Höhe bis zu 3000 Fuß (900 m) über Grund abgesprungen werden, wenn sowohl der Führer des Luftfahrzeugs, der den Fallschirmspringer transportiert, als auch der Springer selbst Erdsicht sowie Flugsicht (horizontal) von mindestens 1,5 km haben und Wolken nicht berührt werden. Weit strengere Regeln gelten im kontrollierten Luftraum und immer in einer Höhe von mehr als 900 m über Grund. In beiden Fällen darf nur bei einer Flugsicht von 8 km und einem Mindestabstand von den Wolken von 1,5 km waagrecht sowie von 300 m senkrecht gesprungen werden. Daneben sind militärische Tiefflugebiete zu beachten. Die Grafik S. 130 veranschaulicht Sichtflugregeln.

Die Vorschriften über die Sicherheitsmindesthöhen und die Ausweichregeln haben für den Fallschirmspringer geringere Bedeutung. Immerhin haben die Sicherheitsmindesthöhen die Wirkung, daß sie gleichzeitig die absoluten Mindestöffnungshöhen darstellen (freies Gelände: 150 m, bebautes Gebiet: 300 m). Aus Sicherheitsgründen liegen die Mindestöffnungshöhen jedoch bei 400 m für automatische und 600 m für manuelle Absprünge. Zur Vermeidung von Zusammenstößen hat der Fallschirmspringer zu anderen Springern oder Luftfahrzeugen und zu Hindernissen einen ausreichenden Abstand einzuhalten. Gruppensprünge dürfen nur nach vorangegangener Vereinbarung durch alle beteiligten Springer durchgeführt werden. Für Fallschirmspringer gilt weiter, daß der obere dem unteren Springer auszuweichen hat und der untere beim Zielanflug bevorrechtigt ist. Einem in seiner Manövrierfähigkeit erkennbar behinderten Luftfahrzeug ist immer auszuweichen. Gesprungen werden darf erst dann, wenn nach Beobachtung des Luftraums keine Gefahr des Zusammenstoßes mit einem anderen Luftfahrzeug besteht.

Sichtflugregeln und Luftraumgliederung

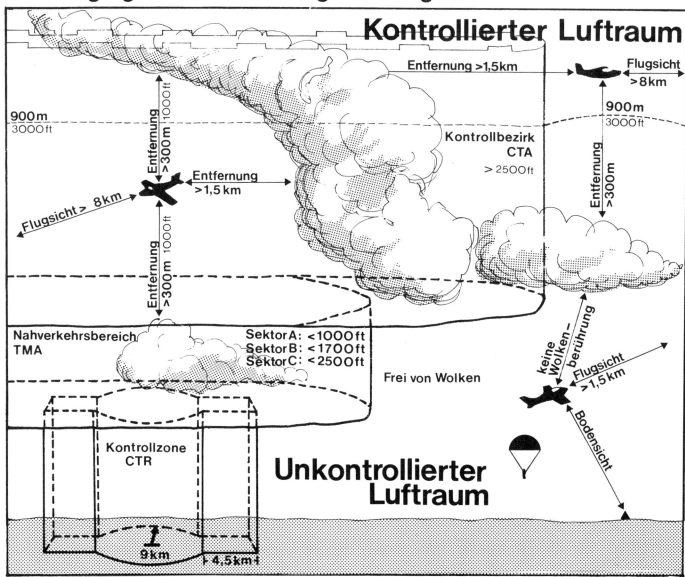

Zur Feststellung und Beseitigung der Ursachen von Störungen beim Betrieb eines Fallschirms sind alle Vorgänge meldepflichtig, die die sichere Durchführung eines Absprungs beeinträchtigt haben. Meldepflichtig ist der Halter des Fallschirms. Zu richten ist die Meldung innerhalb von 3 Tagen an das Luftfahrt-Bundesamt. Störungen, bei denen eine Person getötet oder schwer verletzt worden ist oder der Fallschirm einen schweren Schaden erlitten oder verursacht hat, sind unverzüglich der nächst erreichbaren Polizeidienststelle zur Weiterleitung an die Landesluftfahrtbehörde und das Luftfahrt-Bundesamt zu melden. Eine Meldung an die nächste Flugsicherungsdienststelle wird sich in den meisten Fällen erübrigen. Hat sich die Störung auf einem Flugplatz oder in seiner unmittelbaren Umgebung ereignet, kann die Meldung auch an die Flugleitung oder Luftaufsichtsstelle erfolgen. Bei schweren Störungen hat der Fallschirmspringer selbst die Meldung abzugeben, soweit er dazu noch in der Lage ist, ersatzweise der Halter. Meldepflichtig sind auch Störungen, die sich im Ausland ereignet haben. Meldebehörde ist in diesem Fall direkt das Luftfahrt-Bundesamt.

Der Fallschirmspringer hat die im Einzelfall erlassenen luftaufsichtlichen Verfügungen zu befolgen. Sie können nur von einem Bediensteten einer Luftfahrtbehörde erlassen werden.

Veranstaltungen
Luftfahrtveranstaltungen sind öffentliche Wettbewerbe oder Schauvorstellungen, an denen Luftfahrzeuge, also auch Fallschirmspringer, beteiligt sind. Ihre Abhaltung bedarf einer Genehmigung der örtlich zuständigen Luftfahrtbehörde. Zu beantragen ist die Genehmigung acht Wochen vor der Veranstaltung. Die Durchführung der Veranstaltung kann Auflagen unterworfen werden, was regelmäßig der Fall ist. Öffentlich ist eine Veranstaltung dann, wenn eine unbestimmte Zahl von Personen zu ihr Zutritt hat, ohne daß es sich dabei um eine bestimmte Gruppe von Personen (z. B. Vereinsmitglieder) handelt. Reine Vereinswettbewerbe sind keine öffentlichen Veranstaltungen, sofern für sie nicht öffentlich geworben und dadurch ein nicht vereinsangehöriges Publikum angelockt wird. Eine Luftfahrtveranstaltung liegt nur dann vor, wenn der Programmschwerpunkt von Luftfahrzeugen bestritten wird. Finden beispielsweise bei der Eröffnung eines Kinderspielplatzes zwei Fallschirmabsprünge statt, handelt es sich dabei noch nicht um eine genehmigungspflichtige Veranstaltung. Für eine Veranstaltung ist eine Haftpflichtversicherung von derzeit mindestens 300 000 DM für Personenschäden und 30 000 DM für Sachschäden sowie eine Unfallversicherung zugunsten der Zuschauer von mindestens 20 000 DM je Person für den Todesfall und 40 000 DM für den Invaliditätsfall zu erbringen.

Ahndung von Verstößen
Zu unterscheiden ist zwischen Straftaten, die von den Strafgerichten geahndet werden, und Ordnungswidrigkeiten, die von der Luftfahrtbehörde verfolgt werden.
Straftaten sind vor allem: Verkehrsgefährdung durch Nichtbeachtung luftaufsichtlicher Verfügungen, Springen ohne oder mit nicht mehr gültiger Erlaubnis (Schein) und (wichtig!) Absprung ohne Außenstart- und Landeerlaubnis.
Weitaus die meisten Verstöße werden als Ordnungswidrigkeiten mit Bußgeld geahndet. Das Bußgeld kann bis zu 5000 DM, in besonderen Fällen auch bis zu 10 000 DM betragen.

Behörden
Die für den Fallschirmspringer wichtigen Erlaubnisse (Erteilung, Verlängerung und Erneuerung des Luftfahrerscheins; Außenstart- und Landeerlaubnis) und Genehmigungen (Veranstaltungen) werden in der Regel von der zuständigen Luftfahrtbehörde des Landes erteilt. Flugsicherungsbelange werden beim Betrieb von Fallschirmen von der örtlich zuständigen Luftfahrtbehörde im Einvernehmen mit der Bundesanstalt für Flugsicherung wahrgenommen. Die Organisation der Luftfahrtverwaltung zeigt nachfolgendes Schaubild:

Luftfahrtbehörden des Bundes	
Bundesanstalt für Flugsicherung Frankfurt mit Regionalstellen in: Frankfurt, Bremen, Porz-Wahn (Köln), Stuttgart Hannover, Düsseldorf, Nürnberg München, Hamburg, Saarbrücken	Bundesminister für Verkehr – Luftfahrt-Bundesamt Bonn – Braunschweig Bezirksregierungen: Baden-Württemberg (Stuttgart, Karlsruhe, Freiburg–Tübingen) Bayern (Regierung von Oberbayern – Luftamt Südbayern: Oberbayern, Niederbayern, Schwaben; Regierung von Mittelfranken – Luftamt Nordbayern, Ober-, Mittel-, Unterfranken, Oberpfalz) Hessen (Darmstadt, Kassel) Niedersachsen (Braunschweig, Oldenburg) Nordrhein-Westfalen (Düsseldorf: Düsseldorf, Köln; Münster: Münster, Arnsberg, Detmold) Rheinland-Pfalz (Koblenz, Neustadt/W., Trier)
Luftfahrtbehörden der Länder	
Bremen, Hamburg, Saarland, Schleswig-Holstein: Minister (Senator) für Wirtschaft und Verkehr	Baden-Württemberg, Bayern, Hessen, Niedersachsen, Nordrhein-Westf., Rheinld.-Pfalz: Ministerium (Minister) s. Wirtschaft u. Verkehr

Das Luftrecht in Österreich

Rechtsgrundlagen

Grundlage des österreichischen Luftrechts ist das Luftfahrtgesetz (LFG). Es enthält die grundlegenden Bestimmungen für die gesamte Luftfahrt. In der Zivilluftfahrt-Personalverordnung (ZLPV) ist geregelt, welche Tätigkeit in der Luftfahrt erlaubnispflichtig ist und unter welchen Voraussetzungen die Erlaubnis erworben und aufrechterhalten werden kann.

Das Bundesministerium für Verkehr als Oberste Zivilluftfahrtbehörde hat ergänzend dazu im Durchführungserlaß zur ZLPV (ZPE) – veröffentlicht im Österreichischen Nachrichtenblatt für Luftfahrer = ÖNfL, Teil I – weitere Richtlinien verlautbart. Die für alle Luftfahrer geltenden Bestimmungen über das Verhalten im Luftverkehr sind in der Verordnung über Luftverkehrsregeln (LVR) niedergelegt. Das Bundesministerium für Verkehr als Oberste Zivilluftfahrtbehörde hat dazu im Durchführungserlaß zu den Luftverkehrsvorschriften (LVE) – ebenfalls veröffentlicht im ÖNfL – weitere Richtlinien verlautbart. Andere Verordnungen (wie beispielsweise die Zivilflugplatz-Verordnung) sind für den Fallschirmspringer von geringer Bedeutung.

Der Fallschirm ist ein Luftfahrzeug im Sinne des Luftfahrtgesetzes. Daher sind alle Vorschriften des Luftrechts – soweit einschlägig – auf ihn und seinen Benützer anwendbar.

Fallschirmspringer

Die Ausbildung von Fallschirmspringern ist nur in einer Zivilluftfahrerschule zulässig, die über die Bewilligung des Bundesamtes für Zivilluftfahrt verfügt. Die praktische Ausbildung darf erst nach Erteilung eines Flugschülerausweises begonnen werden. Als Ausbilder darf nur tätig werden, wer eine Lehrberechtigung für Fallschirmspringer hat. Fallschirmsprunglehrer-Anwärter, das sind Fallschirmspringer nach erfolgreich abgelegter Fallschirmspringer-Lehrerprüfung und darüber ausgestelltem Zeugnis des Bundesamtes für Zivilluftfahrt, dürfen nur unter der Aufsicht eines Sprunglehrers ausbilden.

Deutsche und schweizerische Fallschirmspringerscheine werden ohne besondere Antragstellung allgemein gemäß gegenseitigem Übereinkommen anerkannt.

Als Führer eines Luftfahrzeugs gehört der Fallschirmspringer zum Luftpersonal. Er bedarf daher einer Erlaubnis des Bundesamtes für Zivilluftfahrt. Nachgewiesen wird die erteilte Erlaubnis durch den Zivilluftfahrt-Personalausweis (Luftfahrerschein = Fallschirmspringerschein samt eventuellen Erweiterungen).

Der Erwerb des Fallschirmspringerscheins ist an mehrere Voraussetzungen geknüpft. Der Bewerber muß ein Mindestalter von 17 Jahren haben. Ist er noch minderjährig, bedarf er auch der Zustimmung seiner gesetzlichen Vertreter (Eltern). Eine weitere Voraussetzung ist zweitens die Verläßlichkeit des Bewerbers. Wer voll oder beschränkt entmündigt ist, zu Mißbrauch von Alkohol oder Suchtgift neigt oder gegen Zoll- und Verkehrsvorschriften sowie gegen Vorschriften zum Schutz der körperlichen Sicherheit verstoßen hat, kann nicht Fallschirmspringer werden. Drittens muß der Bewerber für die Tätigkeit als Fallschirmspringer körperlich und geistig tauglich sein. Nachgewiesen wird diese Tauglichkeit durch das Gutachten eines fliegerärztlichen Sachverständigen. Für den Fallschirmspringer sind folgende Tauglichkeitsgrade vorgeschrieben: Allgemeiner Gesundheitszustand 3, Sehvermögen 3, Hörvermögen 2. Schließlich muß der Bewerber viertens fachlich befähigt sein. Fachlich befähigt ist nur, wer die vorgeschriebene Ausbildung gemacht und die darauffolgende Prüfung bestanden hat. Der Bewerber hat nachzuweisen, daß er während der letzten sechs Monate vor der Antragstellung mindestens zehn Fallschirmsprünge mit automatischer Auslösung aus einer Höhe von mindestens 500 m und höchstens 800 m gemacht hat. Insgesamt müssen fünf Zielsprünge in einem Kreis von 200 m Durchmesser und ein Absprung mit Öffnen des Rettungsschirms darin enthalten gewesen sein. Die theoretische Prüfung erstreckt sich auf Fallschirmkunde, Verhaltensregeln beim Absprung und in Notfällen, Bestimmung des Zeitpunktes des Absprungs, Organisation und Aufgaben der Flugsicherung, Luftrecht sowie Erste Hilfe bei Unfällen.

Die praktische Prüfung besteht in einem Absprung mit automatischer Auslösung aus einer Höhe zwischen 500–800 m mit einem Fallschirm des Typs, auf den sich die Grundberechtigung erstrecken soll.

Durch eine Zusatzprüfung kann die Grundberechtigung um die Berechtigung erweitert werden, Sprünge mit anderen als von der Grundberechtigung erfaßten Fallschirmen durchführen zu dürfen (z. B. mit Flächengleiter-Fallschirmen).

Mit manueller Auslösung darf nur abspringen, wer dazu eine besondere Berechtigung hat, für deren Erwerb eine zusätzliche Ausbildung (Absprünge mit Handauslösung, davon mindestens fünf Zielsprünge und mindestens zwei mit 9–11 Sekunden Verzögerung) und Prüfung (Absprung aus etwa 800 m mit Handauslösung) Voraussetzung ist.

Eine weitere besondere Berechtigung ist für Absprünge aus einer Höhe von weniger als 400 m notwendig. Sie kann nach mindestens zwanzig Absprüngen mit Handauslösung und einer Zusatzprüfung (zwei Absprünge mit mindestens 15 Sekunden Verzögerung) erworben werden. Ferner gibt es die Sicht-Nachtsprungberechtigung. Sie kann nach mindestens 100 Absprüngen mit Handauslösung bei Tag, mindestens drei Zielsprüngen mit Handauslösung bei Nacht unter Sichtflug-Wetterbedingungen in einem Kreis von 200 m Durchmesser erworben werden. Bei der Zusatzprüfung ist ein Zielsprung mit Handauslösung bei Nacht unter Sichtflug-Wetterbedingungen in einem Kreis von 200 m Durchmesser auszuführen.

Der Fallschirmspringerschein gilt 24 Monate, bei Personen, die älter als 45 Jahre sind, jedoch nur 12 Monate. Seine Gültigkeit kann verlängert werden, wenn mindestens sechs Absprünge mit automatischer oder manueller Auslösung (Grundberechtigung) oder mindestens sechs Absprünge mit Handauslösung, davon mindestens drei mit Verzögerungen bis zu zehn Sekunden (Berechtigung für manuelle Absprünge), oder mindestens drei Absprünge aus einer Höhe von weniger als 400 m (Berechtigung für Absprünge aus geringer Höhe) bzw. mindestens drei Fallschirmsprünge mit Handauslösung bei Nacht (für die Sicht-Nachtsprungberechtigung) innerhalb der letzten 24 Monate vor der Antragstellung nachgewiesen werden. Weiter muß die Fliegertauglichkeit fortbestehen und der Antrag vor Ablauf der Gültigkeit des Fallschirmspringerscheins eingebracht worden sein. Nach Ablauf der Gültigkeit ist nur eine Erneuerung möglich. Sie ist zu erteilen, wenn die Voraussetzungen für eine Verlängerung vorliegen und das Bestehen der theoretischen und praktischen Prüfung nachgewiesen wird.

Fallschirm
Für Absprünge dürfen nur solche Fallschirme verwendet werden, die vom Bundesamt für Zivilluftfahrt durch schriftlichen Bescheid (Zulassungsschein) zugelassen, oder wenn bei ausländischen Fallschirmen die Zulassung in einem anderen Staat im Einzelfall durch Bescheid oder allgemein durch zwischenstaatliche Abkommen anerkannt sind. Allgemein anerkannt sind in der Bundesrepublik Deutschland und in der Schweiz zugelassene Fallschirme. Zugelassen werden nur solche Fallschirme, die lufttüchtig und in gesetzlich vorgeschriebener Weise haftpflichtversichert sind. Die Haftpflichtversicherung muß derzeit in Höhe von 600 000 S abgeschlossen werden.
Zugelassen wird das jeweilige Muster eines Fallschirms. Aufgrund dieser Musterprüfung erfolgt die Zulassung aller Fallschirme derselben Bauart nach Durchführung einer Stückprüfung, bei der die Mustergleichheit festgestellt wird.

Sprunggelände
Fallschirmabsprünge dürfen nur auf Flugplätzen erfolgen. Außerhalb von Flugplätzen bedürfen sie einer Bewilligung des zuständigen Landeshauptmannes. Erteilt wird diese Bewilligung, wenn öffentliche Interessen nicht entgegenstehen. Neben der Bewilligung des Landeshauptmannes ist auch die Zustimmung des Grundeigentümers oder sonst Verfügungsberechtigten des Außenlandegeländes erforderlich.

Sprungbetrieb
Fallschirmabsprünge dürfen nur unter Einhaltung der Sichtflugregeln durchgeführt werden. Vor ihrer Durchführung hat sich der Fallschirmspringer davon zu überzeugen, daß sich der von ihm benützte Fallschirm in verkehrssicherem Zustand befindet, und sich mit allen zur Verfügung stehenden Wettermeldungen und Wettervorhersagen vertraut zu machen. Die sorgfältig vorzunehmende Sprungvorbereitung hat sich auf alle Umstände zu erstrecken, die für den Absprung von Bedeutung sein können.
Auf und in der Nähe kontrollierter Flugplätze (Flughäfen und militärische Flugplätze) sind Absprünge nur zulässig, wenn die Flugplatzkontrollstelle zugestimmt hat. Für Absprünge in kontrollierten Lufträumen ist die Zustimmung der zuständigen Flugverkehrskontrollstelle notwendig. In beiden Fällen hat zwischen dem absetzenden Flugzeug (einschl. Hubschrauber) und der zuständigen Flugverkehrskontrollstelle eine Sprechfunkverbindung zu bestehen. Absprünge auf und in der Nähe nicht kontrollierter Flugplätze bedürfen der Zustimmung des Flugplatzbetriebsleiters.
Vor dem Absprung hat der Fallschirmspringer den Luftraum zu beobachten und sich vor allem davon zu überzeugen, daß für die Dauer des Absprungs keine Gefahr des Zusammenstoßes mit einem anderen Luftfahrzeug besteht. Die eigenen Beobachtungen des Fallschirmspringers sind durch die der sich an Bord des absetzenden Luftfahrzeugs befindlichen Personen zu ergänzen.
Der gesamte Sprungbetrieb steht unter dem für alle Luftfahrzeuge geltenden Verbot der Gefährdung von Personen oder Sachen. Jeder Fallschirmspringer hat daher sein Verhalten so einzurichten, daß die Einhaltung dieses Verbots jederzeit gewährleistet ist.
Unfälle oder sonstige Störungen beim Betrieb eines Fallschirms sind vom Fallschirmspringer, dem Halter des Fallschirms, dem Flugplatzhalter und von den Organen des öffentlichen Sicherheitsdienstes (Gendarmerie und Polizei) dem Bundesamt für Zivilluftfahrt unverzüglich zu melden. Das Bundesamt für Zivilluftfahrt ist für den Such- und Rettungsdienst zuständig.

Veranstaltungen
Luftfahrtveranstaltungen bedürfen einer Bewilligung des zuständigen Landeshauptmannes. Für Veranstaltungen in allen Bundesländern ist das Bundesministerium für Verkehr/Oberste Zivilluftfahrtbehörde zuständig. Eine solche Veranstaltung liegt vor, wenn mit Luftfahrzeugen, also auch Fallschirmen, öffentliche Wettbewerbe oder Schauvorstellungen durchgeführt werden. Über die Erteilung der Bewilligung wird nach Befragung des Bundesamtes für Zivilluftfahrt entschieden.

Ahndung von Verstößen
Im allgemeinen werden Verstöße gegen luftfahrtrechtliche Vorschriften im Wege des Verwaltungsstrafrechts mit Geldbußen und/oder Freiheitsstrafen geahndet. Werden strafrechtliche Bestimmungen verletzt, erfolgt eine (straf-)gerichtliche Verurteilung.

Behörden
Zuständige Luftfahrtbehörde ist im allgemeinen das Bundesamt für Zivilluftfahrt (A-1030 Wien, Schnirchgasse 9, Telefon 0222/75430, Telex Nr. 7/4276), in Einzelfällen (Veranstaltungen, Abwurfbewilligung u.a.) der jeweilige Landeshauptmann. Das Bundesamt für Zivilluftfahrt und der Landeshauptmann sind als Unterbehörde in erster Instanz zuständig. Das Bundesministerium für Verkehr als Oberste Zivilluftfahrtbehörde entscheidet im Rechtsmittelverfahren als Oberbehörde.

Das Luftrecht in der Schweiz

Rechtsgrundlagen
Das schweizerische Luftrecht basiert auf dem Bundesgesetz über die Luftfahrt (Luftfahrtgesetz; LFG). Ausführungsbestimmungen (zum Luftfahrzeug, Luftfahrtpersonal, Bodenorganisation, Haftpflicht u.a.) enthält die Verordnung vom 14. November 1973 über die Luftfahrt (LFV). Die Bestimmungen über das Verhalten im Luftverkehr sind in der Verfügung des Eidgenössischen Verkehrs- und Energiewirtschaftsdepartementes über die Verkehrsregeln für Luftfahrzeuge (VVR) niedergelegt. Die an einen Fallschirmspringer gestellten Anforderungen sind in dem Reglement über die Ausweise für Flugpersonal (RFP) aufgeführt. Alle diese Erlasse können bei der EDMZ, 3000 Bern, Schweiz, bezogen werden.

Fallschirmspringer
Fallschirmspringer bedürfen zur Ausübung ihrer Tätigkeit eines Ausweises des Eidgenössischen Luftamts. Für die Ausbildung zum Fallschirmspringer ist ein Lernausweis erforderlich.
Erwerben kann den Fallschirmspringer-Ausweis nur, wer
- mindestens 17 Jahre alt ist (bei Minderjährigen ist die Zustimmung des gesetzlichen Vertreters vorzulegen),
- körperlich tauglich und geistig geeignet ist (nachzuweisen durch eine fliegerärztliche Untersuchung),
- charakterlich geeignet ist (nachzuweisen durch Vorlage eines Auszuges aus dem schweizerischen Zentralstrafregister),
- selbständig Fallschirme falten kann (nachzuweisen durch eine Bescheinigung eines Fallschirmsprunglehrers),
- die vorgeschriebene Ausbildung erhalten hat,
- die Fähigkeitsprüfung bestanden hat.

Die vorgeschriebene praktische Ausbildung umfaßt mindestens 10 automatische Absprünge und mindestens 40 manuelle, darunter einen Absprung aus einer Höhe von 2000 m über Grund mit 4 Drehungen von je 360° abwechslungsweise nach links und nach rechts innerhalb von 12 Sekunden, einen weiteren aus derselben Höhe mit größtmöglicher Horizontalbewegung auf vorgeschriebener Achse während des freien Falls und einen Absprung aus derselben Höhe mit einem Looping rückwärts und vorwärts sowie einer Rolle links oder rechts. Innerhalb der letzten 12 Monate vor Ausstellung des Ausweises müssen mindestens 12 Absprünge nachgewiesen werden.

Die Fähigkeitsprüfung besteht aus einem theoretischen und praktischen Teil. In der theoretischen Prüfung werden Kenntnisse aus der Aerodynamik, der Fallschirmkunde, Wetterkunde, dem Luftrecht und der Absprungpraxis verlangt. Die praktische Prüfung besteht aus 2 Zielsprüngen aus einer Höhe von 1000 m über Grund mit manueller Öffnung des Fallschirms nach freiem Fall von höchstens 10 Sekunden und Landung in einem Kreis von 25 m Radius sowie aus 1 Absprung aus einer Höhe von 2500 m über Grund mit Annäherung und Kontakt mit dem mitspringenden Sachverständigen.

Der Fallschirmspringer-Ausweis, der zu manuellen und automatischen Absprüngen berechtigt, gilt 24 Monate. Er kann jeweils für denselben Zeitraum erneuert werden, wenn ein neues Arztzeugnis und der Nachweis über mindestens 24 manuelle Absprünge innerhalb der letzten 24 Monate, davon die Hälfte in den letzten 12 Monaten, vorgelegt werden. Bei Ausweisinhabern, die älter als 40 Jahre sind, ist eine Erneuerung nur noch für 12 Monate möglich. Nachzuweisen sind in diesem Fall mindestens 12 manuelle Absprünge.

Für den Erwerb eines Fallschirmsprunglehrer-Ausweises gelten besondere Anforderungen.

Mit ausländischen Ausweisen dürfen nur gelegentliche Absprünge durchgeführt werden, sofern eine ausreichende Haftpflichtversicherung vorliegt. Deutsche und österreichische Ausweise werden allgemein anerkannt, wenn der Inhaber keinen ständigen Wohnsitz in der Schweiz hat.

Fallschirm
Fallschirme unterliegen keiner Kennzeichnungspflicht. Ebensowenig müssen sie zum Verkehr zugelassen werden. Sportfallschirme unterliegen daher hinsichtlich ihrer Herstellung und Verwendung keiner behördlichen Prüfung. Rettungsfallschirme dagegen werden vom Eidgenössischen Luftamt überwacht.

Zur Sicherstellung von Haftpflichtansprüchen von Dritten auf der Erde haben sich die Fallschirmspringer mit mindestens 500 000 Franken zu versichern.

Sprunggelände
Außer in Notfällen ist der Absprung mit Fallschirm auf Flugplätzen (Flughäfen und Flugfeldern) nur mit Bewilligung des Flugplatzleiters, an allen anderen Stellen nur mit Bewilligung des Eidgenössischen Luftamts, erlaubt. Erfolgt der Absprung ganz oder teilweise im kontrollierten Luftraum, ist zusätzlich die Zustimmung der zuständigen Flugverkehrsleitstelle erforderlich, die – sofern nicht andere Gründe dagegensprechen – nur erteilt wird, wenn zwischen dem absetzenden Flugzeug und der Leitstelle ein ständiger Funkkontakt besteht.

Sprungbetrieb
Auch für Fallschirmabsprünge gelten die im Luftverkehr allgemein üblichen Verhaltensregeln. Grundsätzlich darf ein Fallschirm nicht in nachlässiger oder unvorsichtiger Weise gebraucht werden, welche das Leben oder die Sachen Dritter gefährden können. Wer sich zudem krank fühlt oder ermüdet ist, wer unter dem Einfluß von alkoholischen Getränken, Betäubungsmitteln oder psychotropen Substanzen steht, die seine Reaktionsfähigkeit beeinträchtigen könnten, darf keine Fallschirmabsprünge ausführen.

Für das Abwerfen von Winddriftanzeigern für den Fallschirmabsprung ist keine Bewilligung erforderlich.

Wird beim Fallschirmabsprung eine Person getötet oder erheblich verletzt, ist unverzüglich das Büro für Flugunfalluntersuchungen des Eidgenössischen Verkehrs- und Energiewirtschaftsdepartementes zu benachrichtigen (EVED, 3003 Bern, Tel. während Bürozeit: 031/ 61 11 11, außerhalb Bürozeit: Nr. 119 Pikettdienst des Eidgenössischen Luftamts).

Veranstaltungen
Öffentliche Flugveranstaltungen (vor allem Vorführungen und Wettbewerbe) dürfen grundsätzlich nur mit einer Bewilligung des Eidgenössischen Luftamts abgehalten werden. Besteht eine solche Veranstaltung nur aus höchstens 7 Fallschirmabsprüngen, ist für sie keine Bewilligung erforderlich. Bei Beteiligung anderer Luftfahrzeuge ist vom Veranstalter eine Haftpflichtversicherung abzuschließen, deren Garantiesumme sich nach dem Risiko, die die jeweilige Veranstaltung in sich birgt, richtet.

Ahndung von Verstößen
Wer vorsätzlich oder fahrlässig gegen luftrechtliche Vorschriften verstößt, kann mit Haft oder mit Buße bis zu 20 000 Franken bestraft werden.

Behörden
Zuständige Behörde ist das Eidgenössische Luftamt (CH-3003 Bern, Inselgasse 1).

Berechnungsgrundlagen

Entfernungs- und Höhenangaben

1 inch (in.)	= 2,54 cm	
1 foot (ft.)	= 12 inches	*= 30,48 cm*
1 yard (yd.)	= 3 feet	= 91,44 cm
1 Landmeile (mi.)	= 1609,34 m	
1 Seemeile (n.m.)	= 1852 m	

Für Fallschirmspringer ist *vorwiegend* die schnelle Umrechnung von Fuß in Meter und umgekehrt von Bedeutung.
1 Meter (m) = 3,28 feet (ft.)

Faustregel: (feet : 3) − 10% = Meter
(Meter mal 3) + 10% = feet

Beispiele: 900 feet sind in Meter umzurechnen:
900 : 3 = 300 − *10% = 270.*
Ergebnis: 270 Meter
300 Meter sind in feet umzurechnen:
300 *mal 3* = 900 + *10%* = 990.
Ergebnis: 990 feet

Geschwindigkeiten

1 Knoten (kt) = 1 Seemeile/Stunde = 1,853 km/h = 0,515 m/sec

Faustregel: 1 kt = 0,5 m/sec, 1 m/sec = 2 kt

1 km/h = m/sec mal 3,6
1 m/sec = km/h : 3,6

Standardatmosphäre

Luftdruck *1013,25 mb (Millibar) = 760 mm/Hg = 29,92 Zoll* bei 15 Grad Celsius in Meereshöhe. Dabei Temperaturabnahme von 0,65 Grad je hundert Meter Höhe.

Beispiel: Am Boden wird eine Lufttemperatur von 20 Grad Celsius gemessen. Welche Temperatur herrscht in 2000 m Höhe (Standardatmosphäre)?
2000 : *100 = 20 mal − 0,65 = −13* Temp. Diff.: −13 Grad Bodentemperatur 20 Grad − Temperaturdifferenz 13 Grad ergibt eine errechnete Temperatur von 7 Grad Celsius in 2000 m Höhe.

Luftzusammensetzung: 78% Stickstoff (N)
21% Sauerstoff (O_2)
1% Edelgase

Luftdruck und Luftdichte betragen in 5500 m Höhe nur noch die Hälfte ihres Wertes in Meereshöhe.

Berechnung des Absetzpunktes

Gegeben ist:
Sinkgeschwindigkeit des Fallschirms: 5 m/sec
Eigenvortrieb des Fallschirms: 7 m/sec
Windgeschwindigkeit: 4 m/sec
Auslösung (»Ziehen«) in 800 m Höhe; Öffnungsstrecke 120 m
Wie weit dürfen Sie bei der Wahl ihres Absetzpunktes mindestens bzw. höchstens von Ihrem Zielpunkt entfernt sein?
offener Schirm: (800 − 120) = *680 m*
Sinkzeit (680 : 5) = *136 sec*
Absetzpunkt maximal vom Ziel entfernt:
(Windgeschwindigkeit + Eigenschub) mal Sinkzeit
(4 + 7) mal 136 = 1496   Antwort: *1496 m*
Absetzpunkt mindestens vom Ziel entfernt:
(Windgeschwindigkeit − Eigenschub) mal Sinkzeit
(4 − 7) mal 136 = 408   Antwort: *408 m vor dem Zielkreis*
(bei Anflug des Luftfahrzeugs gegen den Wind)

Ein weiteres Beispiel:
Sinkgeschwindigkeit des Fallschirms: 5 m/sec
Eigenvortrieb des Fallschirms: 3 m/sec
Windgeschwindigkeit: 4 m/sec
Wieweit dürfen Sie in 600 m über Grund höchstens bzw. mindestens vom Ziel entfernt sein, um es noch zu erreichen?
Sinkzeit (600 : 5) = *120 sec.*
Höchste Entfernung vom Ziel:
(Windgeschwindigkeit + Eigenschub) mal Sinkzeit
(4 + 3) mal 120 = 840   Antwort: *840 m* (max.)
Mindeste Entfernung vom Ziel:
(Windgeschwindigkeit − Eigenschub) mal Sinkzeit
(4 − 3) mal 120 = 120   Antwort: *120 m* (min.)

Berechnung von Absetzhöhe und Verzögerungszeit

Man geht davon aus, daß ein Springer während der ersten zehn Sekunden seines freien Falls 300 m Höhe verliert. Jede weitere Sekunde durchfällt er etwa 50 m. In 700 m Höhe soll er spätestens seinen Fallschirm öffnen.
Die Absetzhöhe ermittelt man bei bekannter Verzögerungszeit nach folgender Faustformel:

$$\left(\frac{\text{Verzögerungssekunden} + \text{Faktor 10}}{2} \right) \text{ mal 100}$$

= Absetzhöhe in Meter (GND)

Beispiel: Ein Springer will 30 Sekunden frei fallen. Aus welcher Höhe muß er abspringen?

$$\left(\frac{30+10}{2}\right) \text{ mal } 100 = 2000$$

Antwort: *Aus 2000 m über Grund.*

Die Verzögerungszeit ermittelt man bei bekannter Absetzhöhe (GND) nach folgender Faustformel:

$$\left(\frac{\text{Absetzhöhe in Meter mal 2}}{100}\right) - \text{Faktor 10}$$

= Verzögerungssekunden

Beispiel: Geplant ist ein Sprung aus großer Höhe. Aufgrund der Wolkengrenze erreicht das Flugzeug nur 1300 m (GND). Berechnen Sie, nach welcher Zeit Sie spätestens den Fallschirm öffnen müssen.

$$\left(\frac{1300 \text{ mal } 2}{100}\right) - 10 = 16 \qquad \text{Antwort: } \textit{Nach 16 Sekunden.}$$

Achtung: Der Faktor 10 gilt nur bei Sprüngen bis 3000 m über NN. Darüber ist der Faktor 12 anzuwenden, ab 4000 m NN der Faktor 14 und bei Höhensprüngen über 5000 m NN der Faktor 16. Die Korrekturen sind wegen der geringeren Luftdichte in höheren Lagen erforderlich und beziehen sich auf Meeresniveau.

Fallschirmsprungmöglichkeiten

BRD

Kontaktadresse: Deutscher Aero Club e.V., Lyoner Str. 16, 6000 Frankfurt/Main, Tel. 0611/666731

Baden-Württemberg

Referent: Erhard L. Thoma, Schönbuchstr. 13, 7031 Gärtringen, Tel. 07034/2589

Luftsportverein Bauland e.V., Abt. Fallschirmsport, z. Hd. Gerhard Glöckner, Dr.-Bundschuh-Str. 5, 6976 Königheim, Tel. 09341/3880 (Sprungplatz: Unterschlüpf)

Fallschirmsportspringerclub 1. LL Div. e.V., Standort Bruchsal, Postfach 1464, 7520 Bruchsal, Tel. 07251/12963 (Sprungplätze: Bruchsal)

Fallschirmsportspringerclub 1. LL Div. e.V., Standort Calw, Graf-Zeppelin-Kaserne, 7260 Calw, Tel. 07051/1911 (Sprungplätze: Bruchsal, Schwenningen)

Breisgauverein für Fallschirmsport e.V. Freiburg, Postfach 534, 7800 Freiburg i. Brsg., Tel. 0761/52878 (Sprungplätze: Freiburg, Bremgarten)

Fallschirmsportclub Heuberg-Albstadt e.V., z.Hd. Fritz Lehmann, Guldenbergstr. 21, 7488 Stetten a.k.M., Tel. 07573/2137 (Sprungplatz: Heuberg, Tel. 07573/769)

Flugsportgemeinschaft Letzenberg e.V., 6906 Malsch, z.Hd. Otto Schäfer, Hauptstr. 131, 7521 Odenheim, Tel. 07259/277 (Sprungplatz: Straßburg/Elsaß)

Badisch-Pfälzischer Luftfahrtverein Mannheim e.V., Abt. Fallschirmsport, z.Hd. Roland Henschke, Uhlandstr. 6, 6800 Mannheim 1, Tel. 0621/37/9394 (Sprungplatz: Herrenteich)

Fallschirmsportclub 900, z.Hd. Jürgen Kollat, Gehrenstr. 24, 7201 Neuhausen o.E., Tel. 07467/457 (dienstlich) (Sprungplätze: Pfullendorf, Neuhausen o.E.)

Fallschirmsportclub Jumping Generation Pfullendorf e.V., Brehmerberg 49, 7799 Aach-Linz, Tel. 07552/6313 oder 0751/44514 (Sprungplatz: Pfullendorf)

Para-Club Hall e.V., z.Hd. Peter M. Weller, Hinter der Post 9, 7170 Schwäbisch-Hall, Tel. 0791/6686 (Sprungplatz: Sanzenbach)

Sportspringergruppe Schwenningen e.V., z.Hd. Walter Schlenker, Bürkstr. 59, 7220 VS-Schwenningen, Hotel Ochsen, Tel. 07720/34044 (Sprungplatz: Schwenningen)

1. Aero-Club Stuttgart e.V., Fallschirmsportgruppe, Heßbrühlstr. 36, 7000 Stuttgart-Vaihingen, Tel. 0711/7351892

1. Vorsitzender Eckhard Kommer, Höhenrandstr. 36a, 7000 Stuttgart-Vaihingen, Tel. 0711/737279 (Sprungplätze: Bruchsal, Straßburg)

Aero-Club Walldorf e.V., Abt. Fallschirmsport, z.Hd. Wilhelm Winnes, Lessingstr. 15, 6909 Walldorf, Tel. 06227/1577 (Sprungplatz: Walldorf)

Freifallsportspringergruppe 200 Weingarten, z.Hd. Eric Brandecker, Lägelerstr. 48, 7987 Weingarten, Tel. 0751/44033 App. 206 (Sprungplätze: Weingarten, Oggelshausen)

Bayern

Referent: Eckhard Teschke, Reiterweg 9, 8925 Altenstadt, Tel. 08861/8466

Fallschirmsportclub Schwaben e.V., Augsburg, z.Hd. Bernd Bleicher, Bahnhofstr. 4, 7900 Ulm (Sprungplatz: Illertissen)

Luftsportverein Kaufbeuren e.V., Fallschirmsportgruppe, z.Hd. Heinz Fischer, Brunnenstr. 35, 8959 Rieden am Forggensee, Tel. 08362/1938 (Sprungplätze: Kaufbeuren, Illertissen)

Fallschirmsportclub München e.V., Blumenstr. 22, 8000 München 2, z.Hd. Dr. Peter-Paul Gantzer (Sprungplätze: Mühldorf-Mößling, Ampfing)

Fallschirm-Ausbildungsverein Bayern e.V., z.Hd. Herbert Gillmann, Lisztstr. 23, 8000 München 80, Tel. 089/478775 (Sprungplätze: Dingolfing, Arnbruck)

Fliegerclub Nürnberg e.V., Fallschirmsportgruppe, Flughafen-Clubheim, 8500 Nürnberg, Gruppenleiter Kurt Haas, Lorenzerstr. 9, 8500 Nürnberg 1, Tel. 0911/221889 (Sprungplätze: Herzogenaurach, Hetzleser Berg)

Fallschirmsportring Süd LL-Lts. e.V., Postfach 32, 8920 Schongau, 1. Vorsitzender Helmut Schlecht, Tel. 08861/4596 (Sprungplatz: Altenstadt)

Aero-Club Schweinfurt e.V., Abt. Fallschirmsport, z.Hd. Eberhard Wagner, Gerhart-Hauptmann-Str. 27, 8720 Schweinfurt, Tel. 09721/82546 (Sprungplätze: Haßfurt, Schweinfurt, Gelnhausen)

Fallschirmsportclub Schweinfurt e.V., z.Hd. Herbert Burkhardt, Bauerngasse 8, 8720 Schweinfurt, Tel. 09721/25668 (Sprungplatz: Haßfurt)

Fallschirmsportclub Bad Wiessee e.V., Rathausstr. 7a, 8160 Miesbach, Tel. 08025/1715 (W. Nösel) (Sprungplatz: Warngau)

Fallschirmsportgruppe Oberpfalz e.V., z.Hd. Karl-Heinz Tenzer, Karlsbader Str. 11, 8400 Regensburg, Tel. 0941/66338 (Sprungplatz Rosenthal, 8585 Speichersdorf, Tel. 09275/378)

Flugsportverein Passau e.V., Fallschirmsportgruppe, z.Hd. Egon Mühlberger, Neuburger Str. 150, 8390 Passau, Tel. 0851/443

Flugsportgruppe DFVLR e.V., Abt. Fallschirmsport, z.Hd. Wolfgang Wagner, DFVLR Oberpfaffenhofen, 8031 Weßling/Obb., Tel. 08153/28223 oder 08105/22383 (Sprungplätze: Oberpfaffenhofen, Mühldorf)

Modellflieger- und Fallschirmspringerclub Bad Wörishofen e.V., z.Hd. Reiner Hünnekens, Brunnenweg 7, 8950 Kaufbeuren, Tel. 08341/5209

Berlin

Referent: Reinhard Kramer, Weinholdweg 1a, 1000 Berlin 22, Tel. 030/3532227

Para Flug Berlin e.V., z.Hd. Odin Schwarz, Walsroder Str. 14, 1000 Berlin 41, Tel. 030/3953560 (Sprungplatz: Hartenholm)

Fallschirmsportclub Berlin e.V., z.Hd. Eva-Mary Krüger, Hubertusallee 24, 1000 Berlin 33, Tel. 04131/44202 (Sprungplatz: Bad Gandersheim)

Verein für Flugausbildung e.V., z.Hd. Reinhard Kramer, Weinholdweg 1a, 1000 Berlin, 22, Tel. 030/3532227 (Sprungplatz: Meißendorf)

Bremen

Referent: Jürgen Fitzke, Königsberger Str. 7, 2904 Hatterwüsting II, Tel. 04481/1845

Fallschirmsport-Springergruppe Bremerhaven e.V., Vieländerweg 12, 2850 Bremerhaven, z.Hd. Heino Niehaus, Tel. 0471/72429 (Sprungplatz: Karlshöfen)

Bremer Verein für Luftfahrt e.V., Fallschirmsportgruppe, z.Hd. Johannes Poppe, Wiedstr. 12, 2800 Bremen, Tel. 0421/385192 (Sprungplatz: Hüttenbusch)

Hamburg

Referent: Rolf Schütze, Soltauer Ring 8, 2100 Hamburg 90, Tel. 040/7636667

Fallschirmsportclub Hamburg e.V., z.Hd. Norbert Schillak, Kielmannseggstr. 24, 2000 Hamburg 70, Tel. 040/6560112 (Sprungplatz: Hartenholm)

Sportspringerschule Para-Club Aero-Vita e.V., z.Hd. H.-D. Schlemann, Schmüserstr. 10, 2000 Hamburg 70, Tel. 040/684420/340491 (Flugplatz 2904 Oldenburg-Hatten, Tel. 04481/461)

Hessen

Referent: Lothar Rützel, Am Kussberg 9, 6368 Bad Vilbel-Heilsberg, Tel. 06193/84249

Aero-Club Gelnhausen e.V., Flugplatz, 6460 Gelnhausen, Tel. 06051/3328 (Sprungplatz: Gelnhausen)

Fallschirmsportgruppe Fernspähkompanie 300 e.V., Hohe Str. 730, 6349 Herbornseelbach, Tel. 02772/2024–6, App. 240 oder 254 (dienstl.), 1. Vorsitzender Horst Kraus, Buchenstr. 6, 6349 Herbornseelbach (Sprungplätze: Ailertchen, Breitscheid)

Fallschirmsportgruppe Hessen Nord e.V., Postfach 101202, 3500 Kassel, Tel. 05608/673 (Sprungplatz: Kassel-Calden)

Niedersachsen

Referat: Albert Nasgowitz, Roggenkamp 4, 3300 Braunschweig, Tel. 0531/321412

Aero-Club Braunschweig e.V., Weinbergweg 14, 3300 Braunschweig, Tel. 0531/335615 (Sprungplatz: Braunschweig)

Fallschirmsportclub 100 e.V., Tannenberg-Kaserne, 3300 Braunschweig (Sprungplätze: Braunschweig, Wesendorf)

Universitätssportclub, Abt. Fallschirmsport, z. Hd. Dagmar Keller, Spohrplatz 7, 3300 Braunschweig (Sprungplatz: Braunschweig)

Fallschirmsportspringerclub Polizei Hannover e.V., z.Hd. Erhard Lange, Peter-Köster-Str. 19, 3000 Hannover 51, Tel. 0511/690885 oder 642489 (Sprungplatz: Bad Gandersheim)

FSG Schaumburg-Lippe, z.Hd. Gerhard Roos, Neue Str. 2, 3064 Bad Eilsen

Aero-Club Hodenhagen e.V., Abt. Fallschirmsport, Flugplatz, 3035 Hodenhagen, Tel. 05164/766 (Sprungplatz: Hodenhagen)

Fallschirmeinsatzgruppe Lüneburg e.V., z.Hd. Hubertus Laun, Wilschenbrucher Weg 37, 2120 Lüneburg, Tel. 04131/44202 (Sprungplatz: Lüneburg)

Luftfahrtverein Wildeshausen e.V., Fallschirmsportspringergruppe, z.Hd. Herbert Boldt, Rosenweg 16, 2878 Wildeshausen, Tel. 04431/3265 (Sprungplatz: Varellbusch bei Cloppenburg)

Nordrhein-Westfalen

Referent: Hans Werner Ehlers, Niersbendenallee 36, 4050 Mönchengladbach, Tel. 02161/64405

Fallschirmsportclub Bielefeld e.V., z.Hd. K.H. Fehr, Danziger Str. 154, 4811 Leopoldhöhe, Tel. 05202/81370 (Sprungplätze: Paderborn/Haxterberg)

Fallschirmsportclub Nordrhein-Westfalen e.V., Bonn, z.Hd. Alf Mander, Flurgasse 27d, 5330 Königswinter 1, Tel. 02223/23994 (Sprungplatz: Eudenbach)

Fallschirmsportclub Dortmund e.V., z. Hd. Peter Janns, Brehmer Straße, 2400 Lübeck, Tel. 0451/792444, 1.Vorsitzender Jochen Wende, 2401 Groß Sarau, OT Hornstorf, Tel. 04509/8327 (Sprungplatz: Lübeck/Blankensee)

Verein für Fallschirmsport e.V., Dortmund, Schwerter Str., 4755 Holzwickede-Hengsen (Sprungplatz: Holzwickede-Hengsen)

Fallschirmspringerclub Erftland e.V., z.Hd. Horst Krumm, Waldstr. 9, 5159 Kerpen, Tel. 02237/4535 (Sprungplatz: Geilenkirchen-Teveren)

Fallschirmjägerkameradschaft Herten e.V., Chemnitzer Str. 6, 4352 Herten, Tel. 02366/37978 (kein Ausbildungsbetrieb)

Fallschirmsportclub 271 Iserlohn e.V., z.Hd. Wolfgang Spitzenberger, Schulstr. 42, 5860 Iserlohn, (Sprungplätze: Bad Lippspringe, Werdohl-Küntrop)

Düsseldorfer Aero-Club e.V., Abt. Fallschirmsport, Flughafenstr. 120, 4000 Düsseldorf 30

Fallschirmsportclub Lipperland LLBrig 27 e.V., z.Hd. Werner Glose, Lipperland-Kaserne, 4781 Lippstadt-Lipperbruch, Tel. 02941/8361, App. 303 oder 328 (Sprungplätze: Bad Lippspringe, Werdohl-Küntrop, Soest, im Lohner Klei)

Fallschirmsportclub Münster e.V., z.Hd. Werner Kaminski, Körnerstr. 21, 4400 Münster, Tel. 0251/55238 (Sprungplatz: Werdohl-Küntrop)

Fallschirmclub Remscheid e.V., z.Hd. Klaus Mathies, Am Stadtwald 56, 5630 Remscheid-Lennep, Tel. 02191/64549 (Sprungplätze: Eudenbach, Klausheide, Werdohl-Küntrop)

Luftsportverein Werdohl e.V., Abt. Fallschirmsport, Postfach 143, 5980 Werdohl, Tel. 02375/4733 (Sprungplatz: Werdohl-Küntrop)

Fallschirmclub Wuppertal e.V., Heckinghauser Str. 73, 5600 Wuppertal 2 (keine Ausbildung)

Fallschirmclub Rheine e.V., Kaserne Gellendorf, z.Hd. HFw Peine, 4404 Rheine

Rhine Army Parachute Association, Bielefelder Straße, Normandy Kaserne, 4791 Sennelager, Tel. 05254/822378 (Sprungplatz: Bad Lippspringe)

Rheinland-Pfalz

Referent: Herbert Dressler, Drosselweg 10, 5442 Mending, Tel. 02652/1454

Fallschirmsportgruppe Daun-Eifel e.V., z.Hd. Willi Theisen, Kelberger Str. 15, 5561 Faid, Tel. 02671/587 (Sprungplatz: Darscheid/Hörscheid)

Fallschirmsportgruppe Rheinland-Pfalz e.V., Koblenz, z. Hd. Berthold Schäfer, Daimlerstr. 16, 5400 Koblenz, Tel. 0261/85010/71443 (Sprungplätze: Ailertchen, Breitscheid, Wershofen, Heisterberger Weiher)

Fallschirmsportgruppe Heeresflugplatz Mendig e.V., Flugplatz, 5442 Mendig, Tel. 02652/221–4, App. 783 (Sprungplatz: Mendig)

Fallschirmsportgruppe Südpfalz e.V., Hans-Heinrich Schröder, Emich-von-Leiningen-Str. 37, 6740 Landau, Tel. 06341/4310 oder Platz 063426/599 (Sprungplatz: Schweighofen)

Flugsportverein Neustadt/W. e.V., Abt. Fallschirmsport, z.Hd. Klaus Eckel, Goethe-Str. 43, 6730 Neustadt a.d.W. 17. (Sprungplatz: Lachen-Speyerdorf)

Fallschirmsportgruppe Ludwigshafen e.V., Lothar Kurz, Kreuzweg 48, 6719 Carlsberg

Fliegerclub Trier e.V., Abt. Fallschirmsport, Wolfgang Junkes, In der Rotheck 12, 5559 Föhren

Saar

Referent: Helmut Bastuk, Im Forstgarten 11, 6610 Lebach-Falscheid, Tel. 06881/3880

Fallschirmsportverband Saar e.V., Geschäftsstelle, z. Hd. Dr. S. Rohde, Kaiser-Friedrich-Ring 12, 6630 Saarlouis (Sprungplatz: Saarlouis-Düren)

Fallschirmsprungschule, Rolf Schauss, Neunkircher Str. 12, 6600 Saarbrücken, Tel. 06837/1616

Fallschirmsportspringer Saarlouis e.V. Flugplatz, 6634 Düren, z. Hd. Rudolf Altmeyer, Tel. 0681/812769 (Sprungplatz: 6634 Düren-Wallerfang)

Schleswig-Holstein

Referent: Rüdiger Heym, Poppenrade 49, 2300 Kiel 14, Tel. 0431/721285

Luftsportverein Kiel e.V., Fallschirmsportspringergruppe, Flugplatz, Halle 1, 2300 Kiel-Holtenau, Tel. 0431/721285 (Sprungplatz: Kiel-Holtenau)

Fallschirmsportclub Lübeck e.V., z.Hd. Hans Joachim Wende, OT Hornstorf 4, 2401 Groß Sarau, Tel. 04509/8327, Geschäftsstelle: Sabine Hübenbecker, Dorfstr. 19, 2411 Klinkrade, Tel. 04536/644

Österreich

Kontaktadresse: Österreichischer Aero Club,
Prinz-Eugen-Str. 12, A-1040 Wien

Schweiz

Kontaktadresse: Aero-Club der Schweiz, Zentralsekretariat,
Lidostr. 5, CH-6006 Luzern, Tel. 0041/41/312121

Para-Centro S.A. Locarno, Aeroporto Cantonale,
CH-6596 Gordola, Tel. 0041/93/672651

Paraclub Grenchen, Sprungschule, CH-2540 Grenchen-Flugplatz, Tel. 0041/31/801818 (Schmid)

Frankreich

Kontaktadresse: Fédération Française de Parachutisme,
35 rue Saint-Georges, F-75 Paris (9E)

Belgien

Kontaktadresse: Vlaamse Liga van Paraklubs, Reinaertstraat 6, B-1720
Groot-Bijgaarden, Tel. 0032/2/4661342

Paracenter Spa,
B-Spa,
Tel. 0032/87/771976

Holland

Kontaktadresse: Koninklijke Nederlandse Vereniging voor Luchtvaart,
Afdeling Parachutespringen, Jozef Israelplein 8,
's-Gravenhage

Paracenter Texel, Vliegfeld-Hoofdweg,
NL-De Cocksdorp,
Tel. 0031/2225/436

England

Kontaktadresse: British Parachute Association LTD
Kimberley House, 47 Vaughan Way, Leicester, LE1
4SG, Tel. 0044/533/59778/59635

Dänemark

Dansk Faldskaerms Union (DFU), Idraettens Hus, Brøndby Stadion 20, DK-2600 Glostrup

DDR

Aeroklub der DDR, Referat Fallschirmsport, Langenbeckstr. 36–39, DDR-1272 Neuenhagen/Berlin

143

Italien

Aero Club d'Italia, V. le M.llo Pilsudski, 122-124, C.A.P. 00197, Roma, Tel. 0039/6/879641/2/3

Nordamerika

Kontaktadresse: United States Parachute Association (USPA)
806 15th St., NW Suite 444
Washington D.C. 20005, U.S.A.

Kanada

Kontaktadresse: Canadian Sport Parachute Association
Nat. Sports Centre
333-P River Rd. Vanier City, Ontario, Canada

Australien

Kontaktadresse: Australian Parachute Federation
P.O. Box 21
Doveton, Victoria 3177, Australia

Prüfungsfragen für den Erwerb der Erlaubnis für Fallschirmspringer

Dieser Fragenkatalog wurde von der Fachgruppe Fallschirmsport im Deutschen Aero-Club e.V. gemeinsam mit dem Bundesministerium für Verkehr und den Verkehrsministerien der Länder erarbeitet. Die Prüfungsräte in der BRD stellen nur aus diesem Katalog die schriftlichen Fragen zusammen. In der Prüfung muß zu jeder Frage unter vier Antwortmöglichkeiten eine ausgewählt werden (Multiple-Choice-System). Für die Beantwortung aller gestellten Fragen in den 5 Sachgebieten hat der Prüfling maximal 5 Stunden Zeit. Die Prüfung ist bestanden, wenn in jedem der 5 Sachgebiete 75% der Antworten richtig sind.

Die meisten Fragen können nach intensivem Studium des vorliegenden Buchs beantwortet werden. Es will jedoch nicht den theoretischen Unterricht ersetzen, sondern ihn lediglich ergänzen. Einige Verhaltensfragen können nur vom aktiven Sprungschüler, der die Ausbildung in Theorie und Praxis besucht hat, durch logische Überlegungen richtig beantwortet werden.

1. Luftrecht, Luftverkehrs- und Flugsicherungsvorschriften

1. Welches Gesetz ist die Grundlage für Luftrecht, Luftverkehrs- und Flugsicherungsvorschriften?

2. Welches sind die gültigen Verordnungen zum Luftverkehrsgesetz?

3. Wo sind die fachlichen Voraussetzungen für den Erwerb der Erlaubnis für Fallschirmspringer niedergelegt?

4. Wer ist für die Ausübung der Luftaufsicht verantwortlich?

5. Was versteht man unter Lufthoheit?

6. Wo darf die Ausbildung von Fallschirmspringern durchgeführt werden?

7. Welche Behörde verlängert die Erlaubnis für Fallschirmspringer?

8. Nach welchen behördlichen Richtlinien wird die Ausbildung und Prüfung zum Erwerb der Erlaubnis für Fallschirmspringer durchgeführt?

9. Die Erlaubnisbehörde kann eine abgelaufene Erlaubnis, deren Gültigkeit nicht länger als eine bestimmte Zeit abgelaufen ist, bei Vorliegen der Voraussetzungen für die Verlängerung erneuern, wenn die rechtzeitige Verlängerung aus entschuldbaren Gründen unterblieben ist. Innerhalb welcher Frist gilt dies?

10. Innerhalb wievieler Tage vor Ablauf Ihrer Erlaubnis können Sie die fliegerärztliche Untersuchung durchführen lassen, ohne daß sich das Datum der Gültigkeit Ihrer Erlaubnis ändert?

11. Sie wollen Ihre noch nicht abgelaufene Erlaubnis für Fallschirmspringer verlängern lassen. Wie viele Sprünge müssen Sie nachweisen und innerhalb welchen Zeitraums müssen diese gemacht sein?

12. Wo müssen Sie die erforderlichen Eintragungen für den Nachweis der praktischen Voraussetzungen für die Verlängerung bzw. Erneuerung Ihrer Erlaubnis für Fallschirmspringer machen?

13. Was ist ein Lufttüchtigkeitszeugnis?

14. Was enthalten die Nachrichten für Luftfahrer?

15. Welche drei Bundesbehörden sind dem Bundesminister für Verkehr direkt unterstellt?

16. Welches sind die fachlichen Voraussetzungen für den Erwerb der Erlaubnis für Fallschirmspringer?

17. Was umfaßt die praktische Ausbildung?

18. Welche Luftfahrtbehörde ist zuständig für die Genehmigung von Landeplätzen?

19. Welche Arten von Flugplätzen werden nach dem LuftVG unterschieden?

20. Was ist Hauptwolkenuntergrenze?

21. Was ist Flugsicht?

22. Wann kann die Erlaubnisbehörde eine fliegerische Überprüfung anordnen?

23. Aus welcher luftrechtlichen Vorschrift ergibt sich die Haftpflichtversicherungspflicht für Sprungfallschirme?

24. Wer haftet bei der Benutzung eines Fallschirms ohne Wissen und Willen des Halters dieses Fallschirms?

25. Was sind die drei wichtigsten Arten von Prüfungen für Luftfahrtgerät?

26. Was ist eine Nachprüfung?

27. Welche Behörde ist für die Musterzulassung von zulassungspflichtigen Fallschirmen zuständig?

28. Dürfen Sie auf jedem Flugplatz einen Fallschirmsprung machen?

29. Welches Dokument u.a. gibt Auskunft über die letzte und nächste Nachprüfung eines Fallschirms?

30. Wo finden Sie Angaben über die Instandhaltung und Wartung Ihres Fallschirms?

31. Welchen Ausweis müssen Sie für sich persönlich besitzen, wenn Sie selbständig einen Fallschirmsprung machen wollen?

32. Ab welcher Sprunghöhe müssen Sie ein Sauerstoffgerät benutzen?

33. Ihre Erlaubnis ist vor 4 Wochen abgelaufen. Zum Einreichen des Antrages auf Erneuerung fehlen Ihnen noch 3 Sprünge. Dürfen Sie diese ohne weiteres machen?

34. Ihnen kommt ein anderer Fallschirm direkt entgegen. Nach welcher Seite weichen Sie aus?

35. Müssen Sie ein Sprungbuch führen?

36. Sie wollen einen Fallschirmabsprung in einem Nahverkehrsbereich durchführen. Was benötigen Sie dazu?

37. Dürfen Sie aus jedem Luftfahrzeug Fallschirmabsprünge durchführen?

38. Was müssen Sie als Halter eines Fallschirms dem Luftfahrt-Bundesamt unverzüglich anzeigen?

39. Was sind Fallschirme im Sinne des Gesetzes?

40. Wer ist berechtigt, Nachprüfungen von Fallschirmen durchzuführen?

41. Wer hat das Recht, die einem Fallschirmspringer vorgeschriebenen Papiere zu überprüfen?

42. Wann berechtigt eine Erlaubnis für Fallschirmspringer nur zu Fallschirmsprüngen mit automatischer Auslösung?

43. Was gehört zur ordnungsgemäßen Wartung eines Personenfallschirms?

44. Welche Sperrfrist sollten Sie zwischen dem Genuß von Alkohol und dem nächsten Sprung mindestens einhalten?

45. Wovon müssen Sie sich bei der Vorbereitung Ihres Fallschirms für einen Sprung überzeugen?

46. Was wird die Erlaubnisbehörde u.a. von Ihnen verlangen, wenn Sie einen Antrag auf Außenlandung stellen?

47. Dürfen Sie für einen anderen Fallschirmspringer den Fallschirm packen?

48. Welche Versicherung muß für einen Sprungfallschirm abgeschlossen werden?

49. Für viele Personenfallschirme sind längere Betriebszeiten zugelassen worden, als sie in den gesetzlichen Mindestforderungen enthalten sind. Wo finden Sie die entsprechenden Angaben?

50. Wann muß ein Reserve-Fallschirm u.a. nachgeprüft werden?

51. Wie bezeichnet man die Veröffentlichung zur Behebung von Mängeln, die sich beim Betrieb eines Luftfahrtgeräts herausstellen und die die Lufttüchtigkeit beeinträchtigen?

52. Wie hoch ist die gesetzlich vorgeschriebene Mindestversicherungssumme (Haftpflicht) für einen Fallschirm?

53. Bei einer Annäherung an den Zielkreis bemerken Sie kurz vor der Landung vor sich etwa 10 m tiefer einen weiteren Schirm, der ebenfalls auf den Zielkreis zufährt. Was tun Sie?

54. Welchen waagerechten Mindestabstand beim Sprung in kontrolliertem Luftraum müssen Sie von Wolken halten?

55. Wer ist für die Sicherung des Luftverkehrs im Bundesgebiet zuständig?

56. Darf ein Sprungschüler Fallschirmsprünge ohne Auftrag eines Sprunglehrers durchführen?

57. Kann ein Personenfallschirm, der seine zulässige Betriebszeit erreicht hat, weiter benutzt werden?

58. Wem müssen Störungen, die beim Betrieb eines Fallschirms auftreten, angezeigt werden?

59. Was ist ein NOTAM?

60. Welche finanziellen Folgen ergeben sich für jemand, der ohne Wissen und Willen des Halters einen Fallschirm benutzt und einen Schaden gegenüber Dritten verursacht?

61. Wovon muß sich jeder Springer, der als Absetzer im Luftfahrzeug tätig wird, beim Absetzen überzeugen?

62. Was ist u.a. eine anzeigepflichtige Störung an Ihrem Fallschirm?

63. Welche Personen dürfen die praktische Ausbildung von Fallschirmspringern durchführen?

64. Wer ist für die ordnungsgemäße Instandsetzung eines Fallschirms verantwortlich?

65. Ab welchem Alter ist die fliegerärztliche Untersuchung an einer fliegerärztlichen Untersuchungsstelle durchzuführen?

66. Beinhaltet die Erlaubnis für Fallschirmspringer auch die Erlaubnis für manuelle Sprünge?

67. Wer genehmigt Luftfahrtveranstaltungen?

68. Mit welcher Gültigkeitsdauer wird eine Erlaubnis für Fallschirmspringer erteilt?

69. Welche Flugsicht benötigen Sie für Absprünge in einem Kontrollbezirk?

70. Welcher Zeitraum gilt als Nacht?

71. Für welche Sprünge benötigen Sie eine Flugverkehrsfreigabe?

72. Auf welcher Karte ist die Luftraumstruktur der Bundesrepublik ausgedruckt?

73. Wann ist die Erlaubnis zu widerrufen und der Luftfahrerschein einzuziehen?

74. Wo können Sie ersehen, ob ein Flugplatz für Fallschirmabsprünge zugelassen ist?

75. Aus welchem Teil des Luftfahrthandbuches (AIP) Band I können Sie die Vorschriften über ein Gebiet mit Flugbeschränkung entnehmen?

76. Welche Veröffentlichungen können Sie in den Nachrichten für Luftfahrer Teil I finden?

77. Welche Veröffentlichungen können Sie in den Nachrichten für Luftfahrer Teil II finden?

78. Die Ausbildung von Fallschirmspringern wird nach welchen Empfehlungen durchgeführt?

79. In welcher Verordnung ist das Mitführen von Sauerstoff geregelt?

80. Wessen Aufgabe ist die Auswertung und Weitergabe von Wetterdaten?
81. Wie hat sich jeder Teilnehmer im Luftverkehr zu verhalten?
82. Was stellt eine nicht genehmigte Außenlandung dar?
83. Welche Strafe kann bei Durchführung einer nicht genehmigten Außenlandung ausgesprochen werden?
84. Wie wird eine Ordnungswidrigkeit geahndet?
85. Wer ist für die Veröffentlichung der NfL, NOTAMs und der AIP zuständig?
86. Gibt es Fallschirme, die nicht der Versicherungspflicht unterliegen?
87. Die Untergrenzen der Nahverkehrsbereiche (TMA) sind in drei Sektoren eingeteilt. Welches sind diese und wie ist ihre untere Begrenzung?
88. Aus welcher Höhe über Grund dürfen Sie Fallschirmabsprünge durchführen, wenn Ihr Flugplatz unterhalb eines Nahverkehrsbereiches »Sektor A« liegt und die Flugsicht 5 km beträgt?
89. Bei welchem Blutalkohol (BAK) tritt nach heutigen Erkenntnissen unbedingte Fluguntüchtigkeit ein?
90. Welche Ausdehnung hat ein Fluginformationsgebiet?

2. Theorie des freien Falls

1. Welche Kräfte beeinflussen hauptsächlich den Fall eines Springers unmittelbar nach Verlassen des Absetzluftfahrzeuges?
2. In welchem Raum erfährt ein fallender Körper eine gleichförmige Beschleunigung?
3. In welchem Raum fällt ein Körper mit fast gleichbleibender Geschwindigkeit?
4. Die Schwerkraft ist die Kraft, mit der ein Springer von der Erde angezogen wird. Welche Kraft wirkt ihr entgegen?
5. Was beeinflußt den Luftwiderstand, ausgenommen die Form und Größe des fallenden Körpers?
6. Welche gleichbleibende Fallgeschwindigkeit erreichen Sie nach etwa 10 s Freifall in normaler X-Lage, in 1000 m Höhe?
7. Wovon hängt Ihre persönliche, normale Fallgeschwindigkeit ab?
8. In welchem Raum erfährt ein fallender Körper eine gleichförmige Beschleunigung?
9. In welcher der nachfolgend aufgeführten Lagen fällt ein Springer am schnellsten?
10. In welcher der nachfolgend aufgeführten Lagen fällt ein Springer am langsamsten?
11. Wieviel Meter legen Sie in X-Lage in den ersten 10 s Freifall etwa zurück?
12. Sie springen aus 2000 m Höhe über Grund. Wieviel Verzögerungszeit steht Ihnen bei X-Lage bis zur Öffnungshöhe von ca. 800 m max. zur Verfügung?
13. Wie können Sie Ihre max. Verzögerungszeit bis zur Öffnungshöhe ausrechnen?
14. Nach welcher Faustformel kann man bis zu einer Sprunghöhe von 3000 m NN die Verzögerungszeit berechnen?
15. Was ist das Wichtigste für eine stabile X-Lage?
16. Welche Absetzhöhe benötigen Sie für 60 s Verzögerungszeit?
17. Wie bringt man eine ungewollte leichte Drehbewegung zum Stillstand?
18. Wieviel m Höhe verlieren Sie ungefähr beim Öffnungsvorgang des manuellen Hauptfallschirms?
19. Welche der nachfolgend genannten Körperformen hat den größten Widerstand bei gleichgroßer Stirnfläche?
20. Wieviel m sind 5000 ft?
21. Wie sieht die Freifall-Lage für Schüler aus (X-Lage)?
22. Wodurch erzielt man automatisch ein gutes Hohlkreuz?
23. Durch welchen Fehler kippt der Anfänger beim Ziehen des Aufziehgriffs seitlich ab?
24. Wie heißt die Kraft, die einen Springer zur Erde fallen läßt?
25. Wie ändert sich die Armhaltung gegenüber der Freifall-Lage für Schüler (X-Lage) bei der Reduktion in die nächst kleinere Lage (Froschlage)?

26. Wie ändert man die Beinhaltung gegenüber der Freifall-Lage für Schüler (X-Lage) bei der Reduktion in die nächst kleinere Lage (Froschlage)?

27. Zum Ablesen des Höhenmessers oder zum »Suchen« des Aufziehgriffs senken Sie Ihren Kopf stark auf die Brust. Was kann das leicht zur Folge haben?

28. Welche Art von Gleichgewicht ergibt sich für einen Springer im Freifall, wenn der ideelle Angriffspunkt des Luftwiderstandes mit dem Körperschwerpunkt zusammenfällt?

29. Welche Art von Lage ergibt sich für einen Springer im Freifall, wenn der (ideelle) Angriffspunkt des Luftwiderstandes tiefer liegt als der Körperschwerpunkt und außerdem noch seitlich versetzt?

30. Um wieviel Grad muß die von Oberkörper und Armen gebildete Fläche bei einer Horizontaldrehung etwa gegen die Luftanströmung geneigt sein?

31. Welche der nachfolgend aufgeführten Körperhaltungen führen zu einer Horizontaldrehung?

32. Welchen Arm strecken Sie seitlich um etwa 45 Grad zur Körperlängsachse nach vorn und um 45 Grad nach unten, um eine Linksdrehung zu machen?

33. Was verstehen Sie unter »innerem« Arm bei einer Drehung?

34. Was verstehen Sie unter »äußerem« Arm bei einer Drehung?

35. Welche Hand liegt bei einer schnellen Rechtsdrehung etwa vor Ihrem Gesicht und welchen Ellenbogen müssen Sie anheben?

36. Wie drehen Sie etwa Ihren Kopf bei einer Horizontal-Drehung?

37. Was passiert, wenn Sie bei einer Drehung den inneren Arm nicht um 45 Grad seitlich zur Körperachse ausstrecken, sondern senkrecht nach unten?

38. Was machen Sie, wenn Sie merken, daß Sie ins Flachtrudeln geraten?

39. Wie können Sie kleine Strecken »horizontal« vorwärts fahren?

40. Wie können Sie senkrechte Entfernungen zu anderen Springern ausgleichen?

41. Wie leiten Sie einen Salto rückwärts aus der Froschlage ein?

42. Wie kommen Sie gewollt in die Rückenlage?

43. Ist Ihre Fallgeschwindigkeit beim Freifall in Rückenlage im allgemeinen größer oder kleiner als in Bauchlage?

44. Zeigt ein auf dem Brustreservegerät montierter Höhenmesser in Rückenlage eine größere oder kleinere Höhe an, als wirklich noch vorhanden ist?

45. Warum ist die Wirkung von Arm- und Beinbewegungen in Rückenlage im allgemeinen größer als in der Bauchlage?

46. Bei einem Sprung aus 2000 m Höhe stellen Sie nach Verlassen des Flugzeugs fest, daß Sie zu weit über Ihren Absetzpunkt hinausgekommen sind. Können Sie diesen Absetzfehler während des Freifalls in gewissen Grenzen korrigieren?

47. Um etwa wieviel Prozent Ihrer Freifallstrecke können Sie sich durch eine gute Flash-Haltung gleichzeitig horizontal verschieben?

48. Wie kommen Sie aus einer Rückenlage in die Bauchlage?

49. Was versteht man unter einem »stabilen Freifall«?

50. Sie bemerken eine rollende oder wippende Bewegung Ihres Körpers beim »Flashen«. Was ist die Ursache?

51. Wodurch ändern Sie den Neigungswinkel im »Flash«?

52. Nach wieviel Sekunden Freifall erreichen Sie in Froschlage in etwa Ihre max. Fallgeschwindigkeit?

53. Zu welchem Zeitpunkt beschleunigt Ihr Körper den Freifall nicht mehr?

54. Was ist Ursache dafür, daß Ihre max. Fallgeschwindigkeit in größerer Höhe (z. B. 3000 m) größer ist als in geringer Höhe (z. B. 1000 m)?

55. Ist Ihre max. Fallgeschwindigkeit in 3000 m Höhe größer oder kleiner als in 1000 m Höhe?

56. Wie groß sollte die Neigung des Körpers gegen die Horizontale etwa sein, um eine optimale Horizontalbewegung zu erreichen?

57. Was ist das Wesentliche an einer guten Flash-Haltung?

58. In welcher Lage befinden Sie sich im Regelfall in der Endphase des Flachtrudelns?

59. Wie stoppt ein fortgeschrittener Springer eine ungewollte horizontale Drehbewegung, die trotz der üblichen Gegenmaßnahme immer schneller wird?

60. Welche Art von Gleichgewicht ergibt sich für einen Springer im Freifall, wenn der (ideelle) Angriffspunkt des Luftwiderstandes oberhalb des Körperschwerpunkts liegt?

3. Meteorologie

1. Wieviel Prozent Sauerstoff enthält das Gasgemisch Luft etwa?
2. Die Luftdichte ist abhängig von Luftdruck und Lufttemperatur. Wann nimmt sie zu?
3. Mit welcher Lufttemperatur kann in 2000 m Absetzhöhe über Grund bei einer erdbodennahen Lufttemperatur von 20°C gerechnet werden (nach Faustregel)?
4. Was ist Luft?
5. Was bedeutet physikalisch »Luftdruck«?
6. Bei welchem Höhenunterschied halbieren sich Luftdruck und Luftdichte?
7. Mit welchem Hilfsmittel können Sie Ihre Abdrift vom Flugzeug aus feststellen?
8. Ihr Landeplatz liegt auf der Luvseite eines leicht ansteigenden Hanges, die Windgeschwindigkeit beträgt 5 m/s. Womit müssen Sie rechnen?
9. Was verstehen Sie unter Luftdichte?
10. Wieviel m Abdrift ergibt sich theoretisch bei einer Windgeschwindigkeit von 6 m/s, wenn ein Fallschirm eine Sinkgeschwindigkeit von 5 m/s hat und in 600 m Höhe geöffnet ist?
11. Um wieviel Grad nimmt die Temperatur mit zunehmender Höhe pro 100 m ab (Faustregel)?
12. Warum ist die Windgeschwindigkeit in Bodennähe häufig geringer als in der Höhe?
13. Die Angabe einer Windgeschwindigkeit von 12 Knoten entspricht etwa wieviel m/s?
14. Welche akute Gefahr bringt Ihnen ein sich näherndes Gewitter?
15. Was bedeutet die Windrichtungsangabe 135 Grad?
16. Barometrische Höhenmesser sind nach der Standard-Atmosphäre geeicht. Wann fliegt man daher in einer etwas geringeren Höhe als der Höhenmesser anzeigt?
17. Barometrische Höhenmesser sind nach der Standard-Atmosphäre geeicht. Wann fliegt man daher in einer etwas größeren Höhe als der Höhenmesser anzeigt?
18. Wie wird Ihr Fallschirm bei einem Sprung auf einen hoch über NN gelegenen Platz beeinflußt?
19. Welche der nachfolgenden Erscheinungen können Ihre Sicht beim Sprung beeinträchtigen?
20. Was bedeutet einsetzender Regen für den laufenden Sprungbetrieb?
21. Was verstehen Sie unter Böigkeit eines Windes?
22. Wo tritt u. a. ein für einen Fallschirmspringer gefährlicher Abwind auf?
23. Warum steht Ihnen ab 4000 m und mehr nicht mehr genügend Sauerstoff zur Verfügung, obwohl die prozentualen Anteile annähernd gleich bleiben?
24. Sie werfen einen Winddrifter und stellen fest, daß er nach 120 s etwa 600 m vom Ziel entfernt landet. Wie groß ist die mittlere Windgeschwindigkeit?
25. Wie bezeichnet man eine aufwärtsgerichtete Umlenkung eines Horizontalwindes, der gegen ein Hindernis (z.B. Hügel, Wald, höheres Gelände) anströmt?
26. Welches ist die Leeseite eines Hindernisses?
27. Welches ist die Luvseite eines Hindernisses?
28. Was ist ein mechanischer Abwind?
29. Welchen Einfluß haben Auf- und Abwinde jeglicher Art auf eine Fallschirmkappe?
30. Ihr Ziel liegt im Lee eines Hügels. Womit müssen Sie bei der Annäherung rechnen?
31. An einem sonnigen Sommertag steuern Sie auf einen großen hellen Kieskreis zu. Wie führen Sie die Annäherung durch?
32. Sie wollen einen Nachtsprung machen und messen 0 m/s Windgeschwindigkeit am Boden. Woran müssen Sie denken?
33. Ist es ratsam, nur den Zug der Wolken zur Beurteilung der Windrichtung am Boden hinzuzuziehen?
34. Auf Ihrem Zielgelände ist kein Windsack vorhanden. Woran können Sie u. a. die Bodenwind-Richtung erkennen?
35. Worauf müssen Sie achten, wenn Sie sich die Richtung des Bodenwindes aus dem Flugzeug anhand der Rauchfahne eines Schornsteins ermitteln wollen?

36. Ein Gewitter nähert sich rasch. Was bedeutet das für den laufenden Sprungbetrieb?

37. Ist es möglich, daß die Sinkgeschwindigkeit eines Fallschirms durch Aufwinde aufgehoben wird, oder daß ein Fallschirm sogar durch sie nach oben getragen wird, statt zu sinken?

38. Was verstehen Sie unter Windrichtung?

39. Wodurch entstehen thermische Aufwinde?

40. Über welcher der nachfolgenden Flächen erwarten Sie bei Sonneneinstrahlung thermische Abwinde, die den Gleitweg Ihres Fallschirms verkürzen?

41. Über welcher der nachfolgenden Flächen erwarten Sie bei Sonneneinstrahlung thermische Aufwinde, die den Gleitweg Ihres Fallschirms verlängern?

42. Sie haben am Tag über einem See einen Abwind, über einem Sprungplatz in der Nähe einen Aufwind, Windrichtung also vom See aufs Land. Ist es nachts genauso?

43. Wie heißt die automatische Flugwetteransage für die Allgemeine Luftfahrt?

44. Die Bundesrepublik Deutschland ist im GAFOR-System nach Gebietskennzahlen eingeteilt. Wo sind diese veröffentlicht?

45. Wie entsteht Wind?

4. Technik

1. In welche beiden Gruppen unterteilt man die Personenfallschirme im Fallschirmsport?

2. Welche Fallschirme müssen Sie bei einem Fallschirmsprung mitführen?

3. Wie wird der Reservefallschirm getragen?

4. Wozu dient der Reservefallschirm?

5. Es gibt im Wesentlichen zwei Auslösearten für Fallschirme. Welche sind dies?

6. Welche Auslöseart kommt grundsätzlich nur für Anfänger in Frage?

7. Welcher Teil eines automatischen Fallschirms bewirkt die Auslösung?

8. Wodurch wird die Auslösung eines manuellen Fallschirms bewirkt?

9. Ist eine automatische Auslösung eines Fallschirms außer mit einer Aufziehleine auch noch anders möglich?

10. Welches Bauteil übernimmt zum Teil die Aufgabe der Aufziehleine bei einem manuellen Fallschirm?

11. In welcher Reihenfolge erfolgt die Streckung bei einem automatischen Fallschirm?

12. In welcher Reihenfolge erfolgt die Streckung bei einem manuellen Fallschirm mit Packschlauch?

13. Wann wird der Packschlauch bei der Entfaltung eines manuellen Sprungfallschirms abgezogen?

14. Wozu dient ein Packschlauch im wesentlichen?

15. In welcher Reihenfolge erfolgt die Streckung bei einem Reservefallschirm mit Hilfsschirm?

16. In welcher Reihenfolge erfolgt die Streckung bei einem manuellen Sprungfallschirm mit Packsack?

17. Wo werden die Fangleinen bei einem manuellen Sprungfallschirm mit Packschlauch eingeschlauft?

18. Wie lang sollte eine Aufziehleine i. a. mindestens sein?

19. Wie bezeichnet man die Sektoren einer Fallschirmrundkappe vom Scheitel bis zur Basis?

20. Wie wird der untere Rand einer Fallschirmrundkappe bezeichnet?

21. Welche drei Hauptschlitzformen kennen Sie bei Rundkappenfallschirmen?

22. Was würde das Weglassen der Scheitelöffnung bei einer Rundkappe ohne Schlitze bewirken?

23. Wie bezeichnet man die einzelnen Abschnitte einer Bahn in der Fallschirmkappe?

24. Aus welchem synthetischen Gewebe bestehen meist die heutigen Fallschirmkappen?

25. Worauf ist beim Beginn des Einschlaufens der Fangleinen bei einem manuellen Fallschirm mit Packschlauch unbedingt zu achten?

26. Aus welchem natürlichen Gewebe werden z. T. noch die Übungsfallschirmkappen hergestellt?

27. Welche Funktionen haben die verschiedenartigen Fehlbahnen/Schlitze in einer Fallschirmkappe?

28. Was bewirkt das Ziehen an einer Steuerleine direkt an der Kappe?

29. Aus welchen 6 Baugruppen besteht ein manueller Fallschirm mit Packschlauch?

30. Was bewirkt das Ziehen an einer Steuerleine?

31. Mit welchen Arbeiten beginnt der Packvorgang eines Fallschirms?

32. Was müssen Sie nach dem Legen der Bahnen kontrollieren?

33. Erfolgt die Fangleinenkontrolle vor dem Überziehen des Packschlauches oder danach?

34. Welche Verschlußarten von Packhüllen gibt es?

35. Wozu dienen Packöffnungsbänder an einer Packhülle?

36. Worauf ist beim Anlegen eines Gurtzeuges zu achten?

37. Wodurch kann eine ungleichmäßige Verteilung der Stoßkräfte während der Entfaltung eines Fallschirms und damit u. U. Körperschäden verursacht werden?

38. Was sollte man an einem seit etwa 1 Monat gepackten Fallschirm vor dem Sprung durchführen?

39. Wo finden Sie eine genaue Beschreibung und die Packanweisung für einen Fallschirm?

40. Mit welchem Knoten wird die Hilfsschirmverbindungsleine am Hilfsschirm befestigt?

41. Mit welchem Knoten wird die Hilfsschirmverbindungsleine mit dem Packschlauch verbunden?

42. Aus welchem Material bestehen im allgemeinen die Gurtzeuge?

43. Worauf müssen Sie nach dem Einführen der Verschlußstifte eines manuellen Fallschirms achten?

44. Aus welchem Material ist der Packschlauch gefertigt, wenn die Kappe aus Nylon bzw. Perlon besteht?

45. Warum darf ein Packschlauch nicht aus Nylon bzw. Perlon bestehen, wenn die Kappe aus diesem Material besteht?

46. Welches sind die optimalen Lagerungsbedingungen für Fallschirme?

47. Wie lagern Sie einen Fallschirm in der Tragetasche?

48. Worauf müssen Sie bei starker Sonneneinstrahlung achten?

49. Womit waschen Sie verschmutzte Kappen und Gurtzeuge?

50. Was müssen Sie mit Ihrem Fallschirm nach einer Wasserung im Salzwasser tun?

51. Wo muß jedes Packen gewissenhaft eingetragen werden?

52. Welche Aufgabe hat der Hilfsschirm eines Fallschirms mit Packschlauch nach dem Strecken der Fallschirmkappe und der Fangleinen?

53. Nach welcher Packfrist müssen gepackt gelagerte Fallschirme (Nylonkappen) vor dem Springen geöffnet und neu gepackt werden?

54. Nach welcher Packfrist müssen gepackt gelagerte Fallschirme (Baumwollkappen) vor dem Springen geöffnet und neu gepackt werden?

55. Welche Fangleinen kontrollieren Sie bei der Fangleinenkontrolle bei einer Rundkappe auf freien Verlauf?

56. Darf ein nasser oder feuchter Fallschirm gepackt werden?

57. Wer darf Reparaturen aller Art an Fallschirmen durchführen?

58. Dürfen Sie bei Ihrem eigenen Fallschirm die Kappe durch eine andere austauschen?

59. Welche der nachfolgend genannten Teile Ihres Fallschirms dürfen Sie selbst auswechseln?

60. Wie sollte eine Packfläche beschaffen sein?

61. Welche Bekleidung eignet sich am besten für das Fallschirmspringen?

62. Welcher Teil der persönlichen Sprungausrüstung ist zu Ihrer eigenen Sicherheit unbedingt erforderlich?

63. Welches Schuhzeug sollten Sie als Sprungschüler tragen?

64. Wodurch können Sie erforderlichenfalls Ihren Fußgelenken einen zusätzlichen, festen Halt geben?

65. Sollten Sie als Freifallspringer eine Schutzbrille tragen?

66. Ab welcher Sprunghöhe sollten Sie einen Höhenmesser mitführen?

67. Ab welcher Sprunghöhe müssen Sie ein Sauerstoffgerät benutzen?

68. Wie kann man am besten die Dauer des Freifalls überwachen?

69. Worauf müssen Sie vor dem Start achten, wenn Sie einen Höhenmesser bei sich führen (Startplatz = Sprungplatz)?

70. Ihr Sprungplatz liegt um 300 m tiefer als Ihr Startplatz. Wie stellen Sie Ihren Höhenmesser vor dem Start ein?

71. Mit welchem Instrument überwachen Sie Absprunghöhe, Freifallstrecke und Öffnungshöhe?

72. Sie setzen einen Winddrifter aus 700 m GND und stellen fest, daß dieser bei einer Sinkgeschwindigkeit von 140 Sekunden etwa 700 m vom Ziel entfernt gelandet ist. Wie groß ist die Windgeschwindigkeit?

73. Wie groß ist die Sinkgeschwindigkeit eines Rundkappenfallschirms etwa?

74. Woraus ergibt sich die Landegeschwindigkeit eines Springers?

75. Wie sollten Landungen von wenig geübten Springern grundsätzlich durchgeführt werden?

76. Wodurch erreichen Sie eine horizontale Bewegung einer schlitzlosen Rundkappe in eine bestimmte Richtung?

77. Wodurch erhält Ihr Fallschirm einen Eigenvortrieb?

78. Um beim Landefall Verletzungen zu vermeiden, sollten Sie unbedingt eine richtige Körperhaltung einhalten. Welches sind die wichtigsten Punkte?

79. Wie können Sie den Zielkreis ansteuern, wenn Sie bereits eine gewisse Erfahrung mit Ihrem Fallschirm haben und sicher sind, daß Sie den Zielkreis erreichen?

80. Sinkgeschwindigkeit des Fallschirms: 5 m/s;
Eigenvortrieb: 3 m/s;
Windgeschwindigkeit: 4 m/s.
Wieweit dürfen Sie in 600 m Höhe über Grund höchstens bzw. mindestens vom Ziel entfernt sein, um es noch zu erreichen?

81. Wozu dient ein Öffnungsautomat?

82. Ein Fallschirm ist genau in der Windachse in 700 m Höhe GND voll geöffnet. Wie weit darf er bei einer Sinkgeschwindigkeit von 5 m/s höchstens vom Ziel entfernt sein, um es noch zu erreichen?

83. Nach welchen der folgenden Prinzipien arbeitet ein Öffnungsautomat?

84. In 10 m Höhe stellen Sie am voll gebremsten Schirm fest, daß Sie über das Ziel hinauskommen. Was tun Sie?

85. Wie bezeichnet man den gedanklich festgelegten Raum, in dem man sich bei einer Zielannäherung ständig aufhalten muß, um das Ziel zu erreichen?

86. Welche zwei Vorgänge spielen sich bei der Entfaltung einer Fallschirmkappe ab?

87. Was ist ein Sollbruchband?

5. Verhalten in besonderen Fällen

1. Nach dem Absprung mit einem automatischen Fallschirm oder nach dem Ziehen des Aufziehgriffs eines manuellen Fallschirms bleibt die Packhülle eines Fallschirms geschlossen. Wie bezeichnet man diese Funktionsstörung?

2. Was ist eine mögliche Versagerursache bei einem manuellen Fallschirm?

3. Wann öffnen Sie das Reservegerät, wenn Sie einen Versager bei Ihrem Hauptfallschirm feststellen?

4. Welche Kontrolle muß man vor einem automatischen Sprung durchführen, um ein Hängenbleiben am Flugzeug zu verhindern?

5. Nach dem Betätigen des Aufziehgriffs stellen Sie keine Reaktion Ihres Fallschirms fest. Was können Sie zunächst tun?

6. Wie bezeichnet man eine Funktionsstörung, bei der der Fallschirm zwar aus der Packhülle herauskommt, aber nur mehr oder weniger begrenzt tragfähig ist?

7. Welche der nachfolgend aufgeführten Funktionsstörungen ist eine Fehlöffnung?

8. Welche der nachfolgend aufgeführten Funktionsstörungen ist eine Fehlöffnung?

9. Wie bezeichnet man den folgenden Zustand: die Fallschirmkappe ist gestreckt, entfaltet sich aber nicht, weil die Öffnung der Basis behindert ist oder der Packschlauch nicht abgezogen wird?

10. Eine oder mehrere Fangleinen haben sich bei der Entfaltung über die Kappe gelegt. Wie wird diese Funktionsstörung bezeichnet?

11. Ihre Kappe ist voll geöffnet, jedoch haben sich Ihre Fangleinen etwa 2 m hoch zusammengedreht. Was tun Sie?

12. Sie bemerken, daß Ihr Fallschirm eine »Fahne« gebildet hat. Sie fallen sehr schnell, ohne Drehung. Was tun Sie?

13. Sie haben ein »Brötchen«. Ihr Fallschirm sinkt offenbar etwas schneller und mit leichter Drehung. Betätigen Sie die Kappentrennschlösser?

14. Sie haben ein »Brötchen«. Ihr Fallschirm sinkt offenbar etwas schneller und mit leichter Drehung. Wie öffnen Sie das Reservegerät?

15. Welche Maßnahmen sind **in welcher Reihenfolge** bei einer Wasserung erforderlich?

16. Aufgrund eines starken Windes werden Sie nach der Landung am Boden geschleift. Wie können Sie das sehr schnell unterbinden?

17. Sie stellen sehr spät fest, daß Sie das Ufer eines Gewässers doch nicht mehr erreichen. Wie können Sie sich bei der Wasserung sehr schnell von Fangleinen und Kappe befreien?

18. Was macht Ihre linke Hand, wenn die rechte das Reservegerät im Falle eines »Brötchens« aufzieht?

19. Sie müssen in einem fließenden Gewässer wassern. Der Wind weht sehr stark in die entgegengesetzte Richtung der Strömung. Wie wassern Sie?

20. Eine Baumlandung läßt sich nicht vermeiden. Welche Haltung nehmen Sie ein?

21. Sie sehen, daß Sie in eine Hochspannungsleitung geraten. Welche Haltung nehmen Sie ein?

22. Sie müssen wassern, Ihrer Schätzung nach liegt die Stelle aber nicht allzuweit vom Ufer entfernt. Ist es dann vertretbar, auf vorbereitende Maßnahmen zur Wasserung zu verzichten und zu versuchen, mit dem Schirm schwimmend das Ufer zu erreichen?

23. Sie befinden sich in der Endannäherung auf den Zielkreis, in dem noch einige Springer mit ihren Fallschirmen stehen, die gerade gelandet sind. Wie verhalten Sie sich?

24. Sie springen in einer Formation in 1500 m Höhe. Plötzlich bemerken Sie ca. 300 m unter sich einen geöffneten Fallschirm. Was tun Sie?

25. Bei einem Absetzflugzeug setzt im Steigflug in 1500 m Höhe plötzlich der Motor aus. Was tun Sie?

26. Ihr Reservegerät geht in dem Absetzflugzeug auf und fällt aus der Verpackung. Was tun Sie?

27. Eine Baumlandung ist unvermeidlich geworden. Wie stellen Sie die Fallschirmkappe?

28. Welche der folgenden Fehler bei der Landung können schwerwiegende Verletzungen zur Folge haben?

29. Ein Springer hat sich bei der Landung schwerer verletzt. Welche Sofort-Maßnahmen sind zu ergreifen?

30. Nach dem Absprung bleiben Sie an der Aufziehleine am Flugzeug hängen. Sie sind bei vollem Bewußtsein. Was tun Sie?

Nymphenburger Sportbücher für Anfänger und Fortgeschrittene

Windsurfing

Von Peter Brockhaus und Ulrich Stanciu. 144 Seiten. Mit 155 Fotos, davon 19 in Farbe, sowie 22 Skizzen. Gebunden DM 26.–

Das Buch enthält zwei abgeschlossene Lehrteile: Der Anfängerlehrgang entspricht dem Schulungsmodell des Verbandes der Deutschen Windsurfing-Schulen, und enthält alles, was man wissen muß, um das Windsurfing-Diplom zu erhalten; der Lehrteil für Fortgeschrittene informiert über technische Feinheiten und das richtige Verhalten unter erschwerten Umständen.

Golf

Von Ken Adwick. Mit einem Vorwort der deutschen Golfmeisterin Henrietta Gütermann. 136 Seiten. Mit 77 Fotos und 21 Zeichnungen. Gebunden DM 26.–

Ken Adwick hat für dieses Buch ein Verfahren entwickelt, mit dem der Golfschwung sichtbar gemacht wird: die Röntgenfotografie. Anhand von eindrucksvollen Bildern und präzisen Beschreibungen erläutert er den richtigen Golfschlag.

Drachenfliegen

Von Wolfgang Hocke, Peter Janssen und Cristof Seidenather. Offizieller Lehrplan der Sportfachgruppe Hängegleiten im Deutschen Aero Club e.V. (DAeC) und des Verbandes Deutscher Drachenfluglehrer e.V. (VDDL). 128 Seiten mit 63 Fotos, davon 24 in Farbe, sowie 68 Skizzen. Gebunden DM 26.–

Den Autoren ist eine umfassende und sehr gut gelungene Zusammenfassung der wichtigsten Kenntnisse gelungen, die ein Drachenflieger erwerben sollte. Doch ist das Buch nicht allein Lehrplan, sondern zugleich ein prachtvoller Bildband.

Nymphenburger Verlagshandlung

 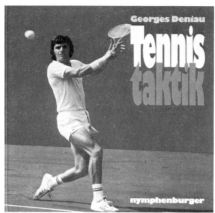 

Squash

Von John Beddington.
128 Seiten. Mit 38 Fotos, 48 Zeichnungen. Gebunden DM 22.–

Ein neuer Sport, der bereits in 43 Ländern der Welt ausgeübt wird, setzt sich nun auch in Deutschland durch: Squash, eine Art Zimmertennis; in England spielen bereits mehr Menschen Squash als Tennis. John Beddington, einer der europäischen Squash-Pioniere, charakterisiert in seinem Buch die grundlegenden Schläge und gibt Ratschläge, wie sie richtig einzusetzen sind. Zahlreiche Abbildungen zeigen die technisch optimale Schlagausführung.

Tennis-Taktik

Von Georges Deniau. *128 Seiten. Mit 118 Fotos und 41 Skizzen. Gebunden DM 22.–*

Der Autor dieses Buches, Georges Deniau, von 1969–1972 Trainer der französischen Nationalmannschaft, wendet sich mit seinem neuen Buch nicht nur an die Turnierspieler, sondern an alle, die die wahre Freude am Tennisspiel entdecken wollen. Der Hauptteil des Buchs beschäftigt sich mit der Taktik im Spiel und geht die Möglichkeiten durch, mit denen am sichersten ein Gewinnpunkt zu erzielen ist.

Sporttauchen

Von André Foulon. *148 Seiten. Mit 160 Fotos, davon 12 in Farbe, sowie 28 Zeichnungen. Gebunden DM 26.–*

Neben der Faszination, die dieser Sport ausübt, stehen auch seine Gefahren. Der Autor hat deshalb nicht nur der Praxis des Tauchens und Schnorchelns, sondern auch der für diesen Sport lebenswichtigen Theorie, den physikalischen und physiologischen Voraussetzungen, der Gerätekunde und der Tauchmedizin entsprechendes Gewicht gegeben.